XUEXIAO JIAOYU YANJIU FANGFA

国家教育部普通高等学校人文社会科学重点研究基地华东师范大学基础教育改革与发展研究所研究项目

世纪之交中国基础教育改革研究丛书

叶　澜　主编

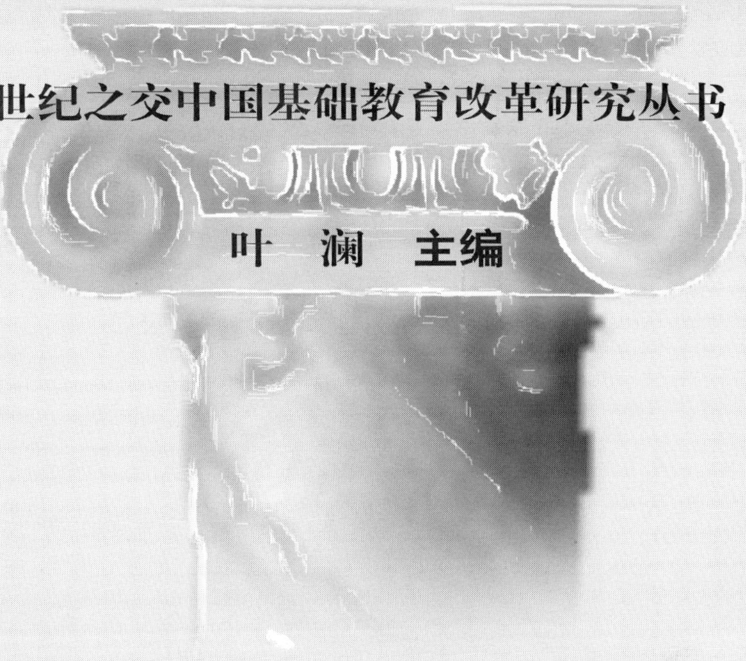

郑金洲　陶保平　孔企平　著

学校教育研究方法

XUEXIAO JIAOYU YANJIU FANGFA

教育科学出版社
·北京·

总　序

为了基础教育的明天

叶　澜

“世纪之交中国基础教育改革研究”丛书终于与读者见面了。用“终于”一词，是因为从策划到丛书中第一批著作的出版，足足经过了五年时间，这完全不是因出版社的拖拉，恰恰相反，是教育科学出版社的耐心与期望，促成了这套丛书在两个世纪的交界之年诞生，使丛书的冠名获得了时间上的真实。在此我要深谢教育科学出版社的领导与责任编辑。用“终于”一词，还因为我如获重释。近五年内本人先后担任了两套丛书的主编，前一套是由上海教育出版社出版的“教育学科元研究”丛书，它是为“教育学科的明天”而作的六本著作的集合，被我称之为理论研究的“上天工程”；后一套就是这一“世纪之交中国基础教育改革研究”丛书，它是为“基础教育的明天”而作的七本著作的集合，被我称之为实践研究的“入地工程”。就其策划的时间而言，两大“工程”有前后，但就最终交稿的日期而言，则都在2000年的下半年。这意味着我在合作研究者的鼎力支持下，实现了教育研究“上天入地”的心愿。我将以充实而轻快的步伐，跨入21世纪。这怎能不让我呼一口长气，说一声“终于”呢?

在这套丛书编写的五年中，中国的基础教育有了喜人的发展，它不只是表现在数量的达标和质量的提高，更重要的表现是一支为基础教育的明天，在一定意义上，也是为中华民族的明天去探索、创造的队伍正在日益壮大。我们，参与这套丛书编写的研究人员，只是这支大军中的一个小分队，其中的每一个人都是自己学术领域中的奋斗者。我们还都是华东师范大学的毕业生，是“为了基础教育的明天”再一次走到一起来了。这套丛书也可看做是我们对母校培育的一份答谢，用不倦地学习、探索和创造写下的时代教育问题的答卷。丛书的出版正值华东师范大学迎 50 周年大庆之际，请母校接受我们这份用心血凝成的奉献。

本套丛书的七本著作涉及基础教育不同层次和诸多领域的改革，大致可分为三组。《新基础教育论》与《中国基础教育改革的文化使命》两本著作是从总体上，用历史、现实和未来的长“时间镜头”对基础教育改革的探究，可视为一组。《课程改革与课程评价》及《重建学校精神家园》两书又是一组，它们涉及的是学校教育中两个最为重要和基本的方面。关于学生与教师的研究组成了第三组。《学生自我发展之心理学探究》一书旨在揭示学生发展中作为内在力量的“自我”之形成，这是 21 世纪基础教育要培养具有主动发展生存意识和能力的人，所必然面对的一个新的重要问题；对于教师，未来新的基础教育的真实创造者，我们给予更多的关心。《教师角色与教师发展新探》，从道德、专业发展和美学的角度，对教师这个古老的职业作了时代的诠释。《学校教育研究方法》则是为帮助教师成为研究者而作。在一定的意义上可以说，这套丛书中的每一本都是为教师而写的。我们深信，没有教师的创造性劳动，就不可能有新的教育世界，而教师只有进行创造性的劳动，才会体验到职业的内在尊严与欢乐，才能在发展学生精神力量的同时，焕发自身的生命活力。

本丛书的撰稿人都力图在理论与实践的深度结合上，在体现立足现实、面向未来、锐意改革的精神意向上，体现该丛书之共性。我们现在能说的只是“都已尽力了”。我们期待着丛书的面世能引来志同道合者、批评者和帮助者。但愿我们的丛书能给读者送去新意和心意，能为中国基础教育改革添上一把力，抹上一缕新世纪的亮光。

目　录

导　论
校本与校本研究

就学校教育研究而言，更多体现的应该是校本研究的样式，也就是将注意的焦点集中在学校自身的资源与发展上。如果学校的教育研究离开了学校自身，并没有从学校出发，也没有依此改进学校的工作，也就失去了研究的意义与价值。

一、校本的意蕴

“校本”是什么？颇难给它一个明晰的界定，其英文是 school-base，大意为“以学校为本”、“以学校为基础”。按我们的理解，它有三方面的含义：一是为了学校，二是在学校中，三是基于学校。

为了学校，意指要以改进学校实践、解决学校所面临的问题为指向。“改进”是其主要特征，它既指要解决学校存在的种种问题，也指要进一步提升学校的办学水平及教育教学质量。“校本”关注的不是宏观层面的一般问题，而是学校管理者及教师们日常遇到和亟待解决的实践问题，所以它不会囿于某一学科的主张或某一种理论识见，而会主动吸纳和利用各种有利于解决学校实际问题并提高学校质量的经验、知识、方法、技术和理论；它不会囿于一般的笼统的决策和解决问题的模式，而会在这种决策和模式的基础上具体分析学校的实际，探寻出解决具体问题的具体对策。它把解决具体问题放在第一位，并不等于无助于也不关心宏观决策和一般理论，它只是更强调从具体、特殊到一般和普遍，更强调已有的决策和理论体现在从抽象到具体的过程中，更强调已有的决策和理论都须受学校实践的检验、修正、补充甚至是证伪。

在学校中，意指要树立这样一种观念，即学校自身的问题，要由学校中人来解决，要经由学校校长、教师的共同探讨、分析来解决，所形成的解决问题的诸种方案要在学校中加以有效实施。真正对学校问题有发言权的，是校长、教师，“局外人”——那些专业研究人员、社区的行政领导以及上级部门的领导等，很难对学校的实际问题有真切的体会和全面的把握。校长和教师在学校生活中，有行动的目的、责任，能够体察实践活动、背景以及有关现象的种种变化，能够通过实践检验理论、方案、计划的有效性和现实性，他们对学校实际问题有其他人难以替代也是不能替代的作用。他们积极、系统的反思，对学校各种方案、环境、行动等的深刻理解和洞察，是学校不断提升水平的关键。

基于学校，意指要从学校的实际出发，所组织的各种培训、所展开的各类研究、所设计的各门课程等，都应充分考虑学校的实际，挖掘学校所存在的种种潜力，让学校资源更充分地利用起来，让学校的生命活力释放的更彻底。虽然在学校生活中，也会出现专业研究人员或其他人员参与的情况，但这种参与意图不在于形成一个凌驾于学校教师之上的群体，而是发展成一个共同体，与学校教师一道去解决学校业已存在的问题。换一种表述方式，也就是学校外的人员应服务于解决学校实际问题的需要，他们深入现场，直接参与从计划到评价的实际工作过程，是为了找到解决学校存在问题的路径。校本为研究者和学校实践者共同参与研究和工作，为研究者和学校实践者的结合提供了一个结合点，或者说一个共同活动的“场地”。

为什么在新的世纪一定要转向“校本”，而不是别的什么呢?

全面地回答这个问题，不是件容易的事情，这里从以下几方面作些粗浅的分析。

第一，理论与实践间的张力促使研究者与实践者共同转向具体的学校实践。

无论是在国内，还是在国外，理论与实践应当呈何关系，一直论争不下，说法不一。这种讨论虽然没有得出什么一致的认识，但引导着教育工作者的思维方式悄然地发生着变化。既然理论总是抽象的，总是“灰色”的，总是无法全面解决任一具体实践问题的，也就是说，抽象的理论与具体的实践之间，总是存在着一定脱节现象的。那么，何不从一定的理论出发，直面具体的学校实践，于一般的理论与丰富的学校实践的结合中去探寻学校发展的方向及理论重新建构的路径呢？可以说，关注校本，既是实践界的渴求，更是理论工作者自觉的转向。

第二，学校在教育中所处的位置使得“校本”逐渐纳入人们的视野。

教育法令的颁定，教育政策的实行，教育方针的贯彻等等，若忽视具体的学校实践，也就成了一纸空文；反过来，只有经由学校这一环节才能践其言，成其行。素质教育何以在某些地区沦落为“只打雷，不下雨”的境地，创新何以在某些学校仅仅属“纸上谈兵”，问题就在于没有在学校尤其是具体的学校形成一套行之有效的做法，忽视了课堂，忽视了教学，忽视了师生关系的调整等，再好的教育主张都只能是外在于学校的。此外，相对于家庭教育、社区教育等而言，学校是教育中的正规的、独特的机构，突出学校在各类教育中的作用，把具体的、特殊的学校实践作为教育的抓手，也是情理之中的事情。

第三，学校的复杂性使校本层面日益凸显出来。

按照以往的思维方式或研究逻辑，常常是先由某种理论作先导，然后在学校实践中贯彻、实施这种理论；或者先进行研究，然后加以开发，再逐渐在学校中应用。然而，无论是教育理论研究者，还是教育实践工作者都注意到这样一个严酷的事实：任何一所学校都是具体的、独特的、不可替代的，它所具有的复杂性是其他学校的经验不能说明的，是理论所不能充分验证、诠释的。在一定程度上，只有深入这所学校具体的生活场景，了解其运作机制，认识其人际关系、规范、制度等，才能找到解决问题的钥匙。也就是说，在这所学校的基础上，发展、形成起来的“个别化理论”，才更为适宜、恰切。

如果说上面提到的三个方面为“校本”的立足提供了必要性的话，那么下列两个方面则为其实施提供了可能性和现实性。

第四，教育中对人的个性的张扬以及对激发人的创新精神的高度关注。

随着知识经济在东方的地平线上渐渐地显现其形貌，为知识经济提供原动力的创新日益引起人们的重视。“创新是一个民族进步的灵魂”，我们国家正在经历着又一场自上而下的思想解放。要创新，就必须关注个性，关注差异性，关注每个学生，这种浓郁的人文主义色彩是为经济所发动的（不同于20世纪80年代中期的文化驱动），是为国家的发展、民族的振兴愿望所驱使的，因而也就更具有了现实意义和实现的可能性。近来，教育领域对创新的大肆渲染，紧锣密鼓地展开的创新教育，使得校本这一高扬个性旗帜的事物有了生存与发展的空间。创新总是与多样性联系在一起的，而多样性又来源于个性，正是由于个性上的差异，才使得世界缤纷多彩，创新才孕育而生。校本突出的不是统一性、一致性，而是基于学校现实而展开的，是针对学校存在的特定问题而进行的。具体到学校来讲，没有校本，就少有或没有创新。

第五，教育管理体制上的变化与学校办学自主性的逐步扩大。

铁板一块的、僵化的管理体制下，无所谓“校本”的问题，而惟有“官本”、“国本”，因为学校的任何活动、任何方面都是由上级主管部门所颁定的形形色色的条文框定了的，学校的手脚被严锢地束缚住了，它只是一个循规蹈矩的执行者。当今，学校的办学自主权日益扩大了，一方面表现在出现了不同的学校所有制形式，另一方面表现在学校对课程、师资培训、教学等有了更多的发言权。教育这一“计划经济的最后一座堡垒”，正在逐步地适应着市场经济大潮的冲击，发生着这样或那样的变化。例如，在第三次全国教育工作会议上，提出课程分为国家课程、地方课程和学校课程三类，其中学校课程在中学阶段可以占到课程总量的16%，这实际上给校本课程的实施提供了一个契机，要求学校必须要在课程层面上汇总学校教师与学生等方面的资源进行操作和实施。

凡此种种，都意味着，“校本”正悄然地来到每一个教育工作者的身边。

二、校本的体现方式

“校本”主要落实、体现在这样四个方面：校本研究、校本培训、校本课程和校本管理。

校本研究在英美是伴随着“教师即研究者”运动于20世纪60年代前后兴起的，当时人们越来越多地认识到，没有学校参与特别是教师参与的教育研究，是无法使教育研究成果很好地在教育实际中加以运用的。这方面的积极倡导者斯滕豪斯（Stenhouse，L.）就谈到：“如果没有得到教师这一方面对研究成果的检验，那么就很难看到如何能够改进教学，或如何能够满足课程规划。如果教学要得到重大的改进，就必须形成一种可以使教师接受的，并有助于教学的研究传统。”①这种研究传统后来逐渐演化成直指学校问题，将学校实践活动与研究活动密切结合在一起，大力倡导学校教师参与研究的校本研究。

按照欧洲教师教育协会的有关界定，校本培训指的是源于学校发展的需要，由学校发起和规划的，旨在满足学校每个教师工作需要的校内培训活动。它既可以在整个学校的水平上进行，也可以在部分部门或某一科目上进行，同时还可以是两三所学校间相互合作地进行②。校本培训在20世纪70年代后逐渐受到人们的关注，许多教育管理者和教师注意到，由师训机构或某一校外教育行政部门所组织的培训，常常不能符合学校的实际，受训的教师所获得的知识、技能常是外在于学校、外在于课堂的，培训与实际工作脱节；虽然在某些情况下，也允许教师根据自己的兴趣和所教科目选择自己要受训的课程（menu-based curriculum），但是个人在选择时可能会逃避那些需要细心处理的棘手却具有挑战性的问题。另外由于本学校参与培训的其他教师可能没有选择这些课程，教师个人在学校中也就失去了与他人分享经验的可能性，而变得愈发孤立。

---

① 瞿葆奎主编，叶澜、施良方选编：《教育学文集·教育研究方法》，16页，北京，人民教育出版社，1990。

② Nixon，J.，*School-focused in-service education：an approach to staff development*，1989.

校本课程借着第三次全国教育工作会议的东风，已纳入研究者和实践者的视野，对它的分析、评判也构成了20世纪末中国教育的一道亮丽的风景线。诚如一些研究者所讲的，校本课程指的是学校根据自己的教育理念，在对学校学生的需求进行系统评估的基础上，充分利用当地社区和学校的课程资源，通过自行研讨、设计或与专业研究人员或其他力量合作等方式编制出的多样性的、可供学生选择的课程①。

给学校以管理的自主权，针对学校实际进行管理工作是校本管理的基本主张。它不同于学区管理，不是由学区统一行使管理职权，对所辖学校进行规范性操作。它力主学校要认真分析、甄别自身存在的种种问题，立足于学校实际从事各种管理活动，既不能照搬它校的模式，也不能简单地把学校作为一般政策、规则等的“试验田”或应用场地。管理应植根于本校的土壤，应对本校的问题有一定的决策自主权。

校本的四个方面呈何关系呢？大致说来，校本研究是起点，校本培训是中介，校本课程的开发是落脚点，校本管理则贯穿、渗透在它们之间，起着协调、组织的作用。

无论是培训也好，还是课程开发也好，都源于对学校实际的认识和把握，也源于对学校中存在的现象、矛盾等的深刻洞察，而这种认识、洞察、把握离开校本研究也就成了一句空话，成了无源之水、无本之木。因而，校本研究在校本之中就“当仁不让”地成为起始点了。学校情景中发生了什么问题？从什么意义上讲有问题？这些问题在学校中的重要程度如何？不解决行吗？哪一个问题将成为一系列问题的突破口？有哪些方案可以解决这个问题？哪一个方案是最可行的，也是最有效的？如何实施这一方案？如何评价实施的结果？校本研究中对这一连串问题的解读、探讨，既为校本培训提供了针对性很强的素材，也为校本课程的开发提供了必要的前提和依据。校本培训在校本研究与校本课程的开发中间起着承上启下的作用。一方面校本

---

① 崔允漷：《略论我国基础教育课程政策的改革方向》，载《教育发展研究》，1990（10）；鲁艳：《校本课程：概念必须正确理解》，载《教育发展研究》，1999（12）。

培训的内容、方法、形式等要借助于校本研究发展起来，另一方面校本课程如何开发，为何开发，开发什么等要藉着校本培训使广大教师加以掌握。

这三个方面虽然在一定程度上是环环相扣的，但又不能把它们看成单一的线形关系，即从研究到培训再到课程开发，它们之间是多向互动的。不仅是培训中产生、提出的问题有可能成为校本研究的课题，诱发新类型和新形式的研究，而且校本课程的开发，也会促使校本研究不断提升其水平。并且，这三者有时不是分立的，而是彼此协同甚至在同一时间进行的，边研究边培训边开发，边开发边研究，或边培训边研究等，都是可能的。

校本管理对校本研究、校本培训、校本课程来说，是前提和保障。没有校本管理，校本研究就至多局限在校内部分教师，研究的范围、水平，投入的精力、人力、财力等都会受到不同程度的限制；没有校本管理，校本培训就很难成为大家共同协作的活动，不能满足每个教师的工作需要；没有校本管理，校本课程开发也就不能充分利用学校内外的各种资源，更难在学校中将开发的课程加以贯彻、落实。当然，校本研究等的施行，无疑也会极大地推动校本管理的进行。

三、校本研究的含义

对校本研究的含义，很难找到一个为大家所认可的一致的说法，但是，作为校本的活动，它理应体现出“校本”所具备的一系列特征。就此而言，校本研究应该是以学校所存在的突出问题和学校发展的实际需要为选题范围，以学校教师作为研究的主要力量，通过一定的研究程序得出研究成果，并且将研究成果直接用于学校实际状况改变的研究活动。

在这当中，有以下几个方面需要加以注意。

第一，能够称之为校本研究的活动，其研究课题应该主要来自于学校实际中所面临的突出问题。在学校建设与发展中，总是面临着形形色色的问题，这些问题有些对学校发展直接起制约作用，有些仅仅是局部范围的，尚未演化成突出矛盾的问题。选择作为校本研究的问题，一般地说是直接与学校改革与发展相关的那些问题。不仅是从文献资料中寻找出来的与自身学校实际关系不大的问题不能称之为校本研究课题，而且专业研究工作者为了验证自己假设的这类研究问题，也不能称之为校本研究课题。

第二，能够称之为校本研究的活动，其研究的主体应该是学校中的教师。校本是“在学校中”的，既要在校内进行，又要汇总学校内部的各种力量。如果研究是由专业研究者进行的，学校教师扮演的仅仅是“配角”，甚至是研究的旁观者，那么，这种研究虽然也可以得出一定的研究结果，说明一定的问题，但没有能够在解决学校所面临突出的问题的同时，提升教师的研究水平，带动师资建设水平的提高，离以学校为本也就有了不小的距离。

第三，能够称之为校本研究的活动，应该遵循一定的研究程序。校本研究是学校教育研究的一种类型，应该从属于教育研究的一般特征。

从另外一个意义上讲，研究不能停留在口头上；更不能用日常的实践活动和行政决策来替代研究，作为研究就应尽量体现出研究的具体要求。

第四，能够称之为校本研究的活动，研究的结果应直接用于学校实践的改进。与其他研究不同，校本研究切忌为研究而研究，其研究的出发点是学校实践中的困境与问题，研究的落脚点更应直接体现为学校面貌的改变。将研究结果用于学校的发展规划或问题的解决，将研究成果转化为学校活生生的实践，用研究得出的结论规范、指导自己学校的实践活动，这是校本研究题中应用之意。

校本研究的四个方面缺一不可，并且构成为一个相互联系的整体。在学校实践中，虽然也开展一些研究活动，但并不一定是校本研究。将校本研究的权利拱手让给专业研究者，让研究者把自己所在学校作为教育理论的“试验田”的做法，不是校本研究；为研究而研究，将研究成果束之高阁，仅仅为了完成课题所进行的研究，也不是校本研究。明了了这点，校长在安排自己校内研究活动时，也就多了一份参照。

四、校本研究共同体的形成

校本研究不同于师本研究，即不同于单个教师针对自己的教学或班级中面临的问题所进行的研究。它是在学校层面上展开的，往往涉及到不同的成员。并且解决学校层面所面临的问题，也不是靠单个人的力量就可以完全做得到的。所以，校本研究常常体现为一种集体协作，体现为研究者相互之间的合作，是靠团体的力量来从事研究活动，最终达到研究目的的。在研究中，研究者之间实际上构成的是一个研究共同体，彼此进行民主平等的合作。这一共同体主要表现为下面几种类型。

（一）大学教师与中小学教师合作的研究共同体

这种共同体的构成双方是大学教师和中小学教师，也被称之为 US（University-school）联合体。这种形式在西方 20 世纪六七十年代就已出现。人们有感于教育理论长期脱离实际，不能真切地指导学校实践，一方面试图使教师转变成为研究者，从教师身上化解理论与实践之间的矛盾，另一方面强调专业研究者与实践工作者的合作，从实践中汲取营养，与实践者的合作中体现自身理论的价值和意义。

从实践上来讲，这两个方面的合作也是必要的。大学教师作为专业研究者不乏对教育问题的理论识见，也积累了教育方面的许多学养，但是如果闭门造车，一味做书斋里的学问，不但是理论本身没有验证的场所，而且由于对实践的认识与体悟上的缺乏，理论自身的针对性、现实土壤及意义也就越来越缺乏了，最后有可能丧失理论的功用。而中小学教师作为工作生活在教育教学实践第一线的人员，虽然积累了不少的经验，对教育教学也不乏感性认识，但对于如何从事研究，如何通过反思来提升自己的认识，形成“个人化的理论”，有时难免无从着手。况且在实践中，他们也需要了解、掌握一般理论，能在一般理论的观照下规范和安排自己的行为。如此以来，双方就有了合作的愿望，而中小学改革的实际又为这种合作提供了可能和必要的其他条件。

这种研究共同体在当今的校本研究中占有不小的比重，从一些学校发展的情况来看，一些研究成果突出并且以一定的物化形式表现出来的学校，多是这类合作的产物。

在这一研究共同体的构建中，要关注的问题有以下几点。

第一，从校本研究的旨趣出发，大学教师不应带着自己的课题走进中小学，与中小学教师展开自己研究课题层面上的合作，虽然这样的研究也能解决学校的某些问题，也能产生一定的研究结果，但由于该类课题并非源于学校生活实际，因而也就不能称之为校本研究。我们前面曾谈到，校本研究所具有的行动研究的特质，要求以改进学校工作状况为目的，以学校存在的问题与困境为出发点，如果大学教师没有对这些问题加以思考，把中小学作为自己理论方案的“试验田”，把中小学教师作为完成自己研究方案的执行者，与校本研究也就有了不小的距离。所以，这类合作从校本研究的角度着眼，应该是共同从学校现有资源中把握研究问题，或者是由教师在自己的教育教学实践中找出研究课题，大学教师与中小学教师一道对这些问题加以分析、探讨，提供理论工作者的智慧，并从合作中双方共同受益。

第二，双方应该是以平等、合作的姿态开展研究活动的，不应存在上下之分、尊卑之别。这点说来容易，其道理也是人人皆知的，但在实施中却有不小的难度。尤其是作为大学教师，有时常常自觉不自觉地以高高在上的理论工作者的身份自居，自觉不自觉地把自己摆在一个与中小学教师不平等的位置上，很少设身处地地从中小学教师的角度考虑问题。作为中小学教师，有时也难免会出现两种极端情况：一种是把大学教师的言论、观点看做为金科玉律，没有注意到或者未充分注意到自己对教育的独到见解以及自己实践中所产生的种种认识，把自己的头脑不自觉地让渡给大学教师去支配；另一种是把大学教师摆在自己的对立面，觉得他们也没有什么了不起，夸夸其谈的理论无助于教育实际问题的解决，属于纸上谈兵的“巨人”，教学实践上的“矮子”。合作的前提是要充分理解，彼此尊重，认识到双方各自的优长与不足，把握好双方各自的定位，注意到这点，共同体的态势才会慢慢显露出来。

第三，大学教师要注意到不要剥夺中小学教师的话语权利，双方都要注重彼此间的倾听与互动式的交流。在这类研究共同体中，常常会出现这种情况，即中小学教师只是扮演着“静听”的角色，很少发表自己的见解，话语的权利自始至终是为大学教师掌握着，他们制订着研究方案，通过讲座培训着中小学教师，对中小学教师的科研工作进行着规划、点评。这种情况在研究的初期也许能发挥一定效用，但随着研究的深入，研究的主体地位应逐渐更多地让位给中小学教师。因为中小学教师研究行为的体现程度，专著研究的程度以及研究的整体水平，直接关系到学校方方面面的变化。假如校本研究没有使教师变样，学生变样，学校变样，也就不能算是校本了。在研究过程中，双方都应注意倾听各自的看法、观点，尊重双方的意见，并努力在共同体中营造起一种心理安全气氛，促使大家畅所欲言。

第四，在这个研究共同体中，双方要注意如何切实提高中小学教师的研究水平，逐渐增强中小学教师“造血”的能力。在校本研究中，中小学教师一般都是以研究主体的姿态出现的，如何让研究主体的地位切实得到落实，是校本研究成败的关键。大学教师投入的精力再多，也只不过是对学校的发展起了一个暂时的“输血”作用，缓解了学校目前面临的困境，但学校面临的其他一些问题或以后的发展，毕竟是需要经由教师的共同努力才能得以解决的。教师研究水平提高，能自觉地、系统地反思学校实践，实施有计划、有步骤的研究活动了，学校发展的主动权才牢牢地掌握住了。大学与中小学教师的合作，方式得当，活动适宜，完全可以起到带动师资队伍建设水平提高的目的。自己校内的教师成长、成熟起来了，也就可以把校本研究落到实处了。

（二）教研员与中小学教师结成的研究共同体

在中国教育研究体制中，教研员以及各级教科所或教科室的科研人员扮演着一个非常重要的角色。他们与中小学教师的教科研工作直接相关，指导着中小学教科研工作的进行，是教育科研队伍中举足轻重的一支力量。我国的中小学，长期有着所谓教研与科研之分。因为教研工作主要是学科教学的指导，而科研工作则主要体现为课题指导，好像两者是泾渭分明的。这种区分从工作分工的角度也许是合理的，而在研究中应该是完全一致的，即指向于学校的发展与改革。因此，无论是教研员还是科研室（所）的人员，理应关注学校的具体实践、教师的具体实践，与中小学教师构成一个校本研究的共同体。下文所指称的教研员实际涵盖现有意义上的教研员与各市县的教科室（所）人员。

由教研员与中小学教师构成的校本研究共同体，是较为常见的或者说是最普遍的研究合作形式之一。与大学和中小学教师构成的共同体相比，它具有联系普遍、直接、灵活、广泛等特点，因为大学教师由于工作所限，不可能长期、频繁地与中小学教师进行合作，而这恰恰是教研员的职责所在。不过，在这类研究共同体中，也要注意避免以下几种倾向。

第一，教研员由于视野所限，在指导中小学教师从事科研活动时，为自身的狭隘经验所局限。教研员这样一个群体，多数是由中小学教师中教有专长的人员中选拔出来的，他们原来就是从事教育教学工作的，虽然现在身份转变了，但在进行研究活动时，有时难免从自己既定的经验出发，把自己的经验当做衡量、评判中小学教师教学的标准，使得研究趋于狭隘和保守。研究需要有宽广的视野，独到的见解，敏锐的问题意识，灵活且有一定深度的思维，无论是教研员还是教科室人员或是教师本人都需时时注意反思自身。也就是不仅仅只是反思自己的实践活动，而且要反思自己的研究活动，使研究在一个正常的轨道上运行。经验层面的研究，虽说也能解决局部问题，有时的确也需要，但若长久地停留在这样一个层次上，研究也就难以深入下去了。就此来看，教研员要注意更新自己的知识结构，转变自己的研究观念，有意识地扩大自己的研究视野，使自己与中小学教师的合作能够与时代的发展合拍，与教育研究发展的趋势相应。

第二，要尽量淡化指导与被指导的关系，把民主、合作作为处理双方关系的准则。按照教研员的工作职责，就是要对中小学教研工作进行指导、监督、评价的，因此极易形成教研员与中小学教师的不对等关系。这种行政管理上的上下级关系，有其存在的道理，但研究要确实起到学校变革的效果，其前提条件就是要促使教师积极参与并且以主人翁的姿态从事研究，否则的话，教师被动的接受指导，虽然教学行为产生了一时的变化，例如当今盛行的观摩课教学，但这种变化不会持久，也难以从个别教师的行为转化为群体教师的行为。研究虽然开展了，但学校依然如旧，教师的行为也依然故我。民主合作，让教师更多地投入研究，在研究中体会到教育教学的乐趣，体会到与学生共同成长的乐趣，研究就会逐渐成为其自觉的行为。

第三，注意消除中小学教师对教研员的依赖心理，逐步使中小学教师能独立地从事研究活动，由于教研员是专门从事教研活动指导的，一些学校久而久之就形成了这样一种惯性：只有教研员来了，教研活动才开展起来，教研员走了，研究活动好像也就可以告一段落了。研究不是教研员的专利，埋头教书也不是教师的惟一职责。在研究共同体中，教研员要学会唱配角，而教师要学会唱主角，以教研员替代教师的研究活动，以教研员事无巨细的指导替代教师自己的思维与反思，研究也就失去了生机活力。

第四，教研员要注意针对不同层次的研究课题，采用不同的工作策略。校本研究课题就其研究范围而言，大体可分为三个层面：一是宏观层面的研究，主要涉及教育体制和教育结构的改革、教育思想的更新、办学思路的转换、现代管理方法的探索等，这类课题的研究目的是引导学校创特色、上层次，其作用是为学校制定前瞻性的发展规划作科学的定位。在这个层面的研究上，教研员的工作策略应该是：与学校领导及校内科研骨干密切协作，层层规划，将总课题分解为若干个子课题；并且可以以课题指南的形式实施招标，调动各方面的积极性，使研究工作在不同阶段和不同方面不断有所突破，以逐步逼近核心目标。二是中观层面的研究，主要涉及教育内容、教学方法、教育评价、课程设置、师资培养等。这类课题的研究质量，对学校教科研的整体质量与效益有着直接的、决定性的影响，其作用是为学校在发展中扬长补短提供策略和途径。在进行这类研究时，教研员的工作策略应该是：与学校一道制定和完善学校教科研的各种制度，整合各方面的研究力量，形成协同攻关、协作研究的局面。三是微观层面的研究，主要涉及具体的教学操作方法的改革或具体问题的解决等，这类课题的研究目的是升华成功经验或寻找克服具体困难的方法，其作用是依托广大教师的力量，解决工作中的实际问题，提高教育教学的效益。在进行这类研究时，教研员的工作策略是指导教师切实实现由实践者向研究者的转变，强化过程管理①。

（三）学校部分教师结成的研究共同体

这一类型的共同体所进行的研究大概是最能体现校本研究的基本要求的了，因为研究问题不仅来于对学校实际的深刻认识，而且研究的主体又是学校中的领导与教师，它体现出了这样一些特点。

第一，研究的问题是产生于实际的工作情境之中的，并且其计划的内容并非在决定以后就一成不变地直到研究完成，而是从实际情境出发，根据实际情境的需要，随时检讨，不断修正。虽然有些研究课题是先前早已在学校中加以规划和初步实施了的，但在实施过程中，教师们也要不断注意发现实施中的问题，对于那些方向性的、根本性问题，则采用研讨的方式，在广泛听取大家意见的基础上加以解决。

第二，由教师自身结成的研究共同体是教师们对自身实践所进行的有意识的、系统的、持续不断的探究反思的过程，它在突出教师实践的“研究”特征的同时，也突出了教师作为研究者的角色。在教师围绕一定的研究问题所展开的教育教学实践中，有时也会有好的经验和看法，但依据校本研究的标准，需要进一步探究的是：这种“好”的标准是什么？他知道它为什么好吗？他能不能使它变得更好而持久？类似于上文这样的研讨使教师的研究比日常行为具有更严格的程序，从而使教师的行动建立在一个合理的基础上，确保实践得到提高。

并且，由教师们结成的研究共同体所进行的研究不必刻意向专业研究者的研究看齐。校本研究从本质上来说是为自己的研究，是从学校内部发展起来改变学校创建独特情景的研究。如果它仍追求专业研究者那样严格的发现、一般的结论的研究理想的话，它将得不到真正的尊重，并有可能会招致批判，因为这些研究既像专业研究却又名不

① 胡杰明：《教科研应实行有层次的管理》，载《中小学管理》，2000（6）。

副实。正是从这样的认识出发，西方校本研究的倡导者在近年来提出，教师既要将校本研究作为一种研究方式，但同样重要的是，还要把它作为自己的生活方式。在他们看来，在校本研究中，作为研究，方法仍旧重要；但作为行动，它的焦点是探究者，而不是方法或者方法论。把探究者作为校本研究的焦点，意味着校本研究不再是对教师职业的补充，而本身应是教师职业生活的方式，它体现了教师作为人、作为实践者所拥有的本性。在这种生活方式中，教师体会到自己的责任，体会到自己存在的价值和意义；在这种生活方式中，教师凭借自己的力量，把自己和自己服务的对象紧紧地联系在一起，并与对象共同构成了他自己的生活世界；在这种生活方式中，必须发展自己的理性，成为自己的主人，这样的话，他们就不能仅重复别人的经验，而应该通过理性创造自己的世界，只有在这种创造出来的世界中，他们才会感到真正的内心的平安。也许正是在这种生活方式中，校本研究才体现出了其本原意义。

第三，在校本研究中，教师虽然具有行动的理论或者说研究过程中不断积聚起来的理论识见，但同样重要的是要掌握一般的理论。校本研究非但不拒绝一般的理论，而往往是以一般理论为依据和参照的。在研究中，一方面要注意教师们自己形成对一些问题的看法与认识，而且在研究初期对于所涉及的一般理论也要有较为深刻的认识。的确，在教师们自觉地以反思姿态追求学校实践的合理化、理论化时，在他们身上确实会体现理论探究的精神，也会产生学校自身的理论。这种理论是一种在具体的时间、地点、人物等情景下，对独特的教育问题进行探究的结果，其结论只适宜于特殊的场景。它反映的是参与研究的教师们的愿望，是一种“个人化”或“局部化”的知识。但是，如果这些知识与一般的理论相悖，有时也就会失去效用，成为解决实际问题征途中的绊脚石。

第一章 学校教育研究的基本概念与类别

在英文的表达习惯中，school 常常指代的是中小学。在这里，我们也主要是指中小学而言的。中小学教育研究方法，至少包含着两个含义在内：一是研究活动主要是在中小学展开的，是以中小学作为研究阵地的；二是从事研究活动的主体，可以是专业研究者，也可以是工作生活在教育教学实践第一线上的教师。本章的目的主要在于梳理相关的一些基本概念及教育研究方法的大致类别，为后续各章提供认识上的前提。

一、研究与教育研究

“研究”一词在日常生活中运用甚为广泛，“让我们研究一下”、“让我们再研究研究”等常常能够听到。按这种习惯性的用法，对日常生活中的每件事情稍作认真的分析与思考，都可被称之为“研究”，并且，在这种意义上的研究，还通常有着一些“弦外之音”。另外一方面，“研究”有时又被看得很神秘，仿佛只是在具有学术性的大学和研究机构中才开展的高深的探究活动。实际上，“研究”作为一种认识活动，既有别于日常生活中偶发的认识活动，也不能用谁在做，在什么地方做来简单地界定。

一般认为，“研究”是一种系统的探究活动。美国学者贝斯特（Best，J. W.）和卡恩（Kahn，J. V.）曾经比较全面地给出了“研究”的12个特征①。概括起来，主要包括这样几个要素：

(1) 目的：“研究”是一种有计划、有意图的活动。它以发现事物的规律性、解决新问题或改进某种实际情景为目的。

(2) 过程：为了达到目的，“研究”将是按步骤、分阶段进行的。它有一套严格而系统的操作原则和程序。

(3) 方法：“研究”的过程，就是运用各种方法认识和解决问题的过程。方法以自己的尺度调节着整个活动的进行，它的正确选择与使用是研究成败的关键。

当然，一个完整的“研究”活动还有其他的构成方面，如研究者，他需具备专门的知识、有耐心和勇气、富于创新精神等。

“教育研究”虽然与“研究”具有着相当的一致性，但在其定义上，分歧仍然众多。有的学者侧重从目的的角度来定义，认为教育研究是“旨在对教育工作者所关心的事情形成一种有机的科学知识体系的活动”；有的学者侧重以过程特征来界说，认为教育研究是“为了解答某种特定的问题，由非常精通某种思维方式的人，所进行的系统而持续的探究”；也有的学者把方法推到至高的位置，认为“应当把教育研究理解为包括教育中经验的和实验的研究，而不是历史的和比较的研究”；还有人强调教育研究是在“采用定量或科学调查方法的范围”内进行的研究②。

鉴于教育研究的复杂多义，洛弗尔（Lovell，K.）和劳森（Lawson，R. S.）甚至认为，“给这个术语下一个定义实际上是不可能的……如果要求普遍接受的话，那么正如我们可以给‘教育’这个词以无数的意义一样。”③“‘教育研究’这个术语，对于教育领域里的每一个人来

---

① 贝斯特等著，严正等译：《教育研究方法概论》，20-24页，北京，春秋出版社，1989。

②③ 布雷德等著，施良方等译校：《教育研究》，见瞿葆奎主编，叶澜、施良方选编：《教育学文集·教育研究方法》，9-10、7页，北京，人民教育出版社，1988。

说，并不意味着同一件事，也没有哪一个定义得到普遍认可。这也许是因为可以给‘教育’这个词赋予无数的意思。”①

尽管存在着这样一种认识，我们的确也很难给教育研究下一个精确的定义，但是大致上可以这样认为，教育研究是采用系统的方法来研究教育问题的活动。也就是说，在所使用的方法上，应能区别于其他的一些非研究的活动。如果从上述研究的三个要素上——目的、过程和方法——来界定，大致可以这样认为，教育研究通过一系列规划好的活动步骤的实施及方法、技术的运用，来认识教育现象，为教育领域提供有价值、可信赖的知识；它有助于解决教育的实际问题，提高教育活动的质量。

二、教育研究与教育研究方法

作为一种教育研究活动，无论它们属于哪一种类型，都与任何研究活动一样，体现着以下这些特点。

第一，它有着高度的自觉性和组织性。它是以研究课题为中心而展开的有计划的、有目的的认识活动，目的明确、计划周密是它区别于非研究活动的特点所在。只有当人们在一般的实践和认识基础上确定某一对象作为自己研究课题，有计划、有组织地开展自己实践和认识活动的时候，他才实际上进入一个研究过程。

第二，它有着自觉的继承性和创造性。教育研究既然把认识教育现象作为直接目的，它就必须自觉地掌握和了解人们对教育现有的认识水平，必须清楚地知道哪些问题已经解决，哪些问题还没有解决或没有完全解决，哪些理论是已经证明为正确的理论，哪些理论则被证明为错误的理论，哪些理论是不全面而需要补充和完善的理论。只有这样，研究者才能使自己的研究活动以人类已经达到的认识水平作为出发点，才能经过科学研究过程真正达到发现和创造的目的。

第三，它有着极强的探索性。科学研究要认识的是未知的世界，

① 布雷德等著，施良方等译校：《教育研究的历史与现状》，见瞿葆奎主编，叶澜、施良方选编：《教育学文集·教育研究方法》，29页，北京，人民教育出版社，1988。

要掌握的是人类科学还未掌握的客观规律。作为教育研究来讲，虽不像自然科学那样对研究活动等有着严格的要求，但它仍需要在一定理论的指导下摸索着前进，失败、碰壁似乎也是难免的。

教育研究的上述特性，使得研究活动中的方法的重要性显得非常突出，无论是它的自觉性与组织性，还是它的继承性与创造性，或者是探索性，都需要借助于一定的方法来达到。无研究方法，研究的目的性和组织性就无所依托；无研究方法，继承性就无从谈起，创造性也就失去了途径；无研究方法，探索就几乎成了空话，只能是一种盲目的活动。

“方法”一词，在我国存在已久，古代把量度方形的方法称之为方法，把量度圆形的方法称之为圆法，后合称方法。可见，“方法”在其一开始，就是一种规范。它自身就具有一定的规范，是用来规范人的活动的。

在西方，希腊的“方法”是从“沿着”、“道路”演化而来的，其意思是沿着正确的道路运动，后来逐步演化称为“研究自然界、社会现象和精神现象的方式、手段”。

现代科学已发展成一个庞大的体系，相应地现代科学方法也极为复杂多样。但依据研究方法在现代科学中应用的范围，大体可以把研究方法区分为以下层次。

第一层次：世界观意义上的最一般方法。如马克思主义哲学。主要表现为哲学方法。

第二层次：应用于各门学科或者说各个领域的一般方法。如分析、综合、归纳、演绎等。主要表现为逻辑学和系统科学等。

第三层次：应用于某个领域（或是自然领域，或是社会领域）的特殊方法。

第四层次：应用于某门学科的个别方法。

在这四个层次中，既有抽象的理论、原则，也有具体的操作方式等，抽象的程度不同，所处的层次不同，也就随之有了方法论与方法的分野。

三、教育研究方法与教育研究方法论

我们把方法论理解为关于科学活动中的认识方法和活动方法的原理，也就是说，它自身不是一种具体的方法；它是以方法为认识对象的，是具体方法的基础，它支配着具体方法，它的变革，震荡着教育研究方法和教育理论的大厦。在上述四个层次中，第一、二两个层次属于方法论的范畴。而后两者则属于具体方法的范畴。

这四者存在着一般、特殊、个别的关系。方法论探讨的是一般，方法着重研究的则是特殊与个别。从目前的研究来看，一般都认为，每门学科并不一定要具备自身独特的研究方法，也就是说，独特的研究方法并不是构成一门独立学科的必要条件。方法是解决问题的工具，而工具本身就是具有很大的通用性的，一些方法如实验法、历史法等，首先在某一领域中运用而得其名，只要对象合适，在其他领域也能通用，并不一定有一种对象就要有一种研究方法，单单寻找独特的教育研究方法的努力常常是徒劳的。作为教育研究来讲，其方法的特殊性表现在以下三个方面。

（1）在运用其他教育科学研究方法时，应作一些适合本学科对象的改造，也就是根据所要研究的对象性质来加以改造，改造即是特殊性的一种表现。

（2）在研究方法总体结构上呈现出特色来。在研究中，方法不是单一的，而是几种方法综合运用的，教育科学研究总体特征之一是综合性特别强。教育科学不是研究物理，而是研究事理的，因此研究事理的方法所占的比重比较大，强调自然条件下的研究，强调方法本身的人道价值和社会价值。

（3）需要创造出其他科学中还没有运用过的方法，以解决教育研究的特殊问题。这种需要不能完全排除，随着研究水平的提高、课题的深入，这种需要会越来越强烈。对于方法创造的需要，受着两个因素的制约：一是对象本身的特殊性；二是学科本身的成熟性。发展水平较高的学科对较低的学科影响较大，后者常移植前者的方法，一旦移植成功，后者发展水平往往会出现不同程度上的飞跃。在教育研究上，常遇到的首要问题就是移植，从我国的实际情况看，在其他学科的一些常规方法上，运用得不是太好，对新的科学研究方法，也常存在囫囵吞枣的现象。

通过这样的分析，可以看出，教育研究中较为普遍运用的还是那些一般的方法论的东西，和在一些特殊领域如社会科学领域或自然领域中普遍运用的方法，自身所产生出来的“个别”的方法尚不完备。在这种情况下，如何处理好一般、特殊与个别的关系，就成了一个值得注意的问题。

一般、特殊、个别的关系要搞清楚，一般如何转化为特殊，特殊如何应用于个别，都需做深入思考。有时一般并不包括特殊，一般是从什么角度来对特殊进行概括的，这些问题不了解、不清楚，就不能理顺方法论与方法之间的关系。

四、中小学教育研究的类别

分类是科学研究的第一步，对于中小学教育研究活动来说，同样也是如此。了解了教育研究的不同类别，实际上在很大程度上也就明确了中小学教育研究的定位，明确了在中小学实践中能够从事哪些研究活动。关于教育研究的分类林林总总，下面列举其中的几种较为普遍的分类。

1. 基础性研究与应用性研究

这是以研究目的对教育研究所作的分类。

对于两者之间的区别，国外曾有学者作过这样的分析：基础性研究旨在增加科学知识的组织体系，并不一定会产生直接的实际价值的结果。应用性研究则旨在解决直接的实际问题，增加科学知识的目的是第二位的[①]。

基础性研究以抽象、一般为特征，目的是揭示、描述、解释某些

① 布雷德等著，施良方等译校：《教育研究的历史与现状》，见瞿葆奎主编，叶澜、施良方选编：《教育学文集·教育研究方法》，20页，北京，人民教育出版社，1988。

现象和过程，以及它们的活动机制与内在规律。也就是说，所设计的研究将对研究领域具有直接增加知识的价值。这表现在，或是对教育理论中的个别原理、概念等作出修正、发展及予以更详细的说明，或是对某一领域中已形成的概念、原理等作进一步的探讨，乃至建立某种新的理论体系，在核心概念、基本范畴和基本原理方面有所突破。教育上的基础性研究，按照国外有人的见解，大体可分为形成系统知识的研究、学习的研究、训练迁移的研究。基础性研究的成果，一般与直接的应用无关，这意味着急促性研究主要具有同解决实际问题无直接关系的认识—探索性。

应用性研究以具体、特殊为特征，它是对基础性研究的成果作进一步的验证，就所关注的某一实际问题，例如某一课程设置问题、某一特殊的教师培训计划，从大量的案例中寻求概率性的必然结论。其目的在于解决某些特定的问题或提供直接有用的知识。具体表现为，或是解决教育实际某些典型、涉及面广的问题，提出有效的解决问题的方法，并能在一定范围内推广，或是直接解决个别实际问题，更具操作性。也就是说，应用性研究更关心效果：这种教育结果或方法比另一种更好吗？

实际上，教育中基础性研究与应用性研究的区分也是从相对的意义上说的，并且它们之间也没有什么高低之分。基础性研究虽然旨在增加科学体系的知识，但有时也有可能产生有实际价值的结果；应用性研究则旨在解决教育中的实际问题，但它也将对增加科学体系的知识作出贡献。

在学校情境中进行的教育研究，大都是偏向于应用性研究。这是因为，首先，教育系统的实践性，要求教育研究中应用性研究占较大的比例，而学校是教育实践的核心，它时刻产生着迫切需要解决的问题。特别是发展迅速的社会在不断地向学校提出新的要求，这使学校的改革成为人们关注的焦点。

其次，应用性研究的可行性较强。一方面表现为应用性研究的成果实用性、操作性强，可以推广开来，并能有效地训练教师学会运用这些成果；另一方面表现为教师更喜欢这种研究，他们赞成能直接派上用场的或直接产生有用效果的研究，并且教师比较能胜任这种研究，他们可把自己的教育实践活动同研究实际联结起来。比如，教师很可能对某种教学方法是否能更好地组织教学、启迪学生心智的应用性研究有所作为，但他们对有关这种方法的揭示性原理的研究却是有一定困难的。

从我国几十年来在学校开展的教育研究来看，也表明学校情境中的教育研究主要是应用性研究。大多是以学校中的问题或教育、教学改革为重心，寻求直接的问题解决或改革效应。

近些年来，有些人在区分基础研究与应用研究的基础上，从中分化出了另一类研究——发展研究，也称开发研究。

他们认为，基础研究以探求规律性为目的的，不追求实际效用。应用研究是基础研究与发展研究的中间阶段，它是依据相对抽象的基础理论对某个实际目标所开展的相对具体的研究。发展研究或者说开发研究是对特定科学技术在一定的实践情境中进行的可行性与操作性研究，其结果完全以适用与否来取舍。就自然科学而言，发展研究的成果往往是可直接投入生产的新产品、新工艺、新设计等。

2. 探索性研究、描述性研究和解释性研究

这也是依研究的目的对研究所作的分类。

（1）探索性研究

许多教育研究是为着探索某一课题，即对该课题进行初步了解。当研究者新接触一个课题或这个题目本身比较新鲜尚无人涉足时，研究便往往是探索性的。

探索性研究主要有三个目的：

第一，仅仅为了满足研究者了解某事物的好奇心和欲望；

第二，探讨开展更为周密的研究的可能性；

第三，发展可用于更为周密的研究的方法。

作为第三个目的的一个例子是，研究人员要对某一时期学生态度改变的程度、起因及后果进行研究，在开展大规模的调查之前，他们预见到设计一个可以度量几种取向的问卷的困难。为此，他们开展小规模的探索性研究，在 50 名可代表各种类型的学生中进行开放式访问。访问过程中，被调查者就有关他们对大学及社会的态度取向问题作了深入地回答，从而提供了在进行大规模抽样调查时如何在结构性问卷中探测这种复杂性的方法。

表 1-1 三类研究的特点①

<table>
<tr><th colspan="2"></th><th>基础研究</th><th>应用研究</th><th>发展研究</th></tr>
<tr><td colspan="2">目 的</td><td>发现规律，建立理论</td><td>为应用的目的创新技术</td><td>运用科学技术知识发展新产品、新工艺、新材料等</td></tr>
<tr><td colspan="2">计 划</td><td>比较自由</td><td>比较有弹性</td><td>比较确定</td></tr>
<tr><td colspan="2">时 间</td><td>不作具体规定，要求提出一般的研究时间表</td><td>不严格确定，要求提出大致的时间表</td><td>严格规定。一般研究时间较短</td></tr>
<tr><td rowspan="3">成果</td><td>名称</td><td>学术论文</td><td>专利或论文</td><td>设计图纸、专利或样品</td></tr>
<tr><td>应用</td><td>转化时间较长，一般不能预测</td><td>转化时间较短，一般可大致预测</td><td>很快可以运用，能较准确地作出预测</td></tr>
<tr><td>意义</td><td>对科学有广泛深远的影响，能开拓新技术和新生产领域</td><td>对特定的专业技术有广泛的影响，也能为基础研究提出新的课题</td><td>影响特定的生产领域，对经济与社会有直接作用</td></tr>
<tr><td colspan="2">人 员</td><td>科学家。要求有深厚的理论基础，富有探索创新能力</td><td>科学家、工程师。要求既有创造能力，又有解决实际问题的能力</td><td>工程师、技术人员。要求有相当的专业知识、丰富的经验和较强的实践能力</td></tr>
<tr><td colspan="2">组织方式</td><td>大多为个人或少数人</td><td>多为大小不等的集体</td><td>多为大小不等的集体</td></tr>
<tr><td colspan="2">成功率</td><td>低</td><td>中</td><td>高</td></tr>
<tr><td colspan="2">管理特点</td><td>管理弹性大，研究者的自主性较强，成果由同行评议</td><td>管理要求严，定期检查进度尊重个人的首创精神；需集体协作</td><td>管理严格，一定限期完成；组织严密，强调集体协作</td></tr>
<tr><td colspan="2">实 例</td><td>相对论原理</td><td>核能应用研究</td><td>制造原子弹，建立核电站</td></tr>
</table>

探索性研究在教育研究中是很有价值的，但其缺点也很明显，即

① 关西普等主编：《科学学》，143 页，杭州，浙江教育出版社，1985。

难以对研究课题提供满意的答案。

（2）描述性研究

此类研究的主要目的在于对教育中出现的某一情况或事件进行描述，研究者把研究过程中观察到的情形记录下来。例如，对学生对待某项教学改革的态度进行描述。

（3）解释性研究

此类研究的目的在于对教育中的某一现象作出解释。了解学生对教学改革有多少种态度，这些态度各是什么，是描述性研究；而研究为什么他们会有这些态度，则属于解释性研究。

虽然区别研究的三种目的是很有必要的，但同时也应注意到，多数研究是同时包含有这三种目的的。例如，某研究者想对某种新的教学方法作出评价。这一研究首先包括探索的性质，它要对这种教学方法的效果予以勾画，然后要描述方法的运用效果，最后揭示为什么会出现这样的效果，为什么这种方法对某些学生适合，而对另外一些学生不合适。

3. 定性研究与定量研究

定性研究与定量研究，是依据教育研究的性质或者说使用的手段所作出的划分。这两类研究，也被称之为教育研究的两种不同“范式”。

“范式”是美国科学家库恩（Kuhn，T. S.）在《科学革命的结构》（1962）一书中提出的概念。他指出，科学家所以能够对共同研究的课题使用大体相同的语言、方式和规则，是由于他们具有一种解决问题的标准方式，即范式[①]。

定量研究主要是模仿自然科学，对教育现象进行观察—经验的、可定量化研究，研究的目的在于确定因果关系，并作出解释；定性的方法，是从人文学科中推衍出来的，所注重的是整体的和定性的信息，以及说明的方法。

美国学者博格丹和比克林列举了定性研究以下 5 个特征，并藉此

① 金哲等主编：《当代新术语》，377 页，上海，上海人民出版社，1988。

区别了定量研究。

（1）定性研究是把自然情境作为资料的直接来源，其中研究者起关键作用。研究者花费相当多的时间，深入学校、家庭、街道和其他场所，以了解与教育有关的事情。因为定性研究者关心的是事情发生的情境，所以在研究过程中，他们通常深入到特定的情境。

（2）定性研究是描述性的。定性研究收集的资料，通常采用文字或图片的形式，而不是采用数据的形式。定性研究者往往认为，一切事物都有其价值，每一件事物都有可能成为更深入的理解研究对象的线索。他们常提出这样的问题：为什么用这样的方式来排列这些桌子？为什么一些房间用这些图片装饰？为什么一些教师的衣着与他人不同？在那里开展这些活动有什么原因？诸如此类。对这些问题，没有调查就没有发言权，所有的论述都应该经过精细的探究。在对细节作出解释的时候，描述作为一种收集资料的方法是有效的。

（3）定性研究关心的是过程，而不只是关心结果和产品。从事定性研究者常会思考下列这样的问题：所研究的活动或事件的自然历史沿革是怎样的？人们怎样确定研究的意义？怎样运用某些术语和符号？例如，在研究教师与学业成绩不良的学生的关系时，研究者先考察教师对他们的态度，然后研究这些态度是怎样转化成教师与学生日常的相互作用的，以及这些日常的相互作用又怎样反过来使教师的态度具体化，又是怎样造成学生学业成绩不良的。

（4）定性研究倾向于对资料进行归纳分析。在开始研究前，定性研究者并不是搜寻证明或反证自己所持假设的资料或事实（与定量研究先提出假设后进行验证的过程不同），相反，只有去把已经收集到的具体事物组合到一起时，才能形成抽象概括。

这种方式形成的理论是自下而上（而不是自上而下）产生的，是从收集到的许多不同的证据之间相互关联中产生的。

（5）定性研究方法关心的最基本的事情是人们对事物的理解。它们把精力放在教师与学生对自己的生活有什么打算？他们认为学校中的哪些现象是理所当然的？例如，在一项研究中，研究者把部分工作集中在研究父母对儿童教育的看法上。他想知道父母对自己的孩子在学校里为什么表现不好是怎样想的，他们或许会发现，家长对其子女学习不好的原因的归纳是多方面的：教师不重视自己的子女，自己贫困没受过教育，等等。

表 1–2 定性研质与定量研究的区别

	定性研究	定量研究
资料的来源	自然情境	经过严密控制的情境
研究成果的表现形式	文字或图片	数据
对研究关注的方面	过程	结果
分析资料的方法	归纳分析	演绎分析
关心的基本事情	意义与理解	变量与操作
学术属性	社会学、历史学、人类学	心理学、经济学、物理学
目标	描述现实、提高认识	检验理论、证实事实
设计	灵活、一般、可引申	有结构、预定的、正式具体
技术或方法	观察、漫谈	实验、有组织的交谈
与被试的关系	热情接触、被试即朋友	疏远、被试者—研究者
工具或手段	录音机等	项目表、问卷

就此可以看出，定量研究与定性研究在哲学思想的取向（尤其是认识论背景）、研究对象的选择、研究方法的选用以及研究结果的表现方式上，都各不相同。

定性研究与定量研究的这些差异，使它们在研究中各有其所长，也各有其所短，而且一者所长正是另一者所短，反之亦然。例如，定量研究的长处是能消除研究过程中的主观性和各种倾向、偏见，使研究保持客观、精确；把教育实践工作者以为理所当然的东西（信条）加以检验；美国教育哲学家奥康纳（O'Connor，D. J.）就曾指出："没有理由假定，古代或中世纪学校教学的一般效果，比我们现在学校的一般效果差得多。无疑，那个时代的教师所采用的方法，在今天可能被认为是浪费时间的，效率不高的，但是，一般地说，这些方法是达到了它的目的的。当我们看一下希腊或中世纪在艺术、文学和哲学方面的成就时，我们作为 20 世纪的评论家，藐视促进当时艺术、文学和哲学发展的教育制度，当然是不适当的。”① 在教育实践和教育理论中，有一些缄默的、没有明确的科学基础的，但又是行之有效的“信条”存在着，这些信条甚多，以至于影响了教育理论向科学化的方向迈进。

但是，上面定量研究的这两个长处，却又隐含着不可克服的缺陷。一是教育现象具有模糊性，我们通常说“某某学校办得真好”、“某位教师很会教书”、“那个学生品德优良”等；“真好”、“很会”、“优良”是一种性状描述，究竟“真好”到了什么样的一个程度？怎样才算“很会教书”？“品德优良”究竟意味着什么？却不能用一个明确的数量观念来表示。这些就需借助于定性研究了。同时，在教育实践活动中，教师面对的是不同的对象，他的实践具有独特性，这样一来，定量研究成果的概括性，就难以适应各个教师的不同要求。两者间存在着不可克服的张力。

二是定量研究不仅受物质条件的限制，而且还受着伦理上的限制和社会条件的限制。例如，进行多因子线性回归分析，需要一定的电子计算机设备；例如，我们不能人为地创造“文化剥夺”的环境来对“文化剥夺”进行实证的教育社会学研究；再比如，我们不能通过随意加速或阻碍某一地区的经济发展来研究“教育与经济”的关系。而不能被量化、不需严格的物质条件限制、不能人为地创设环境的研究，则正好由定性研究来承担，这些是定性研究不可替代的特点。

由此也可看出，这定性研究与定量研究并不相互排斥，而是互补的。定性研究为定量研究提供框架，而定量研究又为进一步的定性研究提供条件。比如，关于“影响学生学业成绩的因素”的研究，首先要通过定性研究，确立哪些因素在影响学生的学业成绩，并对这些因素作逻辑明晰的分类、划分；然后，通过定量研究，具体确定各个因素的影响作用的系数；随后在此基础上定性、定量研究某一因素，如大众媒介中的电影、广播等分别对学生学业成绩的影响。这两者在教育研究中都是有其存在的必要的②。

---

① 华东师范大学教育系、杭州大学教育系合编：《现代西方资产阶级教育思想流派论著选》，429页，北京，人民教育出版社，1986。

② 沈剑平、瞿葆奎：《教育研究范式简论》，载《华东师范大学学报（教科版）》，1990（1）。

4. 宏观研究与中观、微观研究

按照教育研究的内容来分，教育研究有宏观研究及中观、微观研究。对教育实践活动进行研究，可以从以下这三个层面上展开。

宏观层面：把教育活动看成是一种有自身特性的社会现象，“教育作为容易引起科学注意的社会生活的一部分，是一个特定的、有意创立的体系，在这一体系中进行着同样特定的过程，这一体系与其他社会体系及过程有联系，但又是独立的，并且有其本身的动力。”① 这些联系包括了与社会政治、经济、文化等方面的联系，对这些联系进行的研究，属于宏观研究。

中观层面：把教育活动看做是在某种机构（如学校）进行的活动，在这些机构里进行的所有有关教育、教学、管理方面的活动，成为中观研究的内容。

微观层面：把教育活动看成是人与人交往的一种特殊形式，有关这方面的研究属于微观研究②。

宏观研究重在研究“联系”，这包括社会各系统对教育的要求与投入，也包括教育系统对社会各系统的产出与作用；而中、微观研究，更注重教育体系内的、一般社会系统所没有的许多特殊成分，比如教学、课程等。

在学校情境中开展的教育研究，主要针对的是学校这一机构内部进行的各种活动，从在学校情境中开展的教育研究，主要针对的是学校这一机构内部进行的各种活动，从学校的制度体系，到师生间的人际交往，因而是属于中、微观层次的研究。当然，学校与外部社会有着多种形式的交流，因而对学校个性教育活动的研究必然会涉及到学校与社会许多方面关系的研究。然而，这种关系的研究与宏观的关系研究是有区别的。后者是在教育与社会关系的最一般的意义上作全面的论述，而前者则以学校的具体事项为出发点，并且学校与社会的一

---

① 奥利维拉著，周希敏译：《比较教育：一种基本理论在发展中》，载《教育展望》，第18卷（2）。

② 叶澜：《教育研究及其方法》，4-7页，北京，中国科学技术出版社，1990。

些关系往往内化成了学校内部的一些特殊类型的社会关系，如学校里的经济现象、政治现象、文化现象等。

就中观层次而言，在学校里开展的研究课题将围绕着教学活动、课外活动及管理活动等几方面进行。单独对某一方面的活动进行研究，是局部性研究。

其中教学活动研究的课题又有单科与单项研究之分。单科研究是对某一学科的教学法体系的研究，例如数学、语文课教学改革研究；单项研究指的是对构成教学活动的某一方面的研究，如教学方法改革研究、愉快教学模式研究。

课外活动研究的课题，包括了有组织的课外活动研究与自发性的课外活动研究。前者如社团活动研究、劳动研究。后者如伙伴团体的活动研究。

管理活动的研究课题也包括两方面：一是整个学校的组织管理，如校长负责制研究、校领导班子建设研究、教师的培养研究；二是班级的组织管理，如学生干部的研究、班主任的工作艺术研究等。除此之外，有关学校与其他一些对学校有重要影响的机构、组织之间的关系的研究，如学校与社区、学校与家庭等方面的研究，是对学校内部活动研究的重要补充。

如果将教学活动、课外活动、管理活动等几方面的活动统筹兼顾，研究学校整体内部各要素及其相互关系，以发挥学校教育工作系统的整体功能，这种研究便是整体性研究，如学生全面发展的整体性改革研究。

中观层次的研究所针对的这些活动，都是在人与人之间进行的，从不同角度反映了人与人之间的相互关系，相互关系中又体现了人的情感、需要、动机以及生活的意义和价值，当对这些问题进行研究时，就达到了微观层次的研究。有关这方面的课题有：班级互动研究、学生亚文化研究、学生的需要研究、问题学生研究，等等。

这样看来，所谓的中观研究与微观并没有明显的界限。

5. 书斋式研究与现场研究

教育研究按研究开展的地点、资料收集的主要方式，又可分为书斋式研究与现场研究。

在书斋式研究中，研究主要通过查阅文献获得材料，并通过自己的思维加工而取得研究成果。因而书斋式研究往往又被称为文献研究。在这种研究中，研究者与教育实践活动不是直接接触的，而是实践的旁观者和思考者。

专业研究者进行书斋式研究的情况较多。这种研究在下述方面的课题上意义尤为重大：对教育问题的哲学思考；对教育信息的内容分析；对某一问题，如学生学业成败问题的现存统计资料作综合性的再分析；对教育的过去，尤其是教育思想、教育理论等作历史分析等。

现场研究是在实践活动发生的现场进行的。“到现场去”是人们认识事物性质的可靠方式。当然这种研究也需要作文献的考察，对第二手资料的分析，可以节省时间和精力，并能较及时、全面地把握某类课题的研究动向和研究程度。在此基础上，研究者要获得第一手资料，必须亲临教育活动现场，通过直接的观察，对现实存在的，与教育实践有关的人、物、事件、活动进行如实地记录、分析、推论。这种现场研究最适合于了解和解决实践问题方面的课题研究。在这种研究中，研究者与实践的接触是直接的，可以看到事物发生、发展的真相。

在学校情境中开展的教育研究主要是现场研究，它最好地体现出了研究与实践的一致性。在这一点上表现的尤为典型的是，当研究者就是教师本人时，繁重的教学任务使他不可能、也没有必要中断实践活动，去进行与他的实践活动关系不大的课题的书斋式研究，而教师一直生活在现场中，这为他的现场研究提供了极为有利的条件。从不严格的意义上说，当教师在观察、思考并试图理解他所参与的教育活动时，就是开始了现场研究。在学校里开展的实验研究也很好地体现了“现场研究”与实践的一致性，它以课堂为实验室，实验的过程就是教育活动开展的过程。

6. 纵向研究与横向研究

依据进行研究的方向尺度，可把教育研究分为纵向研究与横向研究。

（1）横向研究

横向研究是在某一个时间点上展开的研究，研究的是某一教育现象的横断面。前面提到的探索性研究与描述性研究多属于横向研究。例如，对学校人口的调查，就是在给定的时间点上对某一或某些学校人口状况的描述性研究。

（2）纵向研究

纵向研究是对一段时期内的情况所进行的研究。它包括以下 3 种特定的类型。

趋势研究：对一般总体随时间的推移而发生的变化的研究。例如，在不同的时间点上对某实验学校的教学质量进行调查和比较，从而透视其发展趋势。

各年龄组的特征研究：对不同年龄的学生随时间的推移而发生的变化的研究。例如把 13—15 岁的学生作为一个年龄组，把 16—18 岁的学生作为另一个年龄组，研究他们各自对优秀教师特征的认识，这种研究的基本方式是每隔几年调查一次。虽然每个样本可以由不同的人组成，但要保证能代表某一年龄组的学生的特征。

定组研究：这种研究与趋势研究及各年龄组的特征研究类似，区别在于每次研究都用同一个样本。以调查家长对某项教学改革的态度为例，在教学改革期间，每隔一段时间，即对同一样本的人进行访问，了解他们的态度和认识。这一研究能精确地反映出人们意向变化的模式。

（3）近似纵向研究

在只有横向研究数据时通过逻辑推理对事物过程所作出的推断。例如，研究学生的身体发育情况，可把研究对象的健康档案按年龄分组，从每个年龄组不同的健康状况可获得个人健康状况的近似发展史。

以上研究类别没有好坏、高下之分，它需要研究者在研究实践中根据自身的目的加以选用，通常的情况下是不同研究类别的综合运用，而不是某种固定的单一的研究类别。

第二章 教育研究方法的历史考察

教育理论界和实践界教育研究的方法意识虽然至今也不能说是比较强的了，但对教育研究方法自觉不自觉的关注以及从相关学科中的借鉴却是由来已久的。这一发展历程大致可以划分为紧密相连的4个不同阶段：注重思辨的阶段、强化实证的阶段、复兴定性的阶段、融合定性与定量的阶段。

一、第一阶段：注重思辨

在这一阶段，教育研究的方法意识甚为朦胧，甚至还没有从哲学的母腹中分化出来，没有鲜明方法特征的思辨在教育研究中占据着重要的地位。

思辨与实证不同，思辨多是以哲学为理论依据，以分析归纳为特点的，而实证则是从一定的假设出发，对假设逐步加以验证的，也就是以演绎为资料分析的主要方法，测验、测量、实验都是其研究中的主要方式。古希腊思想家们对从个别中推导出一般原理的归纳法，有初创之功，也正是由他们开始，归纳法才逐步成为科学研究的一个重要的方法的。

最早把归纳法作为一种思维方法进行讨论的是苏格拉底。他的归纳法不是在研究自然，而是在讨论伦理道德问题中提出的。他的归纳法是通过分析个别的伦理行为的事实来确定伦理概念，是与下定义紧密相连的。他认为，伦理知识的获得，首先在于对某一道德行为提出初始的定义，然后引进一系列的事例，当初始定义应用到这些事例上出现矛盾时，便推翻初始定义而提出新的定义，如此继续下去，直到得出一个令人满意的、能够揭示某一道德行为本质的定义为止。这种对一系列个别的伦理行为进行分析，从而寻找伦理概念的普遍定义的方法就是苏格拉底的归纳法。

历史上有名的苏格拉底法，在一定程度上就是归纳的过程。苏格拉底在同青年交谈时，他总要给事物试着下定义。假定“虔诚”或“节制”等词在谈话中偶尔出现，他就问：“什么是‘虔诚’？什么是‘节制’？”年轻人就按自己所想的回答。苏格拉底立即就提出一些与回答并不适合的特殊例子，他们之间就可放弃或修正最初的定义。因此，这个过程就在教师提问和启发的指导下继续进行，直到获得一个双方都满意的定义。这种方法显然含有归纳的因素，但又不是纯粹的归纳。

苏格拉底的归纳法在其弟子柏拉图那里，得到了进一步的发展。柏拉图提出，形成概念的过程，是在众多个别中发现一般的过程，也是在多中求一般，从而使灵魂得以认识理念的过程。他把人的灵魂区分为三类：金质灵魂、银质灵魂、铁质灵魂，并将其分别归属于哲学家—国王、奴隶主和军人、平民，实际上在一定意义上就是这种归纳的结果。

对归纳法进行系统研究，并把它确立为获取科学知识的一种基本逻辑方法的是亚里士多德。他通过对归纳的研究，提出了三类归纳法：完全归纳——在掌握了一类事物总体中的全部个别对象的材料后，通过归纳得出关于这类对象的一般结论，运用这种方法的前提是组成某类事物的个别对象数量有限；枚举归纳——属于不完全归纳，通过列举部分对象的特征得出对某类事物的一般的、概括性认识；直觉归纳——是凭借科学洞察力对隐藏在感觉材料背后的本质所进行的直觉推论，如一个科学家在各种情况下都注意到月球明亮的一面总是朝向太阳，他由此直觉到月球发光的原因是日光的反射。他认为，演绎的原始前提来自归纳，而这个归纳法就是直觉归纳法。

中世纪时期，经院哲学将亚里士多德的理论奉为经典，并加以歪曲，真正的教育研究根本不存在，有的只是从神学的一般原理向教育与训练的简单推演，思辨沦为无聊的、神秘化的教义演绎。

一只脚留在古代，另一只脚跨进近代门坎的捷克教育家夸美纽斯，对教育理论的建树有着独特的贡献，人们大多在提到他时，把他作为教育学的“开山鼻祖”。但是，他的《大教学论》虽然为他赢得了诸多声誉，在研究方法上，仍是以思辨为主要方法的。夸美纽斯本人与其说是在追求教育的“科学”，毋宁说是在追求教育的“艺术”。更确切地说，他的追求是把前人以及他本人在长期的教育实践中所积累起来的经验加以系统的总结、归纳和整理，从而为从事教育活动提供一种可供仿效的模式。他的最大功绩是将教育感性经验加以总结和归纳，使之系统化、条理化了。

为了证明他书中所汇集的教育经验或方法是优秀的，经过他本人的主观选择，运用种种自然现象来进行论证，先对自然现象大加褒扬，然后将之推演到教育中来，认定“艺术若不模仿自然，它就什么也做不了”。这种思辨缺乏深层次的理性的支持，论证显得简单、肤浅。

对教育现象进行深入的思辨研究和理性考察的，是有着强烈思辨传统的德国一些哲学家、思想家了。其中最为著名的是康德与赫尔巴特。

在西方教育思想发展史上，康德有着非常特殊的地位，西方大多数教育史专著或教材，都辟有专章介绍康德的教育思想及其对西方的影响，有关康德教育思想的研究也非常活跃。相比较而言，我国教育史界对康德教育思想的研究尚未引起足够的重视。康德以其哲学家的睿智，赋予教育研究以极大的理性内涵，把人们对教育的认识视野转移到教育内在规律上，从而使得西方的教育理论向前迈进了一大步。

康德试图借助于理性的认识来阐释教育的内在原理，他与夸美纽斯反其道而行之，其认识前提是：“(认知的）对象必须与我们的知识相一致。”① 这就从根本上否定了夸美纽斯“模仿自然”的认识之路。

---

① 康德著，蓝公武译：《纯粹理性批判》，12页，北京，商务印书馆，1960。

当然，康德的这一认识前提与他所谓的“自在之物”有着密切的联系。在康德看来，惟有“自在之物”（他又称之为“本体”）才是人之感觉的源泉，它并不依赖于人的意识，是“独立存在”的，自然，也是不可能被人完全认识的。虽然康德的认识论基础是主观唯心主义的，但也唤起了人们对教育之内在规律的重视，强调了教育科学理论必须具有逻辑演绎性，把教育认识的“天平”倾斜于教育理性原理的构建，从而使西方教育研究的角度发生了较大的变化。

赫尔巴特被西方学者称为是使教育“科学化”的第一人。他最杰出的贡献是把教育理论建立在心理学知识基础之上，使教育理论拥有自己的科学依据，而不再把教育研究的途径归于“模仿自然”。赫尔巴特的这些努力仍是建立在思辨的基础上的，他不是依据科学事实和知识进行支持，而是以心理学知识为基础，形成他具有内在逻辑演绎结构的教育理论。赫尔巴特是一位擅长演绎思维的学者，他对教育现象的认识，始终是在“整体”的层次上进行的。换言之，他力图在理论上把教育各组成部分加以联系，并寻求其内在的逻辑联系。例如，赫尔巴特所持的一个理论前提是：教育过程总是可以不断地分解为较小的诸构成部分，就最小的构成部分而言，可区别出 4 个教学阶段：清楚、联合、系统、方法，这 4 个阶段又分别同心理学中的注意、期望、意愿、行动相对应，并且相制约。对这些对应或制约关系的阐述，便构成了赫尔巴特的教学理论模式。

二、第二阶段：强化实证

历史发展到 19 世纪，教育研究中的方法意识有所增强，一个突出的表现是强调实证在教育研究中的重要地位和作用，与上一阶段不同，这种实证的方法不是导自于哲学，而是来源于社会学和心理学。也可以说，教育自身仍缺乏独有的研究方法，是依托其他学科来发展研究方法的。

（一）实证化研究的由来

18 世纪的启蒙运动，科学和技术成了反对神学和形而上学的武器，注重研究的量化和对实际情况的分析也随之被认为是社会规划的科学工具。因此，早在 18 世纪启蒙运动时期，定量等实证的方法至少在理论上就与社会的规划和设计联系起来了①。

使实证正式成为社会学重要的研究取向的，是 19 世纪 20 年代孔德实证社会学的创立。实证（positive）一词源于拉丁文“positivus”，具有确定、明确、确实的意思。欧洲 16 世纪以后的自然科学强调观察和实验，要求知识的“确实性”，因此，实验的自然科学被称为“实证科学”。法国空想社会主义思想家圣西门在他的著作中提出，过去的时代是“神学时代”，现在是“实证时代”。孔德（曾是圣西门的秘书）在吸取了启蒙思想家的社会进步观和自 16 世纪的培根经洛克至笛卡尔形成的经验主义方法论的基础上提出的实证的经验的社会学研究方法，正是借用了圣西门的说法。

实证的经验的社会学的研究方法的基本观点是：（1）一切科学知识的惟一来源和基础都是观察和实验的事实。（2）一切现象都服从于不可改变的自然规律，这种规律是科学经验之中的某种不变的先后次序和相似关系。（3）人类智力发展必然要经历 3 个阶段：神学阶段——形而上学阶段——实证阶段，社会学还停留在形而上学阶段，因此必须建立实证社会学。（4）通向实证社会学的方法既是经验实证的，也是历史的。

孔德之后的实证主义是以穆勒与斯宾塞为代表的两派。在方法论上，一派认为社会科学的研究方法同片段科学的研究方法并无二致，社会科学研究包括确立规律、利用实验和观察，消除社会分析中的主观成分。另一派则重视经验方法和统计资料对形成假设和求证的作用。

---

① cf. B. Glassnet and J. D. Moreno, (ed.) (1989). *The qualitative quahtitative distinction in the social sociences*. Netherland. pp. 1-11.

19世纪下半叶，实证主义发展为另外一种形态：以马赫为代表的经验批判主义（又称马赫主义）。它主张批判地了解经验，基本观点是，世界是由感觉要素构成的，要素之间的关系是一种函数关系，而不是因果关系。感觉要素的函数关系的模写就是数学，数学的量化是社会科学必须遵循的思维经济原则。1895年，涂尔干发表第一部社会学方法论专著，该书采用社会调查的方法，建立规律的类型和事实的关系。他自己关于自杀的研究被认为是社会调查的典范。

总之，19世纪社会科学理论上实证主义的倾向是非常明显的。这种倾向基本上假设在自然界和社会之间有着基本的一致，因此，适用于自然科学研究的方法也适用于研究人类社会和文化。但这些仅仅是社会学家在方法论上的倾向，它们对于教育问题的研究来说，其作用也许更多地在于制造了一种实证的文化。教育中的实际的定量研究如实验研究、教育调查等，很难说是以一种明确的实证主义认识论为指导的。更有可能的情况是，直接运用自然科学的方法和技术研究教育。从这个意义说，兰希尔（G. K. Landsheere）关于现代教育研究和实验心理学的直接来源不是当时正在兴起的社会科学，而是自然科学的论断无疑是可以理解和接受的①。

据兰希尔考察，早在19世纪下半叶，就有迹象表明，自然科学的发展开始缓慢地影响心理学和教育学。1859年，贝恩在《情绪与意志》一书中，思考了能力测验的编制。5年后，费希尔在《量表手册》中提出了一套测量包括书写在内的学校各主要学科上的能力和知识的等级量表，并通过把算术平均数作为学业成绩指标而将统计方法引进教育研究。1870年，巴索洛马对2000名小学生进行问卷调查，3年后，米勒发表了第1份关于注意的实验研究报告。1875年，詹姆斯在哈佛大学建立了美国第一个心理学实验室。

1879年，冯特建立第一个实验心理学实验室，标志着实验心理学的诞生。由于德国汉堡大学在科技上的优越地位，冯特的思想经前去留学的外国学子传达到了世界各地，一时间心理实验室很快在大西

① cf. G. D. Landsheere, *History of Educational Research*, *in T. Husen and T. N. Postlethwaite.*(ed.)(1985). International Encyclopedia of Education. Oxford. No1. 3.

洋两岸开设起来。教育研究也逐步呈现出了实证化倾向，并且至19世纪末20世纪初酿成一股实证化的潮流。

（二）“实证化潮流”

19世纪末20世纪初，心理学在美国等地得到了空前的发展，形成了以实证化为标志的“教育科学运动”。这股重要的实证化思潮，大体可分为两个重要的组成部分：“儿童研究”运动和“实验教育学”。

1. “儿童研究”运动

“儿童研究”大约始兴于19世纪80年代，一直延续到第一次世界大战期间，兴盛了30年左右。在19世纪80年代，德国、英国和美国的一些心理学家几乎不约而同地把“儿童”作为自己主要的研究对象，在世界范围内掀起了一场研究儿童的热潮。在这场运动中，美国心理学家、克拉克大学的校长霍尔表现得尤为热情，并做了大量的研究工作，从而被誉为“儿童研究”之父。

在教育发展史上，霍尔因其大张旗鼓地倡导把“儿童研究”作为教育研究的中心，不遗余力地强调对儿童采取经验性研究，并且在自己的研究中广泛使用问卷法而著称。霍尔的兴趣在于广泛地调查儿童的实际情况，并在此基础上形成对儿童的认识。在他所创办的《美国心理学杂志》上，他大力倡导人们去研究儿童的绘画、游戏、谈话等“现实”内容。他和他的同事及助手们也投身于这一新的研究领域。据统计，到1915年，霍尔及其同事与助手们已至少设计和使用过194种问卷，涉及到有关儿童生活的许多方面，获得了一大批数据。根据这些数据，他们提出了一系列关于教育改革的建议。

在霍尔的领导下，对波士顿的一些初入学的学生的问卷调查是这方面的一个典型的例子：调查对象是1880年入学的400名学生，问卷上有134个问题。这些问题可分为7大类：数学、天文、气象、动物、植物、当地地理常识和其他杂类。问卷的结果是用百分比的形式来表示的。调查结果表明，在动物知识方面，80%的儿童不知道蜂房是什么，77%不知道奶牛，62%不知道蛇，47.5%不知道猪。在植物知识方面，92%的儿童不认识田野中的小麦，32%不认识树上的梨，21%不认识树上的苹果。在气象知识方面，72%的儿童不知道露水是什么，73%从来没见过冰雹，65%从未见过彩虹。在数学概念方面，92%不知道三角形是什么，35%不知道圆是什么。根据这个调查，霍尔提出了教育改革的措施：

（1）调查表明不少儿童形式上会用某种术语，但实际上并不真正了解其含义，因此，儿童应多接触实物，对小学生正式传授知识前，应该花几个月的时间给学生实际知识；

（2）父母给儿童最好的入学准备是让他们熟悉自然界，特别是农村的见闻；

（3）教师在接一个新班时，应该详细地了解儿童到底掌握了多少知识，而不应被他们似是而非的知识所迷惑；

（4）传授知识的顺序应该是先教儿童普遍了解了的知识，后教生疏的知识①。

这场“儿童研究”热潮，大大地改观了人们对教育研究的传统认识，提高了心理学研究在教育研究中的地位，并因其重视实证材料的收集而对教育科学的发展产生深远的影响，促成了教育理论研究由思辨向实证的大转轨。霍尔本人所倡导的问卷调查法也因此成为教育研究的重要方法之一。

2. “实验教育学”

随着“儿童研究”运动的深入，人们逐渐发现问卷法并不如霍尔等人所说的那样精确。20 世纪初，一种主张用新方法来进行教育研究的思潮在欧美崛起，即“实验教育学”。它的代表人物是德国的梅伊曼和拉伊。1901 年，梅伊曼主张用更精确的心理实验方法来研究教育问题，他称这种教育学为“实验教育学”。几乎在同时，拉伊出版了以《实验教育学》为书名的专著，对实验教育学第一次作了系统的阐述。在法国，比纳也主张用实验方法对儿童智力的发展进行研究。1905 年，

① 赵祥麟主编：《外国现代教育史》，104－105 页，上海，华东师范大学出版社，1987。

他的智力量表问世。在美国，桑代克把动物心理实验的方法运用到教育上，提出了著名的学习定律。

关于谁是“实验教育学之父”的问题，兰希尔认为，就产生实验教育学的经验的教育研究活动而言，赖斯于1895—1897年对1600名学生进行的拼写训练效果的研究足以使他当之无愧地戴上“实验教育学”之父这项桂冠。另外，法国的比纳（1879年编制智力量表）、德国的拉伊、阿根廷的默肯特、比利时的斯库腾、美国的桑代克和贾德等也有资格充当实验教育学的创造者；就“实验教育学”这一名称而言，它是梅伊曼1900年创造的。1903年，拉伊在其发表的著作《实验教学论》中提出“实验教育学将成为惟一的教育学”这一名言。1905年，拉伊与梅伊曼合作撰写《论实验教育学》一文，不久，梅伊曼的3本《实验教育学》（1910，1913，1914）强调实验教育学必须有严格的科学依据和实验室的定量分析，拉伊则继续强调在课堂研究方面，定量与定性同等重要。于是他们便分道扬镳了①。

定量的教育研究随着实验教育学的诞生很快在20世纪的前30年达到了全盛时期。这期间，教育统计、测验和调查等定量的方法和技术得到了全面快速发展。1904年，桑代克《心理学与社会测量》一书出版，20年代描述统计趋于完善，30年代数理统计和多元分析发展快速。1905年，比纳—西蒙量表成了第一套可担任的心理测验工具。1928年，在美国已有1300种标准化测验。30年代规范测验的编制技术职业项目设计与编排、复本、记分、信度和效度等等都已有所成就。不久这些测验技术传播至其他国家。此外，这一时期还开展了一系列的学校调查，其中最全面的一次调查是艾雷斯和他的一大批助手用于1915—1916年进行的“克利夫兰（leveland）学校调查”，问卷长达25卷②。

实验教育学思潮是作为赫尔巴特的教育学说的对立物而出现的，它的一个明显的特点是试图站在自然科学的立场上研究教育现象③。

①② G. D. Landsheere, *History of Educational Research*, *in T. Husen and T. N. Postlethwaite*. (ed.) (1985). International Encyclopedia of Education. Oxford. Vol. 3.

③ ［日］大河内一男等著，曲程等译：《教育学的理论问题》，230页，北京，教育科学出版社，1984。

他们指出，只有赋予教育学以信得过的研究方法，又为教育学在理论和实践上创造一个宽厚的基础，进而使新出现的问题得到解决时，才能把教育学提高到科学的水平。拉伊认为，旧教育学认为可靠的许多方法，多是一些教育家的个人经验或推论，在新教育学中只被认为是各种假设，它们要通过实验的研究方法进行检验，摆脱经验的束缚，并判别真伪。藉此，他们反对旧的教育学，积极创建新教育学，以为“新旧教育学的主要区别，在于它们积累经验的方式和研究的方法”。“实验教育学的主要特征，就是现在在教学和教育研究中所运用的新的研究方法。”这种新的研究方法首先是实验，此外，还有系统的观察和统计。实验教育学是通过实验、系统的观察和统计来解决教育、教学问题的。

这种新的研究方法可以解析为：对历史经验的研究，即间接的观察；对当前经验的研究，即直接的观察。直接的观察又可分为：偶然的观察；有目的的观察——包括周密观察、统计、实验。

拉伊对教育实验作了细致的分析，他主张教育实验应在班级的实际情形的影响下进行，而不是像梅伊曼所说的那样在实验室中进行；并且，实验的研究者也不能如梅伊曼所说的是实验心理学家，而应该主要是有实际经验的教师。在他看来，实验包括以下 3 类，或者说 3 个不同的步骤。

（1）“初步的实验”：使研究者熟悉研究的范围，制定一个计划，考虑一些意外的情况，力求避免一些可能的差错，进行尝试性实验。

（2）“真正的实验”或称之为“主要的实验”：把初步的实验结果放在一边，充实有关的资料或事实，进行基本性的实验。

（3）“控制的实验”或称之为“验证的实验”：对真正的实验所获得的结果，加以检验与证实①。

“实验教育学”无疑是在冯特的实验心理学的影响下发展起来的，它通过全面的观察、统计和实验，丰富了已有的教育研究方法，把教育学从哲学的桎梏下解放出来，提高到独立的科学高度，自此开始，实证的研究方法（观察、统计、测量、实验）逐步在教育研究中

① 瞿葆奎：《拉伊与“实验教育学”》，载《教育评论》，1995（6）。

占据了一席之地，其重要性越来越突出。从一定意义上可以说，实验教育学的诞生标志着定量的教育研究传统的形成。

实验教育学的诞生和儿童研究运动的开展，在一定程度上代表了教育研究的开创阶段，其中体现出了这样 4 个特点：

第一，现代教育研究是依据自然科学（主要是心理学、生物科学和进化论）而建立起来的，以自然科学为基础的。在这种意义上说，教育研究是与自然科学相通，并以自然科学为目标的。当然，在运用实验、测量与测验、观察上，仍存在着不科学的成分，表现出种种不合理性。

第二，教育研究与心理学在其开创之初就已呈结盟之势，教育研究的心理学化至今仍有其特征。难怪美国教育家克龙巴赫在 20 世纪 60 年代仍说："尽管不是全部，但绝大多数的教育研究属于心理学方面的研究。"

第三，教育研究中的两种方法论的对立——定量与定性，或者说思辨与实证之间的对立，在此期间已见其端倪。比如梅伊曼独尊科学年和定量的态度，而拉伊则主张定性与定量研究并举，这两种方法论的对立和论争，一直持续到了 20 世纪 70 年代。

第四，现代教育研究在发轫时期最有开创性和建设性的工作主要是在德国的学术舞台上完成的，并以此为中心辐射向全世界的，自此，教育科学研究开始脱胎于浓重的哲学和宗教传统。

三、第三阶段：定性研究的兴盛

正如前文所指出的，与注重测量、实验设计、变量等的定量研究不同，定性研究几乎不运用严格的统计程序，研究问题也不受操作化变量框架的束缚，有些问题是在研究过程中才提出的。它也不像定量研究那样，着意去验证某一假设或探明某个预先拟定好的问题，而是要从研究对象的角度去理解他们的行为、处境、态度、见解，外在的原因常处于次要地位。定性研究倾向于通过与研究对象的长期性接触，在他们自然生活情境中收集资料。

定性研究较常运用的是参与性观察法与深入交流（交谈）法。研究者深入到所研究的情境中去，与研究对象相互认识，并取得他们的信赖，系统地对自己所见所闻加以详细记录。定性研究具有开诚布公的特性，显示了它对人性的尊重，允许并鼓励被试根据自己的认知框架，而不是根据预先安排好的问题的结构来作出回答。定性研究常不用问卷、调查表之类，研究者本身就是一种有效的工具，主要工作是倾听、记录、整理被试对某一特定话题自由表达出的思想。

定性研究的雏形在 20 世纪初即已出现，在社会学领域运用较多。其中影响较大是“芝加哥学派”。“芝加哥学派”是指 20 世纪 20 年代和 30 年代美国芝加哥大学社会学系的一批从事教学的社会学研究者。它对定性研究方法的开展作出了巨大的贡献。他们注重从整体的角度研究社会生活，把研究对象置于社会大背景下进行考察，并且所依靠的是亲自收集资料。当时，他们鼓励研究者到芝加哥的街道上去，亲自体验生活，观察一切，了解不同的种族、性别、职业、社会地位的人的活动和想法。例如，有一项研究者与调查者的交谈是这样的：

> 我认为我是美国人，我有美国人的理想，我愿为美国而战，我热爱华盛顿和林肯。然而，在中学里，我发现人们叫我日本人，受到歧视、排斥。我说我不知道日本，也不会讲日语，我对日本历史或英雄一无所知。但人们屡次告诉我，我不是美国人，我不可能是美国人，我不可能有选举权。我很伤心，我不是日本人，又不可能是美国人。你能告诉我我是什么人吗?①

通过类似这样的交谈，他们了解了在加利福尼亚的东西方人的相互关系，了解到亚裔美国人所面临的种种困难。

虽然定性研究在 20 世纪二三十年代就已出现，但这种研究方法及其认识上的科学价值并未得到人们的承认和估价。因为此时恰是定量研究的全盛时期，定量被看做是科学研究的惟一象征，调查的统计

① 博格丹等著，唐晓杰等译校：《教育中定性研究的传统》，见瞿葆奎主编，叶澜、施良方选编：《教育学文集·教育研究方法》，369 页，北京，人民教育出版社，1988。

性和测量的数字准确性是研究取得成功的标志，在这种情形中，定性研究只能处于次要的、从属的、边缘的位置。另外，早期的定性研究是与调查社会的阴暗面联系在一起的，而在 20 世纪初期，美国进步主义思潮正在酝酿之中，一个热情高涨、积极进取的时代里，大众关注的是明天的美好前景，社会现实中的晦暗、消极的一面，就被湮没在进步的主题和大众的憧憬之中了，没有引起人们足够的注意。还是到了 60 年代，定性研究才进入了一个人类历史上第一个实质性的繁荣期。

定性研究之所以在这一时期兴盛，有以下 3 个原因。

（1）60 年代西方发达工业国家（尤其是美、法）爆发了“校园风暴”，教育一时成为社会的中心问题和大众关注的焦点。学校的动荡引发了全社会的动乱，社会变革迫在眉睫。“校园风暴”和社会动乱向人们发出这样一个信号：以前研究者所热衷的实证研究，没有揭示并帮助人们理解教师和学生在学校实际生活中的品质，学校中的种种隐患与矛盾、实际问题与冲突，并没有被反映到实证研究者的统计量表中，社会迫切需要了解教育生活的实际品质和特性。这客观上怂恿了研究者去观察学校的日常生活，并通过与学生、教师、家长的交谈来收集资料。

（2）来自社会低层的人们要求尊重他们的权利，重视他们的意见。这可能是定性研究兴盛的最为根本的原因。伴随着社会的动荡，那些出身于社会低层的人们和少数民族的成员，向传统的“信度层级（the hierarchy of credibility）”提出了挑战，这种思想认为，那些有权势的人的观点比那些没有权势的人的观点更有价值。他们在民主力量的感召下，要求他们的观点、见解得到政治家、社会科学工作者的尊重和承认。我们知道，定性研究的重点就在于重视对在场的所有参与者的观点的理解，它重视每一个人的意见。在这种情形中，定性研究作为需要并力图征求那些从未被认为是有价值或有代表性的人的观点，迅速成长和发展起来。

（3）教育人类学和教育社会学的发展为定性研究的兴盛起到了推波助澜的作用。在四五十年代，教育社会学和教育人类学都获得了长足的进步，教育社会学根据深入交流、生活史、参与观察、案例记录、日记、信件和其他个人文献来描述教师和学生的社会生活世界，已成了一个普遍运用的方法。他们遵循这样的信条：儿童和教师不是脱离现实的天使，不是教与学的机器，而是与复杂的社会联系须臾不可分离的一个完整的人；学校并不游离于社会之外，其本身就是一个社会。教育研究的目的就在于帮助教师洞察学校生活的社会现实。教育社会学的定性研究把人们的注意力引向了学校及其参与者与社会生活的互动关系，由于它要从人性的角度理解学校生活的完整性，所以从一开始就有着强烈的人文主义色彩。教育人类学在研究中所使用的主要方法，就是人种志方法，它以参与性观察或者说现场调查为主，通过对现实情形的记录，获得各种各样的文化事实，进而经由归纳得出自己的认识。教育人类学是在 20 世纪 50 年代产生的，它的发展使得定性研究的影响日益扩大了。

进入 70 年代后，定性研究获得了进一步的发展，许多研究者在研究现场花费了很长时间从事“现场作业”，他们与研究对象或文献打交道，进行参与性观察、深入交谈，他们记录下所见所闻，并描述与研究对象的谈话内容，以作为分析的实际材料，例如在学校种族平等待遇、校长的日常生活、乡村教师的经验、失学儿童的情况、妇女在教育领导中的作用等等的研究。同时，定性研究也呈现出了多样化的趋势，在具体的研究方法、技术、策略、风格乃至研究观念上，都出现了多样化的理解与运用。例如，在研究取向上，出现了合作的（the cooperative）与冲突（the conflictual）两种研究取向。属于合作派的研究者一般认为：现场调查研究应该而且能够如实地反映他们所研究的对象，因为研究对象乐于进入研究现场并与研究者合作；而冲突取向的研究者认为：许多研究对象往往要掩盖自己的所作所为，不愿与研究者合作，甚至产生对抗行为，尤其是那些被认为是不正常的团体，如犯罪组织，研究者在不隐瞒自己目的和手段的情况下，很难得到真实的信息。在对待研究对象的态度上，认识也有不同。有的主张应该与研究对象打成一片，深入地了解其生活全部，他们持“移情”的观点，即对研究对象表示同情和理解；而另外一些人特别是“人种方法论者”却持相反的态度，认为“移情”会妨碍对研究对象的考察和分析，使得研究者几乎无法理清事物的秩序，在研究中，应把人的情感放在一边，着重从行为的角度来研究人们处理日常生活的方式。

定性研究的多样化，既在一定程度上说明定性研究还欠成熟，但同时也说明了定性研究已从先前的“边缘”地位，向教育研究的中心地位靠拢。这正如同有人所讲的“尽管不能说定性方法在70年代初教育中的主要研究和发展占中心地位，但它们不再被看做是一种‘修饰的花边’了。”① 可以说，到70年代，定性研究在整个教育研究中的地位已牢牢地确定下来，并赢得了人们的信赖与拥戴。

80年代人们对定性研究的兴趣持续高涨，关于定性研究的文章、出版物急剧增多。1982年第一本系统介述定性研究方法的专著，即由博格丹和克比林合著的《定性教育研究的理论和方法导论》正式出版。随后，又有好几套关于定性研究的丛书问世，如弗拉姆（Falmer）出版公司出版的社会分析丛书，朗曼出版社出版的教学研究丛书，麦思伦（Methllen）出版社出版的当代学校社会学丛书，还有了自己的专门的理论刊物《定性的教育研究》。越来越多的大学教育学院开始平衡定性与定量研究的学程和教学人员。定性的方法出现新的形式，如教师充当研究者的行动研究，叙事研究、生活史研究（profile studies）。由于方式方法的多样化，研究者们之间对什么才是真正的定性研究难以达成一致，有些术语的使用也相当混乱。总之，80年代、90年代、定性的教育研究获得了长足的进展，完全可以说，定量/定性研究基本上是“平起平坐”了，不同的是，定量研究的热潮已过，定性研究正处于热潮之中。

四、第四阶段：定性研究与定量研究的融合

实验教育学形成的教育研究的科学主义传统，以及由来已久的人文主义传统，在很长一段时间，是处于水火不容的状态的，前者以定量研究为取向，后者以定性研究为取向，两者之间的论争与对立从二三十年代一直持续着。英国学者卡尔（Carr，W.）曾谈到：教育研究可

① 博格丹等著，唐晓杰等译校：《教育中定性研究的传统》，见瞿葆奎主编，叶澜、施良方选编：《教育学文集·教育研究方法》，383页，北京，人民教育出版社，1988。

分为两类：一类是“统计的”和“定量的”，另一类是“启发性的”和“定性的”。从事这两类研究的教育研究人员，对社会科学的哲学认识是不同的。主张定量研究的认为，社会科学应该完全借鉴自然科学的研究目的和研究方法；主张定性研究的则反对前者的观点，认为像教育这样的实践活动，是有目的的，受规则支配的，所以，研究教育的方法与研究自然现象的方法应该是不一样的，对教育不可能进行自然科学意义上的“科学”研究，因此，他们主张定性研究①。到了70年代，由于定性研究的兴盛及其显示出的旺盛生命力，那些谨遵科学主义传统、排斥定性研究的开始认同定性研究的人文主义传统，两大传统之间的“敌对”的紧张状态减弱了，一些在定量研究领域享有声誉的研究者开始接受人文主义者的观点，并且提倡运用定性研究，教育评价知名学者克龙巴赫（Cronbach，L.）就是其中的一个。用美国教育哲学家索尔蒂斯的话来讲，现在是“不同语言和不同逻辑的教育研究”并存的时候了②。

现在，人们一般都认识到，无论是注重科学主义的定量研究，还是以人文主义为基础的定性研究，其存在都是必要的，都有着存在的基础。从目的论的角度来看，无论是教育，还是教学，都是服从目的的一种手段。教育教学就是要提高效率，就是要在更少的时间内传递更多的知识和训练更多的技能，因此，坚持科学主义的研究传统，是发展教育教学理论的总方向，那些以牺牲效率来换取其他因素的作法，都是行不通的，甚至是错误的。科学主义传统要求我们在建立教育教学关系时，必须依据最科学的关于发展与学习的理论，来规范最有效的教学行为，以获得最大的工作效率。这种研究也会因发展与学习理论的发展而发展。

人文主义的研究传统隐含着这样的假设，即不能把教育教学作为工具，而应作为存在着的一种生活方式，在这种生活中，教师与学生

---

① Carr，W.，*Can education research be scientific*? *Journal of philosophy*，*of education*，Vol. 17，No. 1，1983.

② 转引自沈剑平、瞿葆奎：《教育研究范式简论》载《华东师范大学学报（教育科学版）》，1990（1）。

之间的关系准则必须符合一系列的伦理范畴，如尊重、自由、民主等等。因此，任何教育教学研究，都应在尊重人的情感、人的兴趣、爱好、倾向的基础上进行，不能以科学主义的工具理性来支配研究。

应该说，科学主义与人文主义的研究传统在目的、宗旨、任务等方面是有着一定区别的，它们两者之间是相互独立的，正是这种相互间的不可替代性，使得它们都有其存在的必要。在这种情况下，探讨科学主义与人文主义传统的融合成了人们努力的方向与目标，一直至现在，这种努力仍在继续着①。

从目前来看，由于科学主义与人文主义传统的日趋融合，在教育研究上，似乎有这样几个发展趋势：

（1）现实的教学问题成为日益重要的研究课题。对教学和学习问题，过去曾进行过许多实验室实验，但是人们逐步发现，这种实验往往不能直接运用于实际的教学情境，因此越来越多的人主张研究应在学校和实际的课堂中进行，所用的材料也应是实际教学中的数学、阅读、自然科学教材。

（2）研究人员日益重视教育成品或技术的研究，而不只是事物本身。研究“事理”是基础研究的重要基点，近来，研究者从教育实践的要求出发，不再仅仅关注“事物是什么”，而是对“如何做”更有兴趣。如何管理课堂，如何防止学生的不良行为，如何提高学生的阅读能力等成为研究者关注的重要问题。研究者所提供的材料，几乎都有一个共同点：它们都有确凿的证据证实其有效性。

（3）教师问题引起了研究者的关注。美国从 80 年代到 90 年代，已有近百项关于师范教育及其改进的研究，我国近年来对教师问题也日益重视。对教师的研究主要集中在下列问题上：教师的选拔问题，对教师的评价问题，如何保留好的教师，教师的在职培训问题。

① 伯林纳著，周南照译：《美国教育科学研究的发展趋势》，载《教育研究》，1985（12）。

第三章 如何进行研究设计

教育科学研究是一项复杂的系统工程，需要严密的科学性和计划性，需要对如何实施研究进行精巧的设计。研究设计实际上就是整个研究的施工蓝图和实施计划，是教育研究的重要环节。研究设计的优劣直接关系到研究的成败。一个完整的研究设计大致包括：选择研究课题；确定研究变量；下操作性定义；提出研究假设；进行文献检索；选择研究对象；拟定研究计划等内容。

一、如何选择研究课题

任何研究都是从研究问题开始的。教育研究就是一个不断地提出问题和解决问题的过程。在这个过程中，提出问题往往是研究的出发点，解决问题则是研究的终点。选择课题就是选择要研究的问题，选择要研究的对象。

（一）研究问题的来源

提出问题是研究的第一步。关于提出问题的重要性，爱因斯坦曾有一段精辟的话，他说："提出一个问题往往比解决一个问题更重要，因为解决一个问题，也许仅仅是一个数学上或实验上的技能而已。而提出新的问题，新的可能性，从新的角度去看旧的问题，却需要有创造性，有想像力，而且标志着科学的真正进步。”爱因斯坦把提出问题看做科学研究过程中最重要、最关键的一环，看做是具有决定性作用的一步。

在科学研究中最糟糕的问题就是没有问题。没有问题就不会有研究的冲动，没有研究的冲动也就不会有研究的行动。当研究者处于没有问题状态时，首要任务是开拓挖掘研究问题；当研究者处于问题包围之中时，主要任务是选择可研究的问题。

研究问题的来源主要有两个方面。

1. 教育实践

通常从实践活动出发，通过观察分析教育现象，提出要解决的问题。以教育实践为着眼点来形成研究问题，可从以下几个方面入手。

（1）将教育实践活动中迫切需要解决的问题直接转化为研究问题。实践中的问题是研究问题的主要来源，在实践过程中问题是层出不穷、永无止境的。我们可以把这些问题中热门的、重要的、迫切需要解决的直接转化为研究问题。

（2）从教育实践的矛盾、困惑中发现研究问题。当我们无法准确判断事物的合理性时，怀疑便自然产生，就会在原来以为没有问题的地方发现可研究的问题。

（3）抓住思想中的火花来形成研究问题。研究问题并非都是经过深思熟虑后产生的，有时一个好的研究问题来自灵感，来自突发的联想。

2. 教育理论

通常从有关理论出发，从相关理论中推演出某种假设、原则，然后再作为问题进行研究。以教育理论为着眼点来形成研究问题，可从以下几个方面入手。

（1）承袭已有的研究成果来探究新的问题。解决一个问题往往会冒出十个新问题，老的问题解决了，新的问题又会冒出来。科学研究就是在不断的解决和不断的涌现新问题中发展前进，要解决的问题不会是越来越少，只能是越来越多。

（2）在理论空白处挖掘问题。教育研究领域内尚有许多未被开垦的处女地，在这些领域中进行挖掘，可以产生很多研究问题。

（3）在理论观点的争议中寻找问题。不同的理论观点，有争议的问题本身就给我们提供了互相冲突的对立面，为提出研究问题提供了参照。

（4）以反其道而行之来开拓问题。当站在一个观点的反面，以走极端的形式来看问题时，常常会打开视野，产生许多有价值的研究问题。如，当人们多在谈论教师如何教时，我们可以换个角度看学生如何学；当大家都在讨论如何实施素质教育时，我们可以反过来考虑学校教育中哪些方面是不属于素质教育的。

教育研究领域中值得研究的问题很多，要发现或选择一个合适的研究问题似乎不是一件容易的事，其实，要发现或选择合适的研究问题也并不难，只要从各个可能的来源去寻找、去思考，便可发现合适的研究问题。从形成研究问题的来源考虑，还可以从以下几个方面入手：如个人的教育教学经验；教育学、心理学理论；有关文献资料；教育教学中争论的问题；教育教学的实际情况等。

（二）研究问题的特征

研究问题是一种意义或内涵不明确、信息不充分、需要进一步探究的状态；是等待研究者通过收集和分析资料来解释的待答问题。从解决问题的性质、对事物了解程度和探求的深度来看，研究问题可以分为三种类型。

1. 描述性问题（descriptive questions）

描述性问题主要是对事物或现象进行叙述，了解现状，探讨是什么（what）的问题。通常只涉及一个变量。

例：高中生报考理科人数比率是多少？

城市小学毕业生识字量是多少？

中学生对学校生活的满意程度如何？

2. 相关性问题（correlational questions）

描述性问题主要了解事物之间的相互关系、密切程度，探讨如何（how）的问题。通常涉及两个变量。

例：学生的智力与学业成绩有关联吗？

家长的社会地位和学生的道德品质有联系吗？

小学生的识字量与语文学业成绩相关吗？

3. 因果性问题（cause-effect questions）

因果性问题主要了解事物之间的因果关系或规律性，探讨为什么（way）的问题。通常也涉及两个变量。

例：挫折会导致学生侵犯性行为吗？

兴趣能提高学生学业成绩吗？

个别化教学可以提高学生学业成就吗？

以上各类研究问题，有的比较概括，有的比较具体，但所有问题都包含了可以操作和测量的变量，这是研究问题的基本条件。

研究问题从表述上最好能涉及两个变量，这样研究问题就会变得具体明确。如果研究问题只涉及一个变量，人们往往难以知道研究者究竟会做怎样的研究，会研究到什么层次。一个变量的研究是发散型的，它可能会与任何有关的变量联系，这种联系的数量是无限的。见图 3-1。

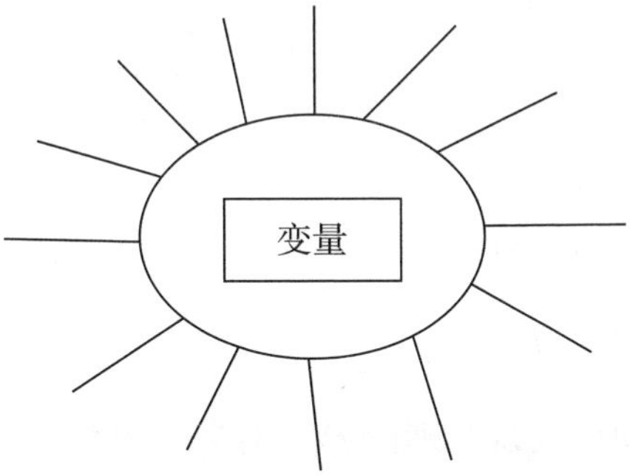

图 3-1　一个变量的研究取向示例

当研究问题涉及两个变量，变量之间的关系就是线性的、对应的。见图 3-2。

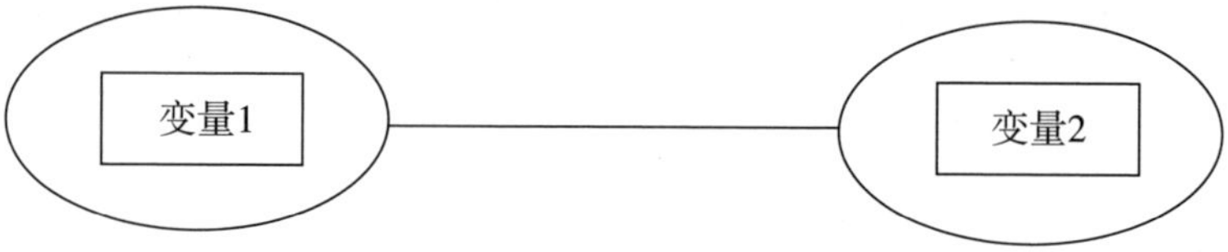

图 3-2 两个变量的研究取向示例

（三）选择问题的准则

研究问题不仅是研究者的疑惑和困难，也是整个研究活动的指南。研究的目的就是要通过收集、分析有关资料来回答提出的研究问题。既然研究问题是研究行动的方向和中心，那么研究问题必需明确具体，要有较好的操作性。

例如：上海市中小学生健康状况理想吗？

上海市中小学生患近视的人数比率是多少？

以上两个问题，第一个问题不够明确，过于笼统，并且涉及价值判断，人们难以知道怎样的健康状态是理想的。第二个问题比较明确具体，容易操作，只要确定近视的标准，通过测量就可以获得数据。

在教育研究过程中，要解决的问题多如牛毛，但并非所有的问题都可以作为研究课题的，问题有大小、主次、轻重、缓急之分，因此研究什么问题是一个选择的问题。选择问题就是按一定的标准和条件，在可供选择的问题中确定所要研究的问题。从这个意义上说，选择问题就是确定研究课题。

选择问题的基本准则有以下 3 条。

1. 问题必须有价值

所选问题的价值表现在理论和应用两个方面。理论价值在于有关知识的拓展，能为教育理论增添新内容，如理论的构建、发展、完善，对原有理论的检验或突破等。应用价值在于解决现实问题，用于直接指导教育实践，提高教育质量和效益，或将教育理论和教育实践结合起来。选择问题应根据教育理论和教育实践的需要，选择实践中迫切需要解决的，理论上有较大意义的问题进行研究。

2. 问题必须有新意

教育研究是探索未知的过程，是创新的过程。选择的问题应是前人未曾解决或尚未完全解决的问题。科研选题最忌讳的是无意义地重复别人的研究。选择问题要有新意是指要从新问题、新事物、新理论、新思想、新经验、新方法、新设计中选题；要把握时代的脉搏，从热点上选题；要从独特的角度来看问题，在未开垦的处女地上进行挖掘。

创新是科学研究的基本特征，重复别人的研究通常不能算作科学研究。但是我们也要清醒地认识到，任何研究都是在前人研究的基础上进行的，总是有所继承，有所借鉴。创新并非要求所研究的一切都是独创的，全新的。选择一个别人未曾研究过的问题是创新；用与别人的研究方法不同的方法去研究同一个问题也是创新；将某个理论、某种方法应用到新的研究领域中去，这还是创新。

3. 问题必须有可行性

所选的问题应该是可以研究的，存在被解决的可能性。研究的可行性包括三个方面的条件：

（1）主观条件。涉及研究人员自身的素质，包括研究者的知识基础、科研能力、实践经验、专业特长、研究兴趣等。

（2）客观条件。涉及研究的物资条件，包括研究规模和范围；占有资料的完备程度；研究必需的时间、经费、人力、物力等。

（3）时机条件。涉及与研究有关的理论、工具、技术手段的发展成熟程度等。

一个好的研究问题应该同时具备价值、创新、可行 3 条准则，缺一不可。

二、如何界定研究问题

界定研究问题是教育研究的重要一环。研究者一旦能清楚、准确地界定研究问题，那么研究活动的大部分问题便可顺利解决。

（一）研究题目的表述

研究问题经过多次的筛选、聚焦后，变得比较具体明朗了，再从价值、创新、可行性上作些考虑，研究问题大致可以确定。但研究问题并不就是研究课题，研究者必须将研究问题转换成研究课题，必须用简洁的文字表述一个真正的研究题目。

课题题目的表述要求具体明确。好的课题题目、实证性的研究题目要求：

（1）最好能囊括研究范围、对象、内容、方法。例如：上海市小学生识字量与语文学业成绩的相关研究，在这个课题中“上海市”是研究范围，“小学生”是研究对象，“识字量与语文学业成绩”是研究内容，“相关研究”是指研究采用的方法。

（2）题目内容最好涉及两个变量。研究题目涉及变量之间的关系，研究内容就会变得清晰、具体，研究的目标明确、一目了然。例如：初中生智力水平与学业成就的关系研究，这个题目中研究内容就是“智力水平与学业成就”这两个变量的关系。这样的题目让人一看就能知道研究的性质、主旨。当然研究题目中不是不能用一个变量，相比较而言用一个变量不及用两个变量来得清楚、具体。一个变量的研究课题往往是理论性的、发散性的研究，范围扩散，不宜聚焦。两个变量的研究课题往往是实证性的、一一对应的研究，范围集中专一。

（3）题目不要用疑问句形式。研究问题作为一个问题，当然是问句形式，但作为一个课题题目必须要用陈述句形式加以描述。

（4）避免价值判断。教育研究是一种具有价值取向的活动，教育研究有时也需要做价值判断，但研究题目的文字描述则要求避免价值判断。如：“中小学教师敬业精神低落原因的调查”，这个研究题目暗示着教师敬业精神否定性的价值判断。我们可以将这样的研究题目改为中性的，不具价值判断的题目："中小学教师敬业精神及其影响因素的调查"。实际上，这两个研究题目实施过程，要做的事可能都一样，但后一个题目表述更恰当，更像一个研究课题。

（二）确定研究变量

1. 什么是研究变量

变量（variable）指在质或量上可以变化的概念或属性。研究变量是研究者感兴趣的，所要研究与测量的，随条件变化而变化的因素。具体地说，变量就是会变化的、有差异的因素。变量是相对于常量而言的，常量指在一个研究中所有对象都具有相同的状态或特征，具有一个值，如"华东师范大学"就是一个常量，是指地处上海的一所重点师范院校。而变量则是指在一个研究中研究对象具有不同的状态或特征，具有不同的值，如"教学"这个词，不同的人对这个词的理解会有差异，尽管用的是同一个词，但教育专家对"教学"的理解，小学老师对"教学"的理解，学生对"教学"的理解，家长对"教学"的理解在含义上是有区别的。

例如，我们想比较两种不同的教学方法对初一学生阅读能力的效果，在这个研究中，年级水平是一个常量，因为每个被试都是初一学生，初一对于每个个体来说具有相同的值，它在该研究中是不变的条件。而教学方法则是可以按多种价值标准来衡量，不同的教学方法有不同的操作程序，因此它是变量。另外，阅读能力也是个变量，对于每个被试而言，阅读能力，有强弱之分，在测量上阅读成绩会有不同的分数。

在教育研究中，常量不是要研究的内容，研究要探讨的是变量之间的相互关系。一项研究往往会涉及许多个变量及其相互关系，正如不同教学方法效果的比较研究，就被试来说，学业成绩、智力水平、学习动机、兴趣爱好、能力等因素在质和量上都会发生变化，都有差异，而且这些变量互相交织在一起。如果要把一项研究所涉及的所有变量都拿来研究事实上是不可能的，也没有必要，因此研究者必须事先确定要研究的主要变量，并理清变量之间的关系。

2. 研究变量的类型

在一个真实的研究情境中，常常会涉及许多个变量，变量之间互相交织，互相影响。其中有些变量是研究者要研究的，有些变量则是研究者不想研究的。另外，变量与变量彼此关联，互相作用，在研究中的性质、作用和地位也各不相同，有主要的，有次要的，有主动的，有依附的，有连续的，有类别的。因此研究者必须了解研究情境中各个变量的性质，区分不同类型的变量。

在教育研究中，最重要的，应用最广泛的变量是自变量、因变量和无关变量。

（1）自变量。自变量（independent variable）又称刺激变量。是引起或产生变化的原因，是研究者操纵的假定的原因变量。当两个变量存在某种联系，其中一个变量对另一个变量具有影响作用，我们称那个具有影响作用的变量为自变量。例如，研究学生智力与学业成绩的关系，学生“智力”的高低影响“学业成绩”，那么“智力”就是该项研究的自变量，是研究者要操纵的原因变量。

（2）因变量。因变量（dependent variable）又称反应变量，也称依变量。是受自变量影响的变量，是自变量作用于被试后产生的效应，是研究者要测定的假定的结果变量。当两个变量存在某种联系，其中一个变量对另一个变量具有影响作用，我们称那个被影响的变量为因变量。例如，我们想研究噪声对学习效果的影响，“噪声”就是自变量，研究者可通过改变噪声的时间或程度来操纵这个变量。而“学习效果”则是因变量，它是“噪声”这个自变量作用于被试后产生的效应，是研究者要测量的结果变量。

（3）无关变量。无关变量（extraneous variable）有时也称控制变量。是指与特定研究目标无关的非研究变量，即除了研究者操纵的自变量和需要测定的因变量之外的一切变量，是研究者不想研究，但会影响研究进程的，需要加以控制的变量。例如，研究两种不同的教学方法对学生学业成绩的影响，在这里“教学方法”是自变量，“学业成绩”是因变量，除此以外其他各种因素都是无关变量。无关变量在这项研究中，可能会有教学时间、教学环境、学生的智力、原有的知识基础、家教辅导等等各种因素，这些因素会干扰自变量和因变量的对应关系。当这些因素与教学方法（自变量）的作用混杂在一起，往往导致人们难以确定两种教学方法效果的优劣。如果研究者能有效的控制这些无关变量，研究结果就会比较明确可靠。

3. 研究变量之间的关系

通常研究要探讨的是自变量与因变量的对应关系，自变量是研究者要安排或操纵的因素，因变量是研究者要观察或测定的因素。自变量的变化能引起或影响因变量的变化，而因变量的变化依赖于或取决于自变量的变化。从这个意义上说，自变量和因变量的关系可以看做为某种因果关系，即自变量是假定的原因，因变量则是假定的结果。

在一项研究中，除了自变量和因变量之外，还可能有许多变量介入到研究过程中来，并且干扰自变量和因变量的对应关系，这些变量统称为无关变量。无关变量是研究者要控制的因素，因为如果不排除这些无关因素的干扰，便难以解释自变量与因变量的对应关系。自变量、因变量和无关变量三者之间的关系可用下图解释，见图 3–3。

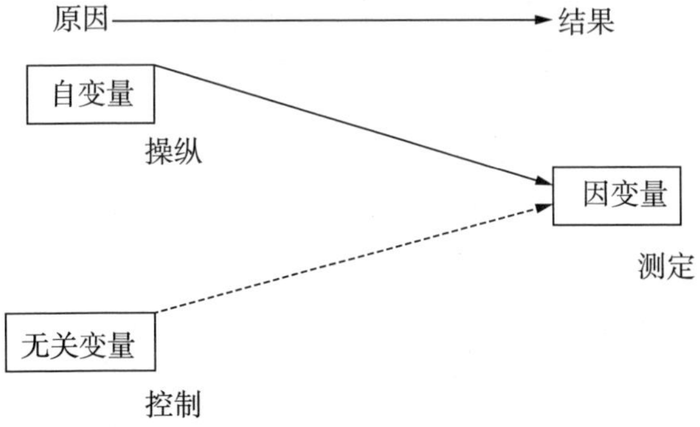

图 3–3 自变量、因变量和无关变量三者关系示例

从图中我们可以看到，研究的目的是探讨自变量与因变量的对应关系，图中用实线表示，研究的焦点最终集中在因变量的测定上。

自变量和无关变量都可能成为产生因变量效果的原因，当自变量和无关变量混淆在一起时，我们难以判断自变量与因变量的一一对应关系。为了达到研究目的，获得准确的测定结果，必须对无关变量进行有效的控制，尽可能排除无关变量对因变量测定的影响，图中虚线表示无关变量会影响因变量的测定结果，需要加以控制。

要推断自变量和因变量之间是否存在因果关系，通常要同时满足以下 3 个条件：一是具有共变关系。即自变量和因变量要共同变化，自变量变化了，因变量也要随之而变化；二是具有时间顺序关系，即自变量的变化必须发生在因变量变化之前，因变量的变化取决于自变量的变化；三是对无关变量的控制，即排除无关因素对自变量和因变量对应关系的影响，使自变量和因变量的关系"凸现"、"纯化"。

（三）定义研究变量

课题中的主要变量或概念一经确定，接下来的事就是要给这些变量下定义，界定变量的含义。但是变量是有变化、有差异的因素，人们对它们的理解和认识往往不一致，解释也不尽相同。例如，什么是"素质"？什么是"阅读能力"等。在研究中，变量或概念本身不会告诉研究者要收集什么样的资料或怎样进行测量，这需要研究者给予变量以定义，赋予变量以意义。

给变量下定义的目的在于提供变量的精确含义，便于他人理解，并作为研究者对变量进行操作和测量的依据。给变量下定义的方法主要有两种，一是抽象性定义，二是操作性定义。一般来说，当研究变量一经确定，先提示抽象性定义，然后下操做性定义。

1. 抽象性定义

抽象性定义（abstract definition）就是从抽象的概念意义上对变量共同的本质属性进行概括。词典中对名词术语的定义通常就是抽象性定义，其特点是用一个概念来界定另一个概念，在定义中直接概括被定义变量的性质或特征。下抽象性定义的方法主要有以下几种。

（1）经典的定义方法

经典的定义方法是种差加属概念，即

	被定义者	=	种差 +	邻近的属概念
例1.	词	是	最小的	语言单位
例2.	教学	是	师生交往的	过程

（2）从文献中寻找合适定义的方法

常用的变量或学术性概念一般都有通用的定义，研究者一般都能从专业的教科书、辞典、百科全书等有关条目中找到合适的定义。采用辞典条目的定义来界定一个名词或概念是最简单、最常用的方法。如，“阅读能力”辞典上定义为“独立地从书面符号中获取意义的能力”。“自信心”定义为“一个人对自身力量的充分认识和估计”。采用从文献中寻找合适定义的方法，要注意应尽可能引用权威文献上的释义。

（3）自行定义的方法

有时没有现成的定义可以引用，研究者可根据研究目的和研究问题的需要，对文献中的相关定义略加修改来作为自行定义，以下定义方式可供参考：

例 1. 从变量的上位概念来界定：如，“智力”的上位概念是“能力”，智力的内涵和本质特征是认知的、抽象思维的，将智力的特质作为上位概念的定语，“智力”就可以界定为“一个人的认识能力和抽象思维能力”。

例 2. 从变量的本质来界定：如，“适应”是有机体与环境之间的平衡状态。

例 3. 用同义词或近义词来界定：如，“愤怒”就是“激怒”；“有效的教学”可以解释为“有较好学习效果的教学”。

例 4. 从变量的功能来界定：如，“创造教育”是鼓励学生充分思考、发挥创造力的教学。

例 5. 从变量的前因与后果来界定：如，“挫折”是一种因追求目标受阻后所形成的情绪反应。

抽象性定义可以对变量的基本性质进行概括、描述，可以涵盖变量的属性特征，便于与其他变量相区别。但是抽象性定义不能把概念与可观测的客观世界联系起来，研究中也无法据此来测量或操纵研究变量。例如，大家都知道儿童与成人一样，具有创造能力，我们可以给创造能力下抽象性定义，如创新能力、独特的思维能力等。但创造能力的具体指标是什么？如何去测定？大家的意见可能会很不一致。又如，“阅读能力”被定义为“独立地从书面符号中获取意义的能力”，但什么是“独立地”，“书面符号”具体指什么，怎样才算“获取意义”，“能力”有哪些指标等，如果这些问题不解决，阅读能力是无法具体测量和操作的。

2. 操作性定义

操作性定义（operational definition）是根据可观察、可测量、可操作的特征来界定变量的含义，即从具体的行为、特征、指标上对变量的操作进行描述，将抽象的概念转换成可观测、可检验的项目。从本质上说，下操作性定义就是详细描述研究变量的操作程序和测量指标。在实证性研究中，操作性定义尤为重要，它是研究是否有价值的重要前提。

最早提出操作性定义的是美国的物理学家布瑞格曼（P. W. Bridgman）。1923 年，他提出一个概念的真正定义不能用属性，而只能用实际操作来给出；一个领域的“内容”只能根据作为方法的一整套有序操作来定义。他认为科学上的名词或概念，如果要想避免暧昧不清，最好能以我们“所采用的测量它的操作方法”来界定[①]。例如，物理学领域的三个基本概念：长度、时间、重量，都可以采用测量它们的操作方法来界定，我们可以界定“1 米”的长度为测量地球从赤道到北极距离的 1/10000000；“1 小时”的时间长度为测量地球自转一周所需时间的 1/24；“1 克”的重量为测量 1 立方厘米纯水在摄氏 4 度的重量。布瑞格曼的操作性定义的观点和思想在 20 世纪三四十年代被物理学界普遍接受，1971 年被美国的《科学》杂志列

① 黄一宁：《实验心理学：原理、设计与数据处理》，60 页，西安，陕西人民出版社，1998。

为世界五大哲学成就之一①。

下操做性定义的目的是为了能客观准确地测量变量；为他人重复验证提供具体的做法；便于别人和同行之间的学术交流。用测量操作方法来界定一个名词或概念的最大优点是具有明确客观的标准。当我们讨论一个问题或交流有关信息时，彼此都在同一个层面使用同一个概念，都清楚所用的概念意味着什么，不会产生误解或歧义。即使对某一个概念产生疑问，也可以通过重复测量操作定义予以验证。在教育研究中，之所以有许多说不清、道不明的问题，很大一部分是由于对所探讨的概念没有明确客观的操作性定义，大家在不同的层面，从不同的角度，用不同的定义来探讨同一个问题。这样的研讨肯定会产生很多误解和歧义，很难获得一致的结果。

下操作性定义的方法很多，主要有以下 3 种。

（1）条件描述法

条件描述法通常是通过陈述测量操作程序来界定一个概念，是对所解释对象的特征或可能产生的现象进行描述，对要达到某一结果的特定条件作出规定，指出用什么样的操作去引出什么样的状态，即规定某种条件，观察产生的结果。例如，要给“饥饿”下一个操作性定义，饥饿是一种自身感受，那么怎样才算饥饿了呢？心理学家用条件描述法给饥饿下了一个操作性定义：“饥饿”，指连续 24 小时没进食物的状态。这样，每个人都能对饥饿进行实际操作了。下面再举几个例子：

①竞争关系——两个以上的同伴，所处环境相似，大家都有相同的目标，但只允许其中一人达到目标，这时同伴之间的关系为竞争关系。

②智力——用《韦克斯勒儿童智力量表》（WISC—CR）测量所得的分数。

③自信心——学生对即将来临的期终考试可能获得分数的估计值。

（2）指标描述法

① 李方：《现代教育科学研究方法》，22 页，广州，广东高等教育出版社，1997。

指标描述法通常是通过陈述测量操作标准来界定一个概念，是对所解释对象的测量手段、测量指标、判断标准作出规定。例如，“青少年”可以界定为“年龄在7岁以上，18岁以下的人”。再举下面几个例子。

①发散思维——对同一物体多种用途的设想能力，具体指标为在60秒内回答砖的不同用途达10项以上。

②阅读能力——用阅读测验表上中等难度的文章进行测验，要求阅读速度达到200字/分以上；辨别达到90%以上；理解达到80%以上；记忆达到70%以上。

③差生——在标准化成就测验中的分数低于个人智力所预测的成就分数一个标准误差的学生。

（3）行为描述法

行为描述法通常是通过陈述测量结果来界定一个概念，是对所解释对象的动作特征进行描述，对可观测的行为结果进行描述。例如，心理学家为了用饥饿的小白鼠做实验，给“饥饿”下了一个行为描述的操作性定义：指一分钟内压低杠杆10次以上而获取食物的小白鼠。只有达到这样行为频率的小白鼠才属于饥饿状态。再举下面几个例子。

①旁观——注视别人的活动达2—3分钟以上，自己未参与。

②合作——对别人的活动给予支持，并直接参与活动，成为其中一员。

下操作性定义的基本要求是要提供观察或测量的标准，规定变量的操作程序，使抽象的概念成为可观察、可测量、可检验的项目。通常判断一个操作性定义是否具有较好的操作性，可将这个定义向第三者描述，如果他表示理解这个变量的含义，并知道该如何去操纵、测量，那么这个定义往往是个比较好的操作性定义。给变量下操作性定义要注意以下几点：

首先，对研究课题中重要的变量要下操作性定义，如研究假设中涉及的变量，在整个研究中起关键作用的新概念、新名词等。

其次，应根据研究目的、内容以及变量的性质来下操作性定义。操作性定义要与变量的原意相符，要与抽象性定义的内涵和外延相符。

再次，操作性定义的设计要具体、明确。所提示的测量或操作必须具有可行性，要使别人能理解操作内容和过程并能重复验证，要使被解释的事物成为可以看得到、摸得着，可以测量的项目。操作性定义的指标成分应分解到能直接观测为止。

最后，操作性定义在使用过程中应该是独特的，它是研究者为了研究需要而规定的特殊解释，并非是对变量的全面的、惟一的解释。例如，智力量表上测得的分数并非是某个学生智力的全部，但在这项研究中，研究者就把这测得的分数看做为该生智力的指标，用来代表该生的智力，这就是操作性定义的独特性。

在给变量下定义的实际过程中，抽象性定义可以涵盖研究变量所属的基本特征，解释范围较大，具有普遍性，但往往失之笼统，无法据此测量和操纵研究变量。操作性定义对变量的界定清楚明确，便于操纵和测量，但往往只能涉及变量的少数特征，具有明显的排他性，难以表达完整意义。比较理想的方式是先用抽象性定义描述变量的基本特征，然后再用操作性定义规定操作程序和测量指标。

三、如何提出研究假设

（一）什么是研究假设

研究假设（research hypothesis）是研究者根据经验事实和科学理论对所研究的问题预先赋予的某种答案，是对研究结果的预测，是对课题涉及的主要变量之间相互关系的设想。

假设在日常处理问题过程中是大量存在的。例如，在池塘边钓鱼，通常假设池塘里有鱼。又如，教室里有一盏灯不亮，我们会去试一下开关。这就意味着我们假设灯不亮的原因可能是开关没开。如果试一下开关，灯亮了，这就证实了原先的假设，问题得到解决。如果试一下开关，灯仍不亮，否定了原先的假设，说明灯不亮的原因可能不是开关问题，这时我们会继续假设：是启动器的毛病，是灯管坏了，是线路问题等，然后针对假设进行验证，直到解决问题。总之，在解决问题的过程中，在任何验证性的活动前，总是会有假设作为行动的基础。

教育研究与上面处理问题的过程相似。通常研究要探讨的是两个变量之间的相互关系，在尚未获得结果之前，研究者总要事先要提出一种暂时性的、推测性的答案，然后通过收集合适的资料来验证假设。例如，当研究教学方法与学业成就的关系时，我们总会提出新的教学方法的效果要优于传统的教学方法的假设，或提出新的教学方法能大大地提高学生的学业成就的假设，再用事实或数据来证实提出的假设。

在教育研究中，预先提出假设的研究称之为有框架研究，没有明确提出假设的研究称之为无框架研究。即使是无框架研究也不意味着没有假设，而是没有把隐含的假设明确提出来罢了。研究者应根据研究的性质来决定是否需要正式提出假设，通常定量研究、验证性研究、涉及两个变量相互关系的研究要求明确提出研究假设，而定性研究、描述性研究、单一变量的研究则不一定要预先提出研究假设，其假设往往隐含在研究过程之中或在研究过程中形成。在实际操作过程中，能直接提出研究假设最好，如情形不适合提出假设或不知该如何提出假设时，研究者至少应该提出解决问题的可能答案，对研究结果作个预测。

（二）研究假设的作用

科学研究的目的在于探索未知，形成理论，科学研究的基本过程一般以假设验证为主，因此研究假设在科学研究中具有重要作用。概括起来假设的作用有以下几点。

1. 假设是研究的核心

在有假设的研究中，整个研究过程实际上就是围绕着验证假设展开的。当然验证的结果并非总是假设被证实，也有被证伪的可能性，但是不管最终结果如何，假设就像大海中的航标，为研究指明方向，使研究不偏离航向。

2. 假设能明确地规定课题

假设在整个研究过程中起定向作用。有假设的研究，内容更具体，方向更明确，目标更集中，既便于研究者把握研究的主攻方向，集中火力，又易于别人理解课题内容。研究假设可以帮助研究者确定研究的重点，提示收集资料的方向与范围，并能提供研究结论的框架。

3. 假设是通向理论的桥梁

从假设到理论是科学认识发展的必由之路。提出假设不是认识的最终目的，而是为过渡到理论作准备的，假设只是为解决问题提供暂时性的答案。从性质和意义上来说，假设与理论无很大的区别，只不过假设是有待验证的理论，理论则是已经证实了的假设。假设具有理论的某些特征，是对有关现象的概括。当假设的基本观念或预言被证实或被证伪，这个假设就有可能上升为理论。

几乎所有的实证性研究都是围绕着研究假设进行的，因此，提出合适的研究假设是研究成功的基本条件。

假设的最终结局有二，一是假设被证实，这是通常认为的理想结局；二是假设被证伪，事实上这也是一种理想的结局，因为假设被证伪、被否定，这并不意味着研究本身的失败。否定和肯定一样，本身就是科学研究中认识发展的一种形式，也是研究成果的一部分。何况有些假设（虚无假设）的提出，目的就是为了被否定，被拒绝。假设的证实或证伪不取决于人们的主观判断，而只能是事实检验的结果，事实是检验假设的根本标准。

（三）假设的类型

假设的类型很多，从不同的角度可对假设作不同的分类。按假设中变量关系变化的方向可分为以下 3 类。

1. 条件式

假设两个变量有条件关系。即如果 A 成立，则 B 也成立（即 if

A，then B）这是假设的典型模式，在表述上采用“如果……，那么……”的句型。例如，如果摩擦，则产生热。如果铜被加热，那么它就会膨胀。如果教师采用言语强化的方式来教学，那么学生的课堂行为就会改变。

2. 差异式

假设两个变量之间在程度上存在差异关系。如，可假设 A＝B，也可假设 A≠B；可假设 A>B，也可假设 A<B。如果 A 代表讲授式教学方法，B 代表讨论式教学方法，我们可以分别作如下假设：

①讲授式教学方法的效果等于讨论式教学方法的效果。（A＝B）

②讲授式教学方法的效果不等于讨论式教学方法的效果。（A≠B）

③讲授式教学方法的效果优于讨论式教学方法的效果。（A>B）

④讲授式教学方法的效果差于讨论式教学方法的效果。（A<B）

3. 函数式

假设两个变量之间存在因果共变关系，并且用数学形式表达。如果 X 表示原因，Y 表示结果，那么函数公式就是 Y＝f（x），表示“Y 随 X的变化而变化”的函数关系。即，如果“X”是这个值，那么“Y”是那个值。例如：男孩的侵犯性行为是女孩侵犯性行为的二倍。

在教育研究实际操作过程中，通常按假设的性质来分类，也可分为 3 类：

1. 特定假设

特定假设是推测特定对象之间关系的假设，指向个别的，具体的，特定的事例。如，在思维能力上，甲班学生比乙班学生推理能力强。

2. 一般假设

一般假设是推测一般种类之间关系的假设，指向普遍的、抽象的、可推广的事例。如，在思维能力上，男生比女生的推理能力强。

3. 虚无假设

虚无假设（null hypothesis）是推测某种不存在的、无倾向的关系的假设，指向中性的、无差异的、无区别的事例。这种假设实际上就是统计学上的零假设。虚无假设在表述上大多采用某变量与某变量之间“无差异”、“无相关”、“无影响”等形式来陈述变量之间的关系。如，在推理能力上，男生与女生无差异。学生的学业成就与自我概念无关。

为便于理解起见，我们再举一例说明这三种假设。我们对某小学一年级甲班儿童的侵犯性行为进行了几周的观察，发现该班男孩好动，好惹是生非，于是我们作了个特定假设，“甲班学生中，男孩的侵犯性行为比女孩多”。在这里研究对象是特定的，特指甲班学生，不涉及其他班的学生，研究结论也只适用于甲班的情况。我们也可以作一个一般假设，“男孩的侵犯性行为比女孩多”。在这里男孩和女孩是指一般种类，尽管这项研究只是在某个班上进行的，但研究结论可推广到其他班级同类的男孩和女孩中去，研究结果具有普遍意义。我们还可以作一个虚无假设，“男孩的侵犯性行为和女孩的侵犯性行为一样多”。在这里设想的男女学生的侵犯性行为是无差异的、无区别的，至于实际上是否有差异，则由事实数据来检验。

虚无假设的本意是想通过事实的检验来否定自己，否定了虚无假设，结果的倾向性也就明显地显现出来了。虚无假设虽然比较特定假设和一般假设难以理解，但是为了避免研究过程中主观偏向的先入为主，为了易于提出假设，便于统计检验，现在许多研究者开始乐意采用虚无假设。

按假设在表述变量关系的倾向性可分为：

1. 定向假设

定向假设（directional hypothesis）在陈述中示意假设结果的预期方向，指出变量之间差异的特点和倾向。采用定向假设比较符合人们的思维习惯，易于理解和讨论，特定假设和一般假设通常为定向假设。如，学生的学习动机强，则学习成绩好。教师的口头警告次数越多，学生上课时的注意力越分散。

2. 非定向假设

非定向假设（nondirectional hypothesis）在陈述中不提示假设结果的预期方向，而是期望通过检验结果来揭示变量间差异，常用虚无假设来表示。如，当“男孩的侵犯性行为和女孩的侵犯性行为无差异”这个非定向假设被拒绝时，我们便可以从实际的男生和女生侵犯性行为的平均次数上判定其方向性，得出研究结果。

四、如何进行文献检索

文献检索（literature review）就是从众多的文献中查找并获取所需文献的过程。“文献”是指具有历史价值和资料价值的媒体材料，通常这种材料是用文字记载形式保存下来的。“检索”则是寻求、查找并索取、获得的意思。

文献检索是教育研究过程中必不可少的步骤，它不仅在确定课题和研究设计时被运用，而且贯穿于研究的全过程。当课题尚未确定时，研究者常常从泛泛地浏览文献开始；当研究课题初步确定后，研究者必需按照课题的目的要求搜集和查阅有关文献；甚至在研究实施过程中，在分析研究结果、撰写研究报告时，仍需反复核查文献，分析评论文献，关注文献资料的进展情况。通常，在研究的准备阶段，文献的查阅相对集中些。

文献检索在整个研究中具有至关重要的作用，任何研究都是在前人研究基础上进行的研究。无论什么研究，它的具体实施和研究成果总是同占有什么样的文献资料联系在一起的，研究成果的价值往往与研究人员占有资料的数量和质量相关。很难想象在没有文献资料情况下进行的研究会是怎样。

文献检索的作用大致可以概括为以下几项。

（1）提供前人的研究信息，为研究提供参考内容。

（2）了解他人的研究趋向和成果，为如何进行研究提供思路和方法。

（3）进一步限制和确定研究课题和变量，完善研究设计和方案。

（4）学习别人的研究方法与设计，从模仿或参考中培养自己的创意。

（5）避免不必要的重复，避免重犯别人已经犯过的错误。

（6）寻找解决问题的可能答案，为解释研究结果提供背景材料。

（一）文献的来源与类型

文献检索是研究的基础工作，是研究人员从事研究的一项基本功。进行文献检索首先要知道文献的来源，其次要了解文献的类型。

1. 文献的来源

文献主要来自社会文献的交流系统。教育类文献资料主要集中在图书馆、档案馆、博物馆、研究机构和学校等单位。另外一个重要的、最大的文献信息源就是互联网。

（1）图书杂志

图书杂志指正式出版的文字资料，是文献资料的主要的来源，一般来说，有以下几类不同的图书和文章。

①教科书　教科书是用通俗易懂的语言，简练的方式把成熟的某一学科研究成果组织成一个体系。实际上教科书反映了一个学科研究领域的历史和现状，也会接触到一些悬而未决的问题，是不容忽视的文献来源。

②专著　指反映某一方面或几个方面研究成果的比较系统的理论著作。一般来说，许多具有重大理论意义和实践价值的研究成果，往往以专著形式发表。这类文献在历史的进程中常具有持久的生命力。

③期刊　指定期出版研究论文、研究报告等学术性文章的杂志。这些杂志上发表的文章学术性较高，有方法，有数据，集中反映最新的研究成果，研究人员更多地关注这些文献。期刊是一种重要的文献来源，它出版周期短，信息量大，交流面广，传播迅速。

④综述性的文章　综述性的文章概述了一个研究领域的现状，而且在文章后面附有详细的文献书目，便于读者按图索骥，逐步深入。

对研究者来说，综述性的文章用处较大。

⑤政策、法规、文件汇编 指政府机构发布的公文资料。这些文献体现了某一历史阶段官方的方针、政策、制度、法规等，具有政治上的严肃性、理论上的准确性、数据上的可靠性。

（2）电子资源

随着计算机网络的迅速发展，从因特网（Internet）上获取资料变得轻而易举，信息的交流可以超越时空的限制。网上的资料丰富多彩，它是一本永远没有最后一页的杂志。学会从网上通信、查阅资料、传递文件，以获取最新的信息，已是刻不容缓的事。

电子资源有以下几个方面：

①网上浏览（WWW）因特网上有成千上万个网站，内容包罗万象。通过计算机人们可以随时进入国内外著名大学、研究机构、图书馆的信息系统获取资料，并且所得的资料几乎都是最新的。

②电子邮件（E-MAIL）电子邮件的特点是提供信息交换的通讯方式，加速信息的交流和数据的传递。不仅用于信件的传送，而且可用来传递文件、图像、声像等信息，便于研究者之间的交流。

③电子公告板（BBS）电子公告板是计算机网络上建立的电子论坛，人们可以在布告板上张贴寻求帮助或提供帮助的便条，可以自由地发表自己的见解，也可以和世界各地的同行进行学术交流。

2. 文献的类型

了解文献的分类及其特点是文献检索的前提。按照不同的标准，文献可以划分成不同的类型。按文献载体形式可分为文字型、音像型和机读型三类。

（1）文字型文献

以纸为媒介，用文字（包括各种专用的符号和代码）表达内容，通过铅印、油印、胶印等方式记录、保存信息的文献。这类文献数量巨大，是信息的主要载体。

（2）音像型文献

以声频、视频等为媒介，来记录、保存、传递信息的文献。主要有图片、胶片、唱片、电影、电视、幻灯、录音、录像等，这类文献形象直观，易于传播。

（3）机读型文献

以磁盘、光盘为媒介，来记录、保存、传递信息的文献，由于阅读这类文献需要通过计算机，故名机读型文献。机读型文献存储密度高，易于复制，并且检索速度快。

对文献内容，按加工程度和可靠性程度，可将文献分为 3 个等级：

（1）一次文献

指未经加工的原始文献，是直接反映事件经过、研究成果，产生新知识、新技术的文献。它是研究者在教育教学实践中直接产生的原创文献，是离事实最近的文献，是为科学研究知识宝库添砖加瓦的文献。一次文献的形式主要有：调查报告、实验报告、科学论文、专著、会议文献、专利等。由于这类文献是以事件或成果的直接参考者身份或以第一见证人身份出现，因此具有较高的参考价值。

（2）二次文献

指对一次文献加工、提炼、压缩后得到的文献，是关于文献的文献。二次文献的形式主要有：书目、索引、文摘等。二次文献是一种派生的文献，它本身不直接产生新知识、新技术，它的目的是使原始文献系统化、条理化，为查找一次文献提供线索。

（3）三次文献

指在对一次文献、二次文献的加工、整理、分析、概括后撰写的参考性文献，是文献研究的结果。三次文献的形式主要有：研究动态、研究综述、专题评述、进展报告、数据手册等。三次文献也是一种派生的文献，它覆盖面广，浓缩度高，信息量大，便于研究人员在较短的时间里了解某一研究领域最重要的原始文献和研究概况。

（二）文献检索的过程

文献检索就是根据研究目的查找所需文献的过程。任何人在检索过程中都希望尽快地检索出自己所需文献，以满足研究需求。

1. 文献检索的基本要求

文献检索的基本要求可以概括为准、全、高、快四个字，“准”是指文献检索要有较高的查准率，能准确查到所需的有关资料；“全”是指文献检索要有较高的查全率，能将需要的文献全部检索出来；“高”是指检索到的文献专业化程度要高，并能占有资料的制高点；“快”是指检索文献要快捷、迅速、有效率。

2. 文献检索的基本过程

在具体文献检索过程中，研究者需要考虑以下几个方面的问题。

(1) 明确检索方向和要求

文献检索，首先要回答的问题是：需要检索什么信息？即研究者要明确研究的方向和要求，确定所需文献的主题范围、时间跨度、地域界限、载体类型等。研究方向越明确，要求越具体，检索的针对性也越强，效率也越高。

(2) 确定检索工具和信息源

接下来研究者要考虑的问题是：到哪里去检索信息？通常要求研究者根据现有条件，在自己所熟悉的检索工具（书目、期刊指南、索引、文摘等）和自己能把握的信息源（图书杂志、大众媒体、磁盘、光盘、计算机网络等）中查找文献。这时所要确定的是检索工具和信息源。

(3) 确定检索途径和方法

再接下来要考虑的问题是：用什么途径和方法去检索信息？这时研究者可根据既定的文献标识，如著者名、文献名、文献代码、图书分类体系、主题词等进行检索。

(4) 对检索到文献的加工处理

最后，研究者面临的问题是：检索到文献后如何加工处理这些信息？一般来说根据检索线索，获得了所需文献，文献检索便告一段落，但一个完整的检索过程还应包括对检索到的文献的加工处理，涉及内容有：对文献的分类整理，筛选鉴定，剔除重复和价值不大的文献，核对重要文献的出处来源；对研究可能要用到的文献作好摘要、笔记或卡片，以备后用；有些重大的研究课题还要求写出文献综述或评论；最后还需列出参考书目。文献检索的基本过程见下图[①]：

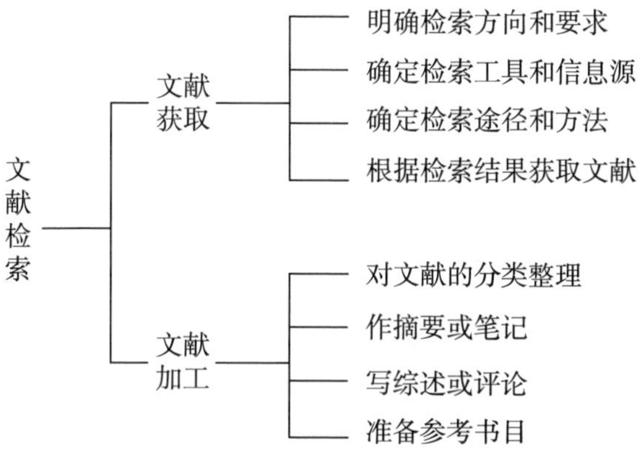

图 3-4　文献检索基本过程图

（三）文献检索的基本途径和方法

文献检索可分为两大类，手工检索和计算机检索。

1. 手工检索

手工检索主要是利用目录、索引、文摘等检索工具来查找和获取所需文献的方法。手工检索是文献检索基础，检索工具则是检索的必备条件。

手工检索通常是根据文献的信息特征，利用一定的检索工具进行检索。文献的特征由外表特征和内容特征两个方面构成，外表特征有作者名、书名、代码，内容特征有分类体系和主题词，见下图[②]：

① 陶保平：《学前教育科研方法》，66 页，上海，华东师范大学出版社，1999。
② 同①，67 页。

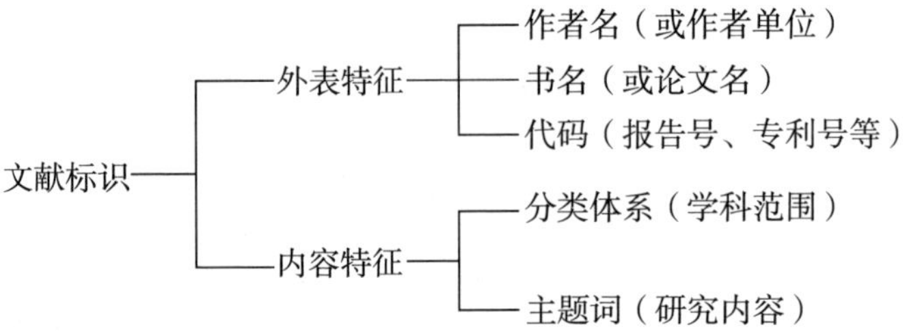

图 3-5 文献特征分类图

以上文献特征的 5 个方面也构成了文献检索的 5 条不同的检索途径。

（1）作者途径

在已知作者姓名的情况下，按作者姓名排检，从检索工具中去查找文献。中文姓名的排检有按姓氏笔画排检和按姓氏汉语拼音排检两种方法。外文姓名的排检必须以姓的第一个字母作检索点，如 John Dewey（约翰·杜威）要以“D”作为第一个字母进行排检。当要研究某个重要人物或要评述某个教育家的思想时，通过作者途径检索不失为一种有效的方法。它可以把图书馆中你想要研究的某个教育家的作品都找到。

（2）书名途径

在已知文献名称的情况下，按文献名称排检，主要是通过书名目录、篇名索引或论文索引来检索。书名途径是在已知书名或篇名情况下使用，易于找到所需文献。但由于检索工具是按文献名称集中，相同内容的文献比较分散，较难查齐找全。

（3）代码途径

在了解文献特有的编号情况下，根据文献代码的序号进行排检。一般先从代码索引中查出文献的序号，再去查找所需文献。如“专利号索引”、“报告号索引”、“登记号索引”等。该途径编制简单，使用方便，但难以记忆序号，只在特定文献范围内应用。

（4）分类途径

通过图书分类体系来检索文献，即根据文献内容所属的学科性质进行分类编排所形成的检索途径。这种方法适用于检索某一类问题或某一学科领域的文献，在手工检索中应用最广泛，是研究者必须掌握的方法。如我们要检索“教育研究和改革”的有关文献，按《中国图书馆图书分类法》分类体系可知道凡 G420 打头的文献，均涉及此范围。

（5）主题途径

按表示文献主题内容的主题词的音序或字顺排检，检索工具主要是《汉语主题词表》。这种检索途径的优点是能满足特定检索的要求，尤其适合于具体而又专深课题的检索。研究者不但可以从主题词查找到一大批相关的文献，另外，主题词表的内容本身也是一个很好的分类体系，反映了概念之间的相互关系。

综上所述，每一种检索途径都有自己的适用范围，在实际运用过程中各种检索途径常常可结合起来使用。

就文献检索的实际操作来说，方式方法是多种多样的，主要有常规检索法和跟踪检索法。常规检索法指利用题录、索引、文摘等检索工具查找所需文献的方法，它可以采用按时间顺序由远及近地进行检索，也可以逆着时间顺序由近及远地进行检索。顺查法适用于主题复杂、范围较大、时间较长的课题研究。逆查法适用于检索最新的课题。

跟踪检索法是以著作和论文后参考文献或参考书目为线索，跟踪查找有关主题文献的方法。这种方法不需要检索工具，针对性较强，能以滚雪球的方式扩大检索范围，获取文献方便迅速。此法一般在检索工具缺乏的情况下使用，更多地为在教学实践第一线从事科研的老师所采用。

2. 计算机检索

随着科学技术的飞速发展，计算机检索已成为一种新的文献检索方式。由于计算机检索具有速度快、信息量大、准确性高、代价低廉等特点，因此正在逐步取代书本式检索工具、卡片目录等传统的手工检索方式。一般大型的综合性图书馆都逐步建立起计算机文献检索系统，并提供信息服务。研究者只要在计算机上输入检索要求，计算机即刻就会列出有关的书目、篇名及其出处。计算机检索的输入要求可以是：作者、书名或篇名、关键词等，其中用关键词检索是最方便、最常用的检索方式。

（1）联机检索（DIALOG）

联机检索，顾名思义就是将计算机互相联系起来进行文献检索。即将用户检索终端与计算机数据库系统相连，运用一定的指令和检索策略进行“人机对话”，从而检索出所需文献。美国的 DIALOG 系统是最常用的规模最大的综合性国际联机检索系统，该系统存贮约 500 个数据库，收录的文献类型有书报、期刊论文、学位论文、研究报告、专利文献、统计数据等。

联机检索的最大特点是查全率高，检索速度快，几分钟内可查遍几年、几十年的有关文献，并且可以根据用户的要求打印检索到的文献目录、摘要和全文。但联机检索需要专业人员的帮助，需要交一定的检索费。由于教育属公共福利事业，因此教育类文献的检索费用比较低。从课题研究的时间和精力上考虑，花费一点钱还是值得的。

（2）光盘检索（CD—ROM）

光盘是用激光束在光记录介质上写入与读出信息的高密度数据存贮载体。光盘的特点是存贮量大，存贮密度高；使用方便灵活，可随意存取和快速检索；制作价格便宜，可作为电子出版物大量拷贝发行；不受病毒感染，经久耐用。由于光盘数据库的更新速度比较慢，所以光盘检索系统常常作为联机检索系统的补充。

光盘检索更多地用于地图、百科全书、词典、年鉴、名录等电子出版物，也用于各种形式的专业数据库，如专业文献索引数据库、全文数据库、专利文献数据库等。在具备理想数据库的前提下使用光盘检索不失为一种方便有效的途径。

（3）网上检索（INTERNET）

即通过计算机上网来检索所需文献。随着网络的飞速发展，上网检索将成为最简便的检索方式，因为研究者可以坐在家里直接打开计算机共享各处的文献资源。互联网将整个世界联系在一起，网上的信息无穷无尽，但如何迅速准确地找到自己所需的信息则不是一件容易的事，这时需要借助网络搜索引擎，需要了解常用的教育类的网址。以下是一些常用的教育类网址和搜索引擎，仅供参考。

1. 中国期刊网 http：//www. chinajournal. net. cn

2. EBSCO 信息服务网 http：//search. global. epnet. com（英文网站）

3. 教学网 http：//www. teachnet. com（英文网站）

4. 教师网 http：//www. teachers. net（英文网站）

5. 教师来帮教师 http：//pacificnet. net/mandel（英文网站）

6. 美国教育部 http：//www. ed. gov（英文网站）

7. 教育应用图书馆 http：//www. csu.edu.au/education/library. html（英文网站）

8. 美国国会图书馆 http：//www. loc. gov（英文网站）

9. 中国教育科研网 http：//www. cerbet. edu. cn

10. 中国人民大学书报资料中心 http：//www. confucius. cn. net

11. 北京师范大学 http：//www. bnu. edu. cn

12. 北京图书馆 http：//www. bta. net. cn/lib/tushu. html

13. 中国出版物之窗 http：//www. cibtc. ceic. go. cn

14. 华东师范大学图书馆 http：//www. lib. ecnu. edu. cn

15. 华东师范大学教育信息网络中心 http：//202. 120. 92. 199

16. k12 中国中小学教育教学网 http：//k12. com. cn

17. 中国基础教育网 http：//www. cbe21. com

18. 香港教育网 http：//www. education. org. hk

19. 台湾教育网 http：//140. 111. 1. 22/index. shtml

20. 台湾师范大学 http：//www. ntnu. edu. tw

搜索引擎网址：

1. http：//compass. net. edu. cn/8010/指南针，中英文搜索引擎

2. http：//www. alltheweb. com 收录网页最多，检索速度最快的搜索引擎

3. http：//www. easy-searcher. com 专业搜索引擎总汇

4. http：//www. search. com 世界各国搜索引擎目录，按国家字母排列

5. http：//www. searchpower. com 世界上最大的搜索引擎目录，

分类排列

6. http://www.searchengineguide.com 搜索引擎指南，分类排列

7. http://www.infojump.com 杂志和报纸文章的专门搜索引擎

8. http://www.ditto.com 一个非常实用的图像搜索引擎

9. http://www.refdesk.com/index.html 参考文献搜索引擎

10. http://www. cseek.com 搜索客，信息量较大内容较新

11. http://www. tonghua.com.cn 常青藤，附有文字帮助，提供目录检索功能

12. http://www. 5415.com 我是野虎一家位于美国的中文搜索引擎站点

国际联机检索系统 DIALOG 常用的数据库：

教育数据库（ERIC），科学引文索引数据库（SCI），社会科学引文数据库（SSCI），心理学数据库（PSYCINFO），科学文摘数据库（INSPEC），管理学数据库（ABI/INFORM），医学文摘数据库（MEDLINE）。

网上寻找资料的途径主要有两种：一是分类目录链接，分类目录链接是按树形结构组织，从点击主页的根目录链开始，一级一级深入，一直到达所需的网页。这种分层搜索易于控制，适合于浏览性的查找，但会因层次太多而感到检索速度太慢。二是关键词（keyword）查询，即在搜索框中输入选定的关键词进行快速查找。当然，利用搜索引擎查找文献并不只是输入关键词就成了。据报道，在网上能真正找到所需资料的不到 30%。为了准确快速地找到所需资料，有必要了解使用搜索引擎的技巧。

首先，要了解所使用的搜索引擎的类型限制，不同的搜索引擎所寻找的资料类型是有差别的。

其次，当你所寻找资料的关键词不止一个时，那么就按关键词的重要性顺序输入搜索引擎，最重要的关键词应最先键入。

最后，为使搜索更准确，要善于利用布尔逻辑（Boolean Logic）进行搜索。一般来说，现时所有的搜索引擎都含有布尔逻辑运算概念。常用的布尔逻辑运算有 3 个连接词："and"、"or"、"not"，这 3 个

词分别构成了3种含义不同的组合方式。下面以“教”和“学”这两个关键词为例，通过下图加以说明布尔逻辑检索的含义，图中A表示“教”，B表示“学”。

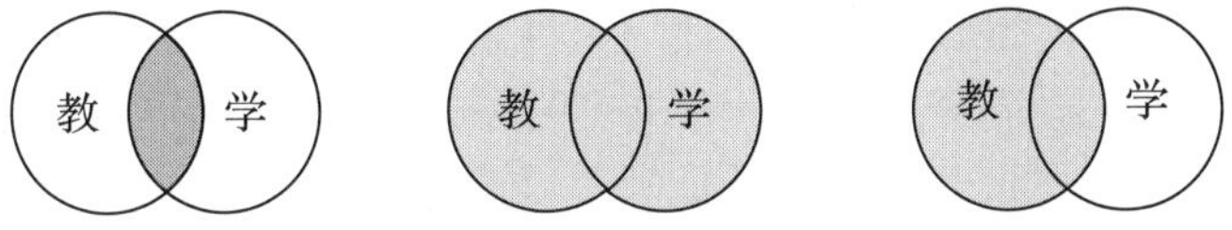

图1A and B
（A和B）

图2A or B
（A或者B）

图3A not B
（A不是B）

图3-6 布尔逻辑运算示例

从上图所示A与B是两个圆的集合形式，图中阴影部分表示检索获得文献部分。可以看出用“and”意味着在题目或文章中必须同时出现“教”和“学”这两个关键词才符合检索条件，它增强了检索的专指性，使检索范围缩小；“or”意味着在题目或文章中只要出现“教”或“学”其中的一个关键词就符合检索条件，它使检索范围变宽；“not”意味着在题目或文章中出现“教”这个关键词，但不能出现“学”这个关键词才符合检索条件，它可以排除不希望出现的检索词，提高检索的准确性。

随着计算机的广泛运用，文献检索也正在发生一场革命。以前需辛辛苦苦花费几周甚至几个月才能搜集到文献，现在用计算机上网，可能只需几分钟就可解决。研究人员掌握计算机检索方法是提高教育科研水平的必修课。

（四）常用文献检索工具

手工检索是文献检索的基础，其主体是检索工具。检索工具主要有书目、文摘、索引等。检索工具本身也有存储文献的功能，但其存储的目的是为了供检索。从事教育研究的人员应了解与教育有关的文献检索工具，下面作些介绍。

1. 目录

目录是检索工具中历史最悠久、使用最广泛的检索工具。目录有多种形式，按出版物的类型划分，有图书目录、期刊目录和文献资料目录；按出版物的语种划分，有中文目录、西文目录、俄文目录、日文目录等；按检索途径划分，有书名目录、著者目录、分类目录和主题目录等。

常用的书目主要有：

《四库全书总目》，（清）纪昀等撰。

《民国时期总书目》（1911—1949），北京图书馆编。

《全国总书目》（1949 至今），国家版本图书馆编（一年一册）。

《全国新书目》（月刊），国家版本图书馆编。

《外文新书通报》。

期刊目录主要有：

《1833—1949 全国中文期刊联合目录》增订本，全国图书联合目录编辑组编，书目文献出版社，1981 年。

《全国西文期刊联合目录》及《续编》，全国图书联合目录编辑组编，北京图书馆出版。

《国内中文期刊简介》，吉林省图书馆采编部编，1981 年内部印行。

《中文内部期刊内容简介》，上海交通大学林国威编，1985 年。

2. 索引

索引是将图书、报刊资料中具有检索意义的信息（如词语、人名、书名、刊名、篇名、主题等）分别摘录或加以注释、记明出处页码，按字顺或分类排列，附在书后或单独编辑成册，是检索文献内容或文献资料的一种工具。索引按文献类型可分为期刊索引、报纸索引、书籍索引、论文索引等；按取材范围和编制方法可分为书刊篇目索引、专著主题索引、人名索引、字句索引等；按文献排检方式可分为字顺索引、分类索引、主题索引。与教育有关的重要索引有：

《全国报刊索引》（月刊），上海图书馆编辑出版，这是查找解放后报刊资料的主要工具之一，教育类论文资料收入索引的“哲学、社会科学”分册里，其类目编排：G31 打头的为“中国教育”，G38 打头的为“世界各国教育”，G39 打头的为“教育理论”。

《报刊资料索引》（年刊），中国人民大学书报资料中心编辑发行。该刊原名《复印报刊资料索引》，按学科分类分为 99 个专题。教育类是索引的第四分册，分 17 个专题。对专业研究者来说，这是很实用的专业文献检索工具。

《中文报刊教育论文索引》（季刊），中央教育科学研究所图书资料室编。

《教育论文索引》（1949—1965），北京师范大学教育系、图书馆编印。

《中小学教学论文索引》，1949—1965 年为第 1 卷，1966—1982 年为第 2 卷，北京师范大学教育系资料室编。

3. 文摘

文摘指文献摘要，是以简洁的形式对文献内容作扼要的介绍、摘录或描述。文摘比书目、索引提供更多的信息，在有限的时间内读者可以获得更多的文献信息。有了文摘，研究者可通过阅读文摘了解该文献的概况和精华，了解该文献的价值，并决定是否需要阅读全文。

根据编写的目的和用途，文摘可分为指示性文摘和报道性文摘。指示性文摘仅把原文主题内容简略地介绍给读者，主要是提供线索，使读者了解该文献信息与所需信息的相关程度，从而决定是否要去读全文。报道性文摘比指示性文摘要详细些，一般要概述原文的主要内容，包括原文的主题范围，阐述观点、思想、方法、各种重要数据、推理过程、论证结果等。与教育有关的文摘主要有：

《新华文摘》（月刊），新华文摘社编，人民出版社出版，1979 年创刊。这是一本大型的学术性和普及性兼有的综合性文摘杂志。

《全国高等学校文科学报文摘》（双月刊），上海师范大学高校学报文摘社编辑出版，1983 年创刊。

Dissertation Abstract International（国际论文摘要）这是应用最普遍的英文摘要，分人文和科学两大类，刊载各大学博士论文摘要。

另外，各个学科也有独立的摘要，如 *Psychological Abstracts*（心理学摘要），*Sociological Abstract*（社会学摘要），*Child Development Abstracta*（儿童发展摘要）等，都是教育研究者经常阅读的参考资料。

4. 参考工具书

参考工具书是以特定的编排方式，从众多的书籍中搜集编辑有关内容并写成条目，专门供读者查找各种语词、事实、数据、人物等而用的文献。参考工具书大致可分为：字典、词典（辞典）、百科全书、统计资料、年鉴、手册、大事记、传记等。

教育研究者案边备有几本权威的参考工具书是完全必要的。在研究中，当遇到把握不住的名词、术语、定义、概念、历史沿革、现实状况、统计数据、事件等问题时，便可及时查询。国外有人估计，现有研究中约有一半的问题可以通过直接查询参考工具书予以解决。下面推荐一些常用的教育参考工具书：

《中国大百科全书（教育）》，中国大百科全书出版社，1985 年。这是新中国成立后第一部教育专科的百科全书。

《教育大辞典》，顾明远主编，上海教育出版社，1997 年。这是一部大型教育辞书，是我国自己编撰的教育辞典。全书共收词目约 3 万条，800 万字。

《国际教育百科全书》，（瑞典）T. 胡森主编，1985 年。全书共 45000 词条，10 卷，全书由 1300 多名来自 100 多个国家的专家、学者撰稿，反映了世界各国各类教育的发展情况和教育科学研究的新水平，是专科百科全书。此书已有中译本，由贵州教育出版社出版，1990 年。

《简明国际教育百科全书》，中央教育科学研究所比较教育研究室编译，该书是胡森主编的《国际教育百科全书》的简编本，由教育科学出版社出版。

《中国教育年鉴》，中国教育年鉴编辑部，每年 1 卷。

Yearbook of Education（UNESCO）这是联合国教科文组织编印的教育年鉴。

《中国现代教育大事记》（1919—1949），中央教育科学研究所编，教育科学出版社，1988 年。

《中华人民共和国教育大事记》（1949—1982），中央教育科学研究所编辑，1983 年。

5. 国内外期刊杂志

专业期刊杂志更受研究人员的青睐，这是因为期刊杂志出版周期短，信息量大，反映研究成果较新、较快。我国有关教育类的期刊杂志达 400 多种，对从事教育研究的人员来说，可关注以下一些期刊，例如：

(1)《教育研究》	中央教育科学研究所
(2)《华东师范大学学报（教育科学版）》	华东师范大学
(3)《心理学报》	中国心理学会
(4)《课程 · 教材 · 教法》	人民教育出版社
(5)《人民教育》	教育部
(6)《教育研究与实验》	华中师范大学
(7)《比较教育研究》	北京师范大学
(8)《全球教育展望》	华东师范大学
(9)《外国教育研究》	东北师范大学
(10)《外国中小学教育》	上海师范大学
(11)《上海教育科研》	上海市教科所
(12)《教育理论与实践》	山西省教科所
(13)《心理发展与教育》	北京师范大学
(14)《中学教育》	华东师范大学
(15)《教育评论》	福建省教科所
(16)《教育科学》	辽宁师范大学
(17)《教育与职业》	中华职业教育社
(18)《中小学校长》	国家高级教育行政学院
(19)《中小学管理》	北京教育学院
(20)《普教研究》	辽宁省教科所
(21)《江西教育科研》	江西省教科所

国外有关教育专业的期刊主要有：

1. *Administrative Science Quarterly* 介绍管理科学理论的季刊

2. *Adult Education* 成人教育的理论与实践

3. *American Educational Research Journal* 刊载实证研究报告，方法严谨，水准较高

4. *British Journal of Educational Psychology* 刊载英国教育心理学的实证研究报告

5. *Comparative Education* 介绍世界各国教育发展趋势

6. *Comparative Education Review* 比较教育的研究刊物

7. *Education Administration Quarterly* 介绍中小学行政管理的理论

8. *Elementary School Journal* 介绍小学教育的理论与研究

9. *Journal of Education Psychology* 介绍教育心理学的理论与研究

10. *Review of Education Research* 专门刊载某一特定问题的综合评论

11. *Harrard Educational Review* 哈佛教育研究刊物

12. *Teachers College Record* 哥伦比亚教育学院的综合刊物

13. *Phi Delta Kappan* 了解美国公共教育研究问题及意见

14. *Educational Researcher* 了解美国教育研究问题与方法论的争议观点

15. *The Education Digest* 美国的教育文摘

16. *Jourhal of Teacher Education* 美国的师范教育

17. *The Journal of Experimental Education* 实验教育杂志

18. *International Review of Education* （UNESCO）联合国教科文组织的国际教育评论

19. *History of Education* 英国的教育史杂志

20. *Education and Psychological Measurement* 教育和心理测量

五、如何拟定研究计划

凡事预则立，不预则废。在这里“预”就是计划的意思，计划可以避免失误，可以获得更多的成功机会。研究计划是研究工作进行之初所作的书面规划，是如何进行研究的具体设想，是研究实施的蓝

图。由于研究本身是件相当复杂的事情，因此，事先必须周密思考，统筹安排。

（一）研究计划的主要内容

课题一旦确定后，接下来就要全面规划整个研究过程，合理安排研究中的各项工作，制定切实可行的研究计划。制定研究计划的目的是为了明确规定研究的范围和目标，具体规划研究的程序和进度，为顺利完成研究任务提供保证。另外，研究计划也是科研管理部门、专家检查指导与评价科研工作的参照依据。

1. 研究计划的作用

研究计划在整个研究过程中具有重要的作用，具体表现在以下几个方面。

（1）研究内容的细化

课题研究会牵涉很多因素，研究不仅要把握重点，也要顾及细节。研究者通过制定研究计划，可以使研究的目标、内容、范围、方法、程序等更加明晰，使课题内容更加具体化、操作化。

（2）课题申报的形式

研究计划是研究者的研究构想，也是课题申报的主要形式，课题申报必须提交研究计划。科研管理部门主要是通过研究计划的申报、评审来确定课题研究是否有价值，是否具有可行性，是否需要立项给予资助。

（3）研究行动的指南

在研究过程中，研究计划是研究实施的指南。研究计划中必须制定详细的研究程序与步骤，要合理安排研究的资源，还要设想可能遇到的困难和解决的方案。有了研究计划，行动就有方向。

（4）评价检查的依据

在研究的进行过程中以及研究结束后，科研管理部门通常依照研究计划检查课题研究的进展情况或完成情况，并对课题研究进行评估鉴定。

有时，一个颇有创意的研究构想，只有在写成研究计划的过程中，才会发现某些先天的不足和预想不到的困难，才会促使研究者努力设法去解决。有了书面的研究计划，还可以作为与同行间沟通的依据，把自己的设想告诉别人，征求建议与指导，使研究课题更趋完善。

2. 研究计划的基本要求

撰写一份研究计划，首先必须了解研究计划的基本要求。基本要求可以概括为以下 4 个问题①。

（1）研究什么

当人们阅读一份研究计划时的第一个反应可能是：这个课题要研究什么？因此，研究者必须明确地回答这个问题，让别人了解，要研究的是什么。要回答这个问题，首先，要有合适的标题，标题最好能涉及研究的范围、对象、内容、方法；其次，要明确提出研究问题，让别人了解研究问题的性质；第三，要列举研究的待答问题或研究假设，让别人了解研究的重点；第四，要界定研究的变量及关键名词让别人了解研究的范围。

（2）为什么研究

在解决了研究什么问题之后，人们很自然会继续发问：为什么要从事这项研究？因此，研究者必须在研究计划中解释从事这项研究的理由。要回答这个问题，首先，要说明研究动机；其次，要提示研究的重要性和必要性，揭示研究的意义和价值；第三，要列举研究的具体目标。

（3）如何研究

当了解了研究的理由之后，人们顺理成章地想知道研究将如何进行。因此，第三个问题就是：如何进行研究？要回答这个问题，首先，要说明研究的方法与实施程序，其中包括研究对象及其取样、研究的方法与步骤、研究工具的选择与编制、收集资料的程序、资料分析的方法等；其次，对研究资源的合理配置，包括研究人员的组织、

① 吴明清：《教育研究——基本观念与方法分析》，564-565 页，台北，五南图书出版公司，1991。

研究进度的安排、研究经费的预算等。

（4）有何成效

研究的价值体现在研究结果对现实世界和精神世界的贡献上。因此，人们最后总会问：研究最终会获得什么样的研究成果？要回答这个问题，首先，研究者必须在研究计划中具体说明研究的预期成效；其次，要有成果达到的水平和表现形式。

无论采用什么格式撰写研究计划，以上四个问题是必须要具体回答的。掌握了这四个基本要求，研究计划中才不会遗漏必要的信息和内容，才能得到更多的外部支持。当研究计划完成后，我们也可以按是否清楚地回答了这四个问题来评价研究计划的优劣。

3. 研究计划的形式与内容

一般来说，研究课题多种多样，研究方法各不相同，撰拟研究计划不必受制于撰写格式，只要符合以上四个基本要求，只要清楚地表达必要的信息与资料就是一份合格的研究计划。然而学术界约定俗成，有撰写研究计划的通用形式，有些研究机构和科研管理部门还制订了固定的撰写格式——研究计划书。因此，在撰写教育研究计划时，如能按照通用格式进行，则更易互相沟通交流，更易为学术界接受。

研究计划的格式有多种，但研究计划的内容大同小异，主要包括以下几个方面。

（1）课题名称

课题名称要简洁明了，一个好的课题名称要能准确地反映研究的范围、对象、内容、方法，能显示研究变量以及变量之间的关系，使人一看就能大致了解课题研究的内容。如，上海市小学生学习负担的调查、中学生学习时间与学习效果的关系研究。

（2）研究目的与意义

课题研究的目的与意义，主要回答为什么要进行这项研究，课题有什么价值，课题产生的背景，研究的重点等问题。在表述上要提示研究的理由，可以从问题的现状入手，指出问题的重要性，从而表明进行研究的必要性；也可以从前人研究的不足入手，阐述进行研究的价值。总之，研究者要把握这部分写作的基本逻辑：由于问题的重要性或严重性，所以有必要进行研究；由于以往的研究不足或有错误，所以必须加以解决或纠正。

（3）研究内容

研究内容是研究计划的主体。通常是把课题提出的研究问题进一步细化为若干个小问题，加以列举。必要时，还需提示资料和事实的来源。

（4）待答问题与研究假设

任何研究都以待答问题或研究假设为具体行动的指引，因此无论采用什么格式撰写研究计划，必须具体明确的列举待答问题或研究假设，明确课题的研究范围。

（5）研究对象和研究变量

教育研究总是指向一定的研究对象。由于研究对象的多样性和复杂性，研究者在制定研究计划时必须对研究对象和研究的主要变量加以界定，避免不同的人从不同的角度来理解而带来的混乱。对研究对象的描述，涉及研究的总体范围、样本数量、抽样的方法，必要时还需提示研究对象的来源和特征。

（6）文献综述

研究工作必须以有关文献为基础，在撰写研究计划时，应对相关文献作系统的陈述，以展示研究者对该领域研究现状的了解程度。

（7）研究方法与设计

这一部分说明研究采用的途径、手段以及准备如何开展研究的步骤。因此要描述得明确详细，凡研究对象、研究方法、研究工具、资料收集程序与分析方法，应分项说明。当然在有限的篇幅中，很难将研究方法与设计的全部细节描述周全，一般只需点到有关学术名词即可。例如，用“分层随机抽样”来说明抽样方法，用“等组前后测实验”表示实验设计模式，用“t 检验”表示统计分析方法等。

（8）研究进度

规划研究进度，可以从两个方面考虑：一是时间，二是工作项目。若研究有时间的限制，则以最终完成时间为依据，倒过来分配每一工作项目的时间；若无明确的时间限制，则可以工作项目为依据，安排每一项工作的时间。拟订研究进度，通常要给出时间进度表或工作项目进度表，从而保证研究能有条不紊地开展，能按预定要求如期完成。

（9）成果形式

预计的研究成果可以从两个方面来说明，一是提示研究的预期成果和成果的表现形式，如研究论文和研究报告、专著和教材、教具和教学仪器、教学软件等。研究周期较长的课题，还应该说明阶段性成果和最终成果。二是说明研究成果可能产生的效益，包括经济效益和社会效益。

（10）课题组成员及其分工

如果研究工作由一个人独立完成，那么在研究计划中只需填写研究者个人的学历、职务、专业等情况。如果研究是由一个课题组承担，则需列出课题组每个成员的基本情况和具体分工情况。

（11）经费预算

经费与设备是进行研究的物质条件。经费预算要本着节约的原则，实事求是地估算。研究计划中要把开支的项目、用途、金额一一列出，最好采用经费预算一览表。一般经费预算的主要项目有：图书资料费、研究人员研究费、小型会议费、交通差旅费、测验问卷编制费、上机费、印刷费、研究实施的劳务费、设备材料费、邮电费、管理费、研究评审费、杂费等。

（12）参考书目与附录

研究计划本身具有相当程度的学术性，正规的研究计划要求列出参考文献或参考书目，必要时也可将相关的资料作为附录。

以上 12 个方面大致包括了正式的、严格的研究计划的基本结构和内容。在实际撰写研究计划的过程中，可以根据研究的目的、要求、内容、方法作些适当的增删或调整。不过，有些机构或部门的研究计划书的格式比较简略，研究者除了按规定的格式填写外，最好再按上面提到的 12 个方面另拟一份详细的研究计划，供实施研究时参考。

（二）研究课题的申报

课题的申报与研究计划有密切的联系。研究计划是课题申报的基础，申报课题立项后，研究计划便列入科研部门的管理，并可以获得经费的资助以及其他方面的支持。

课题申报需要填写“研究项目申请书”，项目申请书大致有以下内容。

（1）课题名称　包括所属学科、研究类型等。

（2）课题负责人情况　包括性别、年龄、工作单位、职称、职务等。

（3）课题组主要成员情况　包括性别、年龄、职称、工作单位、专长、外语程度、分工情况等。

（4）课题负责人及课题组成员近期取得的与本课题有关的研究成果　包括成果名称、作者、成果形式、发表刊物或出版单位、发表出版时间等。

（5）课题组成员正在担任的其他研究课题　包括课题名称、课题类型、实施时间、批准单位、资助金额等。

（6）课题论证　包括课题研究的目的、性质、立论依据，国内外有关研究概况、水平、发展趋势，研究的实际意义和理论意义，以及应用前景等，有时还要求附主要参考文献。

（7）研究方案　包括研究目标、研究内容、研究方法、研究过程、本项目拟解决的关键问题和特色创新之处等。

（8）完成研究的条件分析　包括现有的研究工作基础、研究的外部条件、课题组人员结构、资料准备情况、研究设备等。

（9）成果形式　包括主要研究阶段、最终完成时间、最终成果形式、成果的预计走向及使用范围等。

（10）经费预算　包括课题经费估算、申请经费资助的数额、开支项目及年度预算等。

（11）推荐人意见　不具有高级专业技术职务的申请人，须由同专业两名具有高级专业技术职务的专家作出书面推荐。推荐人主要介绍课题负责人和课题组成员的业务水平、科研能力、科研态度、科研条件以及完成课题的可能性。

（12）课题负责人所在单位领导意见和信誉保证　基层领导就申请书内容是否属实，课题负责人的科研素质、能力水平是否适合承担该课题，单位是否能提供完成课题所必需的时间和条件等签署意见。

由于课题立项评审主要根据研究项目申请书的各项内容来考虑是否给予课题立项，因此填写研究项目申请书至关重要。一定要实事求是，充分论证。

（三）研究课题的论证

课题论证是研究设计的最后一环，也是科研课题评审立项的步骤之一。课题论证是有组织、有系统地对所选定课题是否有价值、是否有新意、是否切实可行进行实事求是的分析和评价，目的在于避免由于选题不当造成的人力、物力、财力的浪费。另外，通过论证还可以进一步完善课题方案，为顺利实施研究提供保证。

课题论证是一项严肃认真的工作，对课题申报人员和评审人员都有严格的要求。要求课题申报人员认真准备论证材料，详细介绍课题情况，虚心听取论证意见，并根据论证结论修改或处理研究方案。要求课题评审人员以实事求是的科学态度对待课题论证，详细审查研究方案，充分发表自己的意见。评审人员一般要有高级职称，必须是相关研究领域的专家，具有良好的职业道德。

1. 课题论证的形式

（1）课题论证会

课题论证会也称开题报告会，通常由科研主管部门或由课题负责人邀请专家评委对课题方案进行讨论和可行性分析。课题负责人报告课题内容，并对专家评委的提问质疑进行解答。

（2）课题评审

课题评审指科研主管部门组织专家评委对上报的科研项目申请逐一进行评议、审核。通常对申请课题的意义和内容、研究思路和方法、研究的基本条件和能否取得实质性进展提出意见，并对能否立项投票表决。课题评审有两种形式，一是会议（集中）评审，二是通讯评审。课题评审通过经上级主管部门批准，即为正式立项课题。

（3）自我论证

自我论证是完善课题的一个环节，是课题论证会和课题评审的基础。作为个人自定的、不纳入科研规划的课题，虽不必履行审批手续，但仍需对课题的价值、创新、可行性进行自我论证。通常可请同事、同行对所选课题进行评议，提出意见。

2. 课题评审的标准

一般来说，一个好的课题计划必须兼顾研究内容、研究方法、研究程序以及研究资源等方面。评审通常涉及课题意义的重要；课题内容的充实；研究思路的清晰；研究方法的可行；课题组研究基础的实力；申请经费的合理等。

（1）研究内容的重要性

评审一个课题计划，首先要看研究问题和内容。重点是研究课题是否是一个与教育有关的问题；研究内容是否有理论和实践价值；研究问题是否重要，是否值得支持；研究是否会对理论和实践产生较大的影响和效益。

（2）研究方法的可行性

研究方法是达到研究目的的手段，没有方法或方法不当，则研究目的就会落空。评审课题计划时，首先要考虑研究方法是否合理恰当，能否收集到有效的资料，能否达到预期的研究目的；其次要考虑研究方法是否可行，即在现有条件基础上能否实施研究方法。

（3）研究资源的有效性

研究资源包括人力、物力、资料、时间、经费等。在评审课题计划时，要认真考虑研究人员的研究基础，课题组的人员结构，研究进度计划，研究经费的预算等。研究计划的优劣不在于资源需求的多少，而在于研究资源的规划、利用是否合理，是否有效。

（4）研究设计的合理性

毫无疑问，研究设计必须是合理的，可行的。研究设计要符合研究的伦理道德，要避免研究可能对被试的身心发展和学习造成不良的影响，研究应保护被试的隐私和权益。另外，一份好的研究计划在表达方式上，应符合约定俗成的写作格式。

附录：研究方案示例

“探究式学习与学生创新能力的发展”研究方案

一、研究的目的与意义

随着知识经济时代的临近和社会政治经济的发展，人们越来越关注创新问题，越来越把创新与民族的兴衰联系在一起。作为小学教育，如何为创新营造氛围，为创新能力的发展提供原动力，也已成为小学教育改革与发展中不可回避的问题。

本研究力图以探究式学习为抓手，探索小学阶段创新能力培养的特殊性，并进而形成小学教育的新模式，为 21 世纪我国小学教育提供可参照的范例。

二、研究现状

“创新”问题在 20 世纪 90 年代末引起国内各界的广泛关注，尤其是 1999 年全国第三次教育工作会议以后，更是成了教育界注意的焦点。一段时间以来，不少学校就创新问题进行了一系列探索，但就目前来看，既没有形成既定的模式，也没有一套成熟的做法。人们对于新的教育教学模式大体是处于一种“期待”状态，与创新目的相一致的教育形态尚没有诞生。

就探究式学习来看，虽然它在 20 世纪六七十年代就已在英美国家露其端倪，但对中国小学课堂教学等影响不大，几乎很少有人就探究式学习在小学教育中的体现方式、与学生思维发展的关系等做深入、系统的综合研究。为数众多的研究成果仅仅涉及到了探究式学习中的某一方面或某些片段。

三、关键词语的界定

探究式学习：在教师指导下，学生通过全班活动、小组讨论和个别学习等多种形式和多种手段，积极探索问题，寻找问题答案并进而采取适当行动的教学活动。

创新：提出自己或其他人以前未有的认识，是超越自己和他人的过程，是以发散性思维为主的问题解决过程。

四、研究假设

总假设：探究式学习活动有利于学生创新能力的提高与发展。

子假设 1：课堂教学权威结构的改变，可给学生提供更大的自主支配的时间和空间，有利于学生个体自主意识和创新思维等的发展。

实验处置因素：

1. 教师尊重和信任每一个学生，把学生当成学习的小主人，鼓励学生取得的任何一点进步，在与学生交往过程中，尽量使用积极语言，避免或少用消极语言。

2. 真诚地与学生进行合作，与他们沟通、协商教育教学中的有关问题，让他们了解教学进度、教学内容等的安排，通过“学案”实现教学双边的互动。

3. 教师定期听取学生对教学的意见，了解学生的所思所想，在汇总反馈信息后，适时调整教学计划。

4. 在班级活动、岗位设置等方面，给学生更多的自主权，把班集体的建设当做是学生的一种自主探究过程。

5. 尊重学生的任何奇思妙想，让他们感觉到自己的任何想法都是有价值的，在课堂上尽可能为学生营造一个促使他们畅所欲言的氛围。

子假设 2：教学过程中允许学生发现问题，并在教师指导下提出问题解决的种种设想，在确定最佳的设想后，一步步探寻问题的答案，有利于学生思维的拓展和深化。

实验处置因素：

1. 改变直接向学生展示知识的状况，不再从学科走向学生，而是促使学生自己逐渐走向学科，在任何知识点上，都考虑以怎样的问题情境来引导学生。

2. 教学中强调学生的积极参与，通过角色扮演、自学辅导、小组合作等方式，发挥学生学习的主观能动性，变学生被动的接受状态为主动的参与状态。

3. 改变教学的评价方式，在学生学习成绩符合教学基本要求的基础上，着重对学生实际参与课堂教学的情况进行评定，鼓励学生真正成为课堂上的主人。

4. 注意激发学生的学习兴趣，不仅让他们认真学习，而且让他们乐于学习，关注到课堂上的每一位同学，做到课堂上无旁观者、无教学“死角”。

子假设 3：课堂教学组织形式的改变，能有效地利用现有的教学资源，使学生形成积极的学习动机，给学生提供更多的积极探究的机会。

实验处置因素：

1. 注意引导学生进行独立探究，通过个别教学等形式，养成学生善于提出问题、善于独立解决问题的习惯和思维品质。

2. 通过同质分组、异质分组等形式，培养学生交往的技能及分享、合作的态度，并借此提高学生探究的质量和水平。

3. 探索小组讨论、个别学习、全班活动相结合的课堂探究模式，形成不同学科、不同对象的探究风格。

4. 改变传统的几何图形排列的课桌椅方式，根据探究的要求和教材的内容，采用扇形、马蹄形等多种有利于学生沟通、交往的课堂形式。

子假设 4：对于实际生活中真实存在的问题，学生具有浓郁的探究兴趣，在对这类问题的探究中，学生各方面的能力尤其是学会学习的能力会进一步发展。

实验处置因素：

1. 每周用探究的方式组织一次社会实践活动，内容包括社区活动、参观访问等，让学生接触社会，并在探究中了解、认识社会，明了自己的社会责任。

2. 注意跨学科间的交流，将真实的社会问题和生活中的实际问题展现在学生面前，使学生有机会汇总不同学科的知识。

3. 将课外活动纳入课程表，让学生根据自己的兴趣、特长选择有关活动，在小实验、小制作、小发明中体会探究与创造的乐趣。

子假设5：学生探究、创新能力的发展需要有一个强有力的支持系统，其中既需要学生个人的努力，也需要有一个融洽的班集体，同时也需要家长等的配合，更需要有教师的支持。

实验处置因素：

1. 对学生进行学法指导，让他们清楚探究式学习中，自己的行为应发生的变化。

2. 班集体采用民主管理制度，实行班干部民主选举制、轮岗制，开展多种形式的争章活动。

3. 学校定期向家长通报有关信息，与家长委员会共同分析学生中存在问题，共同决策。

4. 对教师进行培训，使教师认识到实验研究的要求和具体操作方法，形成教师参与研究的热潮。

5. 与校外机构取得联系，以获得活动场地、人员支持、信息交流等帮助。

五、研究对象的选择

在研究之初，随机确定1—4年级的4—5个班为实验班（原则上每年级1个班），实验教师随选择的班级而定，不做刻意挑选。在实验班取得一定成果，形成一定规模后，推广到学校各年级和各个班级。

六、研究过程

（一）准备与启动阶段（2000年1月—2000年3月）

1. 制定研究总方案及各年级实施方案

2. 进行教师培训工作，组织学习探究式学习的有关材料

3. 选取实验班，并进行前测

4. 做好各项资料的准备工作

5. 制定有关规章制度

6. 组织研究队伍

（二）实验班实验阶段（2000 年 3 月—2001 年 2 月）

1. 首先在语文、数学两学科进行实验，从 2000 年 9 月起，在实验班所有学科中实施。

2. 实验教师进行教学反思，做到一日一记，半月一结。

3. 建立特殊学生档案，形成个案成长发展的档案材料。

4. 增加社会实践活动，促使学生在实践中增长探究才干。

5. 增设活动课程，将课外活动纳入课程序列。

6. 建设积极向上、合作的班集体。

（三）实验推广、深化阶段（2001 年 2 月—2002 年 2 月）

将前一阶段的实验成果推广到学校的各个年级、各个学科。

（四）实验总结、评定阶段

在进行实验的同时，着力于实验的总结，通过出版专著、发表实验总报告和分报告等形式，向同仁介绍实验成果，并进行评定。

七、研究的预期成果及成果形式

（一）预期成果

1. 学生层面：学生的自主性增强，问题探究能力提高，创新意识和实践操作能力有了明显的长进，德智体诸方面协调发展。

2. 学校层面：通过实验的开展，带动师资队伍的建设，全面提升学校教育质量，使学校办学水平步入一个新台阶。

3. 社区及社会层面：成为本社区小学教育的一面旗帜，为社区的小学发展贡献智慧和力量。形成新世纪小学教育的新模式，为基础教育的改革与发展提供沿海地区的范例。

（二）成果形式

专著（全面介绍实验状况）、研究报告（分研究总报告和若干分报告）、案例（实验中教师或学生的相关事例）。

八、研究可能存在的限制

1. 参与实验的教师或学生不能全身心地投入实验，或不能很好地适应实验的要求。

2. 实验中相关变量的干扰，如教师的期望、来自家长的压力等。

3. 缺少对探究和创新能力准确予以测评的工具。

4. 随着时间的延长，参与研究教师热情的减少以及出现的传统教学模式的回潮。

九、参考资料（略）

第四章 如何进行课堂观察

在学校教育研究中，观察是一种较为基本和常用的科学方法。其他一些研究方法，或者是从观察法发展而来（如实验法），或者要建立在观察法所提供的事实的基础上（如经验总结法），它们都与观察法有着不解之缘。从一定意义上讲，观察是一切研究方法的“细胞”，在教育研究方法体系中占有十分重要的地位。

观察作为一种研究方法，有着漫长的历史。自古至今，任何联系实际的科学研究都离不开观察。历史上那些作出过卓越贡献的科学家，无不重视观察法的作用。苏联生理学家巴甫洛夫曾让人把他的话写在实验大楼正面的上方：“观察，观察，再观察”。在这里，着重从课堂观察的角度先介绍观察法的含义与种类，分析观察法在课堂教学研究中的运用。

一、课堂观察的类别

课堂观察方法是指研究者（观察者）带着明确的目的，凭借自身感官（如眼、耳等）及有关辅助工具（观察表、录音录像设备等），直接从课堂情境中收集资料的一种教育研究方法。

课堂观察是一种科学的观察，它不同于一般意义上的观察，即日常的观察，后者是个体在实践中有意识或无意识地自然习得的一种能力，因此个体或多或少都掌握一些。而课堂观察则是在一般观察基础之上发展起来的一种特殊的技术，它有明确的观察目的，除了运用个体的眼睛、心智之外，往往还要借助于一些特制的观察工具，观察前有明确的目的并经过精心的组织与设计，从而使其获得一般观察无法达到的对事物洞察的深度和广度。

依据不同的分类标准课堂观察可划分为不同的类别。分类的目的是为了更清楚地认识和利用课堂观察。以下是比较常见的对课堂观察的一些分类。

1. 直接观察和间接观察

按观察时研究者是否借助于仪器可将其分为这两类：简单地说，直接观察就是凭借观察者自身的眼睛、耳朵等感觉器官直接感知外界事物的方法；而间接观察则是指观察者借助录音机、摄像机等工具进行观察活动的方法。

2. 参与观察和非参与观察

按观察时研究者是否参与研究对象的活动，或者说从研究者在研究中扮演的角色来划分，可以分为参与观察与非参与观察两类。

参与观察是借鉴于人种志田野研究的方法，它强调研究要贴近研究对象，真实地诠释行为的社会意义，所以研究中不但要了解被观察者的主观意识，观察者还要依据自己的理论框架作出“主观”的解释和评价，当然这种主观的解释和评价建立在长期大量的实地观察基础之上，而非经验性的主观推测，因而属于一种定性的课堂观察，从观察的具体操作来看，研究者要参加到被研究对象所在的群体或组织中去进行观察，并参与他所观察的活动。参与观察有两种参与的方式，一种是观察者隐蔽或改变自己的真实身份，与观察对象生活在一起，努力成为他们中的一员，被他们当做自己人，在不影响对方的行为和思想的情况下对他们进行深入的观察，这是一种完全参与观察，在课堂观察中这种完全参与观察是很难做到的，因为观察者是成年人，被观察对象则是未成年人，他们（特别小学生）往往对观察者很好奇，或是将其看做老师，而很难被真正当做是他们的自己人。参与观察还有另外一种形式是不完全参与观察，观察者不改变自己的身份进入观察群体，去观察研究对象的行为和语言，但由于观察需要长期进行，观察者可能被观察对象看做“客人”，观察者不时也要参与被观察对象的活动，比如有的研究者深入幼儿园或小学低年级去进行长期的课堂观察就属于此类。课堂观察中，参与观察更多的是一种不完全参与观察。参与观察法的主要优点在于：它可以缩短或消除观察者和被观察者之间的心理距离，便于深入了解被观察对象内部的真实情况。但这种方法也有其局限性，即观察者与被观察者之间容易相互影响，其观察的结论易带主观感情色彩。

非参与观察是指研究者不介入被观察者的活动，而只是作为一个旁观者置身于他所研究的课堂情境之外所进行的观察。课堂非参与观察一般适用于观察时间较短、内容较简单的情况。非参与观察的主要优点在于：观察者不易受被观察者的影响，观察结果比较客观、公允。这种方法的局限性主要是：对现象的观察易带有表面性和偶然性，不易深入。比如学校领导不经常地对教师的教学进行课堂观察就属于这种非参与的课堂观察。

3. 结构观察、准结构观察和非结构观察

按观察方式的结构化程度将课堂观察分为结构观察、准结构观察、无结构观察（人种志参与观察）三大类。所谓结构化程度就是时间和事件行为被分解的细致程度，结构化程度越高就表明定量化程度越高，反之亦然。

结构观察是研究者根据研究的目的，事先拟定好观察计划，确定使用的结构性观察工具，并严格按照规定的观察内容和程序实施的观察。在结构观察中，一般有一定的分类体系或结构性的较为详细的观察纲要，在特定的时间和地点内，对预先设置的分类下的行为进行记录，往往有较为严格的规则，对观察者和观察对象都有一定程度的限制。所以它最大的特点是观察程序标准化和观察内容结构化。这种观察记录的结果一般是一些规范的数据，还可以根据需要通过计算机或其他设备进行处理。

非结构观察，没有预先设置的分类，对事件和行为尽量广泛地做记录，对背景因素很少予以控制，资料收集的规则是灵活的，是基于需要在观察的过程中形成的，事先不作严格的观察计划，不必指定结构性的观察表格或提纲，即使使用观察提纲，也是结构松散的形式，而且往往只是一些宽泛的指导方针，观察者对观察活动只有粗略的想法，而依照现场情况决定观察的进程。这种观察对观察者和观察对象都不作严格限定，它的最大特点是灵活机动，观察者可以基于自己的理论素养在观察中充分发挥主动性、创造性。这种观察所记录的信息可以文字的形式（比如田野笔记）体现，或还可以辅助以录音、录像等工艺学的形式。

准结构观察是介乎于结构观察和非结构观察之间的一种过渡类型。这种课堂观察可以有预先设置的分类，即有一定的结构，但其记录不是以数据的形式体现，而是文字或其他。比如我们在评价一个教师的教学时，往往先划出一些需要观察的条目：口头表达、讲解、板书、教学结构等，通过一段时间的观察，观察者对这些用文字加以较为详尽的描述，有的往往带有一定的价值判断。

4. 开放式观察与聚焦式观察

这一分类是按观察情境的范围来进行的。开放式观察中，观察者可以用纸和笔记录一节课的情况，他或者记录下这节课的关键点，或者用他自己看得懂的方式对这节课各方面的情形进行详尽的记录。这种观察只需要一个较为宽泛的分类，观察者尽可能开放地真实地记录情况，不做判断，直到课后的讨论时才进行必要的解释。聚焦式观察需要选定一个观察的焦点，即有一个观察的具体问题，比如提问或者表扬，或者课堂中学生非投入学习的情况。

5. 定量观察和定性观察

课堂观察方法作为一种以收集课堂第一手资料为特征的教育研究方法，如以其资料收集的方式，以及所收集的资料本身的属性来划分其类别或许较为适宜，也便于理解。那么从这个角度来看，可以把课堂观察方法划分为定量课堂观察与定性课堂观察两方面。顾名思义，前者是指以结构化的方式收集资料，并且以数字化的方式呈现资料的课堂观察；而后者是指以质化的方式收集资料，并且资料以非数字化的形式（比如文字等）呈现的课堂观察。这种划分当然也存在片面化的问题，比如说，质化方式收集的定性资料有些也可以转化为量化的形式。而且如果以这样的维度，图式记录和工艺学记录就属于定性观察的记录方式，而实际上，这两种记录方式尤其是工艺学记录更主要用作一种辅助性的记录手段，既可以在定量观察中，也可以用在定性观察中，最初以图、图片或音像形式呈现的信息可以转化为数字的，也可以转化为文字的形式。尽管有缺陷，但这种类别划分与课堂观察最重要的步骤——观察记录直接联系，体现了课堂观察在具体操作过程中最本质的区别，并且其表达也较结构或非结构这样的表述更符合中国人的语言和思维习惯，而且结构观察和非结构观察的划分主要考虑的是观察记录方式的是否定量化结构化，而定量定性的划分则全面地兼顾了记录方式，资料呈现方式以及资料分析方式的“质”或“量”的维度。

应当强调的是，定量观察和定性观察的划分并不是绝对的，实际上，它们共同归属于课堂观察方法这样一种教育研究方法之下，而这种方法究竟属于定量研究方法还是定性研究方法取决于在研究中以定量观察为主还是以定性观察为主。在课堂观察研究中，两种类别并不相互排斥，相反它们相互证明，相互补充，因而在实际的研究中，它们往往被研究者综合运用。

本章即从定量观察和定性观察的两大方面对课堂观察方法进行探讨。

二、定量观察

定量的课堂观察是运用事先准备的一套定量的、结构化的记录方式进行的观察。在这套记录体系里要确定需要观察的行为或事件的类别，观察的对象以及观察的时间单位等。这种观察方式在西方多被称为结构观察或者系统观察（systematic observation）。在定量课堂观察中，研究者们主要运用时间抽样和事件行为抽样的方法对课堂进行结构分解（时间抽样比事件行为抽样更具有结构性），根据分解类别和因素设计观察工具（量表），从而收集到属于较低推论的，事实性的量化的资料，又经过统计分析的量化处理，以期得出科学客观的结论，特别是关于课堂的各种因素之间的相关关系等一些结论。

定量观察的记录方式的特点是：预先设置行为的类目，然后对在特定的时间段内出现的类目中的行为做记录。有 3 种主要的样式：编码体系、记号体系或核查清单、等级量表。

（一） 编码体系

国外有代表性的编码体系（coding system）有几百种，其中较为著名也是较早的有弗兰德斯（N. A. Flanders）的互动分析分类体系（FIAC）。它自 20 世纪 60 年代以来被广泛地加以应用，不断地修订，并且影响了很多其他编码体系的设计。下面以 FIAC 为例对编码体系进行分析。

FIAC 对师生的言语互动进行研究，它把课堂的言语活动分为 10 个种类，每个分类都有一个代码（即一个表示这类行为的数字）。如下表：

表 4-1 弗兰德斯互动分类分析体系的类别

教师说话	间接影响	1. 接受感情 2. 表扬或鼓励 3. 接受或使用学生的主张 4. 提问
	直接影响	5. 讲解 6. 给予指导或指令 7. 批评或维护权威性
学生说话		8. 学生被动说话（比如回答问题） 9. 学生主动说话
		10. 沉默或混乱

（资料来源：David Hopkins, *A Teacher's Guide to Classroom, Research*, p. 111.）

它主要采用时间抽样相结合的办法。在指定的一段时间内，每隔 3 秒钟观察者就依照上述分类记下最能描述教师和班级言语行为的种类的相应编码，记在这样的一个数据表中：

表 4-2 FIAC 数据表

	1	2	3	4	5	6	7	8	9	10	11	12	13	14	15	16	17	18	19	20
1	5	5	5	10	5	5	5	5	10	10	10	10	10	10	10	10	10	10	10	10
2	10	10	10	10	10	5	5	10	5	10	10	10	10	10	10	10	10	10	10	10
3	10	5	5	10	10	10	10	10	10	10	10	10	10	10	10	10	10	10	10	10
4	5	10	10	10	10	10	10	10	10	10	10	10	10	10	10	5	10	5	10	5
5	10	10	5	5	5	5	10	5	10	5	5	5	10	10	10	10	10	10	10	10
6	5	10	10	10	10	10	10	10	10	10	10	10	10	10	10	10	10	10	10	10
7	10	10	10	10	10	10	5	10	10	5	10	10	10	10	10	10	5	5	10	10
8	10	10	10	10	10	10	10	10	10	10	10	10	10	6	10	5	5	5	5	5
9	4	8	4	8	4	10	10	3	8	8	2	5	5	5	5	5	5	5	5	5
10	5	2	5	5	5	5	10	4	4	10	4	8	4	4	4	8	8	8	8	8
11	3	4	4	9	3	4	4	9	4	3	4	9	5	4	9	4	9	4	9	4
12	9	2	5	4	10	4	4	4	4	5	4	4	4	9	4	9	5	5	5	5
13	5	4	9	5	4	10	10	4	4	4	8	8	8	8	8	2	8	3	2	5
14	4	9	9	4	10	10	10	9	2	3	5	5	5	5	5	10	5	5	5	5
15	5	5	5	5	5	5	4	5	5	5	5	5	5	5	5	5	5	5	5	5

这样，每一行 20 个方格就记录下一分钟内 20 个行为的编码。上表 15 行就表示一段 15 分钟的连续观察。上表是运用 FIAC 所做的一段 15 分钟的观察记录（生物课，上午第 2 节，高二年级，生物实验室）。

编码体系中，事件可以是观察的焦点，但时间抽样始终占支配地位。3 秒钟的时间抽样单位把课堂时间较为严密地分割开来，这样，如果要知道在记录的时间段内教师提问的总时间及时间的百分比是非常容易的。比如，在表 4-2 中，教师在这节课的前 15 分钟内，提问 36×3＝108 秒＝1. 8 分钟，占这段时间的 1. 8/15＝12%。它除了可以评价教师的提问和反馈之外，还可以评估群体的参与水平，即通过计算在这一时间段内学生说话的总时间来获得这一信息。FIAC 体系的分类是非判断性的，只是客观地呈现事实。

真正的课堂互动是粗糙、混沌的，而不是严格按照人为设计的行为种类发生，清清楚楚、明白分割；并不是每一个行为都一定持续

3 秒钟，弗兰德斯建议，如果同一个 3 秒钟内发生了两个事情，应记录更为突出的那一个，如果同样突出则都应记录下来，因而虽然是定量的方法，也离不开主观判断。该体系比较适合用在教师领导下进行的群体讨论，即一种比较常规的课堂教学。而如上所述，如果一节课加入了一些非常规的内容（放录像），就比较难于在记录中体现。但不管怎么说，FIAC 确实是一个简单而典型的体系，对它的了解和应用都不太困难，受过培训的观察者之间能达到较高的一致。通过它能收集较多的课堂信息，对这些信息加以正确的分析，并根据这一体系的准则，可向教师提出增加或减少某些特定行为的建议。从弗兰德斯互动分类体系可以看出，编码体系的优点在于非常客观，无论对观察者、教师，还是学校行政人员来说，都较容易理解和接受。每种要观察的行为都有特定的编码和操作性定义，单位时间内任何行为都予以记录，因而都可转化为时间的百分比，便于分析。编码体系的不足在于行为的某些特质被遗漏。比如，关于提问的水平在记录中得不到体现，另一个不足之处是上课的内容被忽略。还有如果不借助电脑或其他设备的话，对资料的分析处理将是一个比较复杂的程序。

（二）记号体系或核查清单

记号体系（tally system）或核查清单（checklist）是指预先列出一些需要观察并且有可能发生的行为，观察者在每一种要观察的事件或行为发生时做个记号，其作用就是核查所要观察的行为有无发生。

与编码体系不同的是，记号体系只记录单位时间内发生了需要观察的多少种行为，而编码体系则要记下单位时间内每一个发生的需要观察的行为。这样编码体系记录了所有发生的行为，而记号体系则在于让观察者体会到每一个时间段内课堂活动或学生表现的特点。

拉格(E. C.Wragg)设计了一个观察表，用来观察教师如何管理学生的行为，这是一记号体系的范例：

表 4-3 学生不当行为记录表

不当行为的类型：

不当行为的类型				
吵闹或违纪说话				
不适宜的运动				
不适宜地使用材料				
损坏学习材料或设备				
不经允许拿别人的东西				
动作侵扰其他同学				
违抗教师				
拒绝活动				

（资料来源：E. C. Wragg，*An Introduction to Classroom Observation*. 1994，p. 49. 表名为笔者所加）

观察者每 1.5 分钟内针对目标学生做一次记录，上表每一列代表 1.5 分钟，第一个 1.5 分内学生发生了四种不当行为。上表只是拉格记录表的一部分，其他部分还要继续对相关的事件进行记录，比如教师如何对学生的不当行为作出反应，是点名、训斥或是转移学生注意等，然后学生又如何对教师的反应作出反应，是争辩、抗议还是安静下来，接着不当行为是终止、减少还是继续或增强，等等。这样几个时间段记录下来，观察者就可以掌握一节课或几节课内教师课堂管理的大致情形。

记号体系或核查清单还比较适合用于核查学生在课堂上投入或非投入学习的状态见表 4-4。

表 4-4 学生学习投入状态观察表

扫 视	非投入		投入	
	人数	%	人数	%
1	4	16	21	84
2	6	24	19	76
3				

续表

扫 视	非投入		投入	
	人数	%	人数	%
4	1	4	24	96
5	0	0	25	100
6	3	12	22	88
7	3	12	22	88
8	6	24	19	76
9	5	20	20	80
10	4	16	21	84
11	4	16	21	84
总计（人数）	36		214	
平均数（%）		15		85

（资料来源：David Hopkins，*A Teacher's Guide to Classroom. Research*，p. 104. 表名为笔者所加）

每两分钟的扫视确认出所有非投入学习的学生，为每次扫视编号，在上表中的非投入学习一栏里列出每次扫视中没有投入学习的学生的数目，再用班级总人数减去非投入的学生数得出投入学习的学生数，填在相应的一栏里，最后计算出百分比。

（三）等级量表

作为分类体系的一种，等级量表（rating scale）也有预先设置的分类，不同的是它要求观察者作出更多的权衡和判断。观察者在一段时间内对目标进行观察，当观察时间结束时，在量表上对该期间内发生的目标行为评以相应的等级。

等级量表举例

（a）在最能描述教师对待班级的态度的登记上划圈

非常肯定的	大多数时候是肯定的	既不肯定也不否定	偶尔否定的	非常否定的
5	4	3	2	1

例如：如果你感到教师对待班级的态度是极其肯定的话，就在这个问题上记“5”分。

（b）在最能描述班级学生的等级上划圈

全班都觉得极其愉快和/或满意	大多数学生显得愉快和/或多数时候感到满意	大约半数人显得愉快和/或满意	有时候学生感到愉快和/或满意	全班都显得很不愉快和/或不满意
5	4	3	2	1

例如：如果你觉得班级在大多数时候是令人满意的，就对这个问题记“4”分。

（资料来源：胡森主编，李维等译：《国际教育百科全书》，第 6 卷，502 页，贵阳，贵州教育出版社，1990。该量表摘自弗洛里德气氛控制系统（FLACCS）的课堂整体等级，图表名为笔者所加。）

这是典型的五级量表。常见的等级量表还有三级、七级、九级。另外还可以在一条不分点的线段上判断相应的位置来表示等级，观察者在线段上记录的位置可折算成百分比，比如：

教师决定一切课堂活动　教师帮助学生决定课堂活动　教师不做任何课堂活动的决定

←—— xmm ——→

图 4-1　等级量表举例

等级量表也是以数字作为描述观察对象的形式，但不同的是这些数字具有高度推论性，而不是根据短期的时间样本得出的频率计数，因而从数据中得出结论较编码体系、记号体系容易。等级量表其实是一种以客观定量的方式处理主观判断的记录方法。所以这种方法最大的问题在于等级划分所固有的主观性。观察者划分的等级与其说是实际观察到的事件，不如说是观察者印象的总结。所以如果量表上每个等级点的属性没有明确的操作性定义，那么很难保证观察的效度和信度。观察者本身作为测量的工具，他们在完成等级量表时知觉很容易受许多影响[①]：慷慨误差，作为高层次的评价者对个体进行测定时较为宽松的倾向；光环误差，观察者对被观察者某一方面的固定印象影响了他对其他方面的评定的倾向；中间倾向误差，以量表的中间类型对别人进行测定并避免极端的倾向；逻辑误差，对某些特征予以相同等级评定的倾向，观察者以为这些特征可以相互搭配，但事实并非如此。

在分类体系的3种记录方法中，我国课堂观察中最常用的显然是等级量表，常常被用来对教师的课堂教学进行评议，观察者一般是学校领导、行政人员、同事，有时候也可以是学生。

以上所提到的编码体系，记号体系或核查清单和等级量表是定量课堂观察中常用的记录方法，其中，编码体系一般都有严格而固定的使用规则，国外在20世纪六七十年代发展了大量的编码体系，一方面使研究者和教师有现成的观察工具直接可用，但另一方面，使用别人开发的编码体系，就不可避免地用别人的眼光来观察课堂，研究视角也较为狭窄，有时候难于完成吻合研究者或教师的实际研究需要。记号体系或核查清单和等级量表的使用则较为灵活，研究者可以自行设计，也可以修改别人的东西为我所用，所以在我国的定量课堂研究中，使用后两种记录方法的情况比较多。

现将3种记录方法的主要相同和差异之处，总结于表4-5。

表4-5 分类体系的类型及一般特征

编码体系	记号体系或核查清单	等级量表
1. 预先设置行为事件的观察类目。特定时间内任何发生的分类中的行为都予以记录。	1. 预先设置行为事件的观察类目。记录特定的时间内发生的分类中的行为的种类，重复的不予以记录。	1. 预先设置行为事件的观察类目。记录等级时要进行主观判断。
2. 称名量表	2. 称名量表	2. 区间量表（等级量表）

① 参见胡森主编，李维等译：《国际教育百科全书》，第7卷，479页，贵阳，贵州教育出版社，1991。

续表

编码体系	记号体系或核查清单	等级量表
3. 通常在事件进行同时做记录。可与录音录像设备一起使用。	3. 通常在事件进行的同时做记录，可与录音录像设备一起使用。	3. 通常在一段观察结束后使用，对先前的观察做总结。使用时观察者不一定在观察现场中。
4. 行为的单位较小，要求低判断、低推论。	4. 行为的单位较小，要求低判断、低推论。	4. 要求较高判断，对总体情况的判断。
5. 时间抽样为主。	5. 可以是时间抽样也可以是事件抽样。	5. 事件抽样（时间与记录的关系不大，但应注意观察与评价之间的时间间隔不宜过长，否则会产生信息遗失）。

（资料来源：E. C. Wragg, An Introduction to Classroom Observation. 1994, p. 49. 表名为笔者所加。）

三、定性观察

定性观察方法是研究者依据粗线条的观察纲要，在课堂现场对观察对象做详尽的多方面的记录，并在观察后根据回忆加以必要的追溯性的补充与完善，观察结果的呈现形式是非数字化的，而分析手段是质化的，并且资料分析在观察的周期中就可以开始进行。定性观察一般需要较长的时间，而且，研究的问题常常在研究的过程中不断地重构。

定性观察以非数字的形式呈现观察的内容，包括书面语言，用录音设备记录的口头语言，或用其他工艺学手段记录的影像、照片等，具体来说有 4 种主要的记录方式：描述体系、叙述体系、图式记录、工艺学记录。其中描述体系和叙述体系实质上都是以实地笔记（field notes）也称田野笔记的文字形式做记录，而图式记录和工艺学记录严格地说，即可用于记录量化的资料，也可用于记录质化资料，在此，为了描述方便，我们统一将其以非数字形式的特点置于定性观察的记录方式之下。

（一）描述体系

描述体系（descriptive systems）其实是一种中间过渡类型，它继承了分类体系分类的特点，但是又属于开放定性的体系。它是在一定分类框架下对观察目标进行的除数字之外的各种形式的描述。比如，文字、个人化的速记符号、通常还辅之以工艺学记录，比如，观察者可以通过特殊的设备在现场录制对观察对象的口头描述。描述体系往往抽取较大的事件片段，并对行为的多方面进行记录，因此这种方法要考虑更多的背景因素，即要在具体的情境和条件下考虑行为的意义。表 4-6 对教学技能几个方面的观察就属于描述体系，描述体系也可以说是一种准结构的定性课堂观察的记录方法。

表 4-6　教学技能的观察①

呈现或导入	
间接教学	
直接教学	
声音	
提问策略	
反馈	
学科问题	
期待	

描述体系还可以用于研究者进入研究场所的初期，他可以依照这样几个一般性的问题来观察描述一个社会场所：

- ◆ 空间：物理位置或场所。
- ◆ 时间：观察的时间及事件发展的时间顺序。
- ◆ 环境：现场呈现的物质环境。

---

① David Hopkins, *A Teacher's Guide to Classroom Research*, p. 89.

◆ 行动者：介入的人们。
◆ 事件、活动：人们所作的系列相关行动。
◆行动：人们所做的单一行动。
◆ 目标：人们正在完成的事情。
◆ 感情：观察者的感受和被观察者所表达的情绪等。

（二）叙述体系

叙述体系（narrative systems）也属于开放的体系，它没有预先设置的分类。事先抽取一个较大的事件的片段，观察的同时对相关事件和行为做详细真实的文字记录，同时还可以加入观察者的一些主观评价。在对记录的资料进行分析的过程中，在分析的理论框架的指导下，行为的分类以及观察研究更进一步的主题会得到确认。这种方法能帮助观察者找到真正需要研究的焦点，然后再做进一步的课堂研究，有效地避免为了观察而观察。威特罗克（M. C. Wittrock）认为叙述体系具体有下面 4 种记录方式，这些记录方式呈现信息的形式基本一致，主要是文字的形式，但它们在抽样、叙述内容的侧重点等一些具体的方面有所不同①。

（1）日记/流水账（diary/running log）。这种记录方式常常用于长期对某学生个体的各方面或某些方面进行记录，以观察了解学生行为态度的变化过程及原因；或者由教师或参与观察者对自己整个工作过程或经验体会做记录。

（2）轶事记录/重要事件记录（critical incident）。这种记录方式主要是对与研究密切相关的事件的整个进程进行详细的描述。比如，记录课堂中学生就某一问题热烈讨论的过程及其内容；或检查某项学校规定在课堂中的执行情况，或对学校课程改革在课堂中的执行情况进行记录。

（3）样本描述（specimen description）。样本描述是用于在一段特

① 参见 M. C. Wittrock（ed.），*Handbook of Research on Teaching：A Project of the American Educational Research Association（Third Edition）*，1986，pp. 163-213.

定的有代表性的时间内对发生的行为按顺序进行详尽的记录。比如某班每天上午9点到10点的情况，或者典型的学校一日生活，或者班主任的一天工作。这种持续一天或一周的记录有助于形成个案研究的材料，随着时间的推移、资料的积累，就可能显现出行为的模式和意义。

（4）实地笔记（field notes）。也可直译做田野笔记。它来自人类学的研究方法。主要是用书面语言的形式记录调查者在针对某个较大主题的参与观察的过程中所看到、听到、经验到和想到的信息。对叙述体系分类的目的在于了解叙述体系可以用于哪些情况，而在具体应用中没有必要对其做严格的区别，日记、轶事记录、重要事件记录、样本描述等形式从本质上来说都可以包括在田野笔记这种形式内。可以说田野笔记是叙述体系同时也是定性课堂观察最基本的记录方式。这种形式的记录为研究提供了大量的文字资料，它不但要求研究者记录在现场所观察到的人、行为、事件和谈话，还要求记录研究者个人较为主观的想法、推测、情感、预感、印象等，要求对行为背后的意义作出诠释。但在记录中客观的描述和主观的印象不能混淆，要清楚地区别开来，描述要尽可能地详细具体，避免使用抽象、笼统和有偏见的文字。

比如表4-7对含混的记录和对具体记录的比较很能够说明叙述体系对事件描述所应达到的具体程度。

表4-7 含混记录和具体记录比较

含混的记录	具体的记录
男孩在陌生人面前很不安。	在这些陌生人面前，男孩显得很不安，他一直变换双脚的姿势，结巴地说话，他的声音低得很难被听到，还一直摸着左臂上的结疤；当陌生人开始走出屋子，他跑到屋后就消失不见了。
那孩子很生气，因为邻居的孩子们不肯和他玩。	那孩子告诉我他很生气，因为邻居的孩子们不肯和他一起玩。他说他曾带着他的弓和箭到明华（邻居）的家，但成生和章翔（邻居的孩子）把他追赶出去，还叫着辱骂他。

上述两个含混的记录中，“不安”和“生气”可能蕴涵着特定的动作和情况，除非与特定的事件相联系，否则没有多少意义。再比如我们在课堂观察中仅仅描述了学生点头的动作，这种描述是很浮浅的，学生点头意味着什么呢？因为在很多课堂上都会发生学生点头的情形，它可以代表不同的情况：表示他们跟随着教师的思维路线；他们同意教师的观点；他们的兴趣是在别的地方，但只是出于礼貌或迎合教师的兴趣而点头；在打瞌睡；向教师表示他们理解了教师所讲的东西等等，可能性很多。观察者要获得行为背后更为深远的意义，需要仔细地去观察和理解，再结合其他的资料（比如通过访谈询问等，听取行为者自己的解释），来探究行为的本义。

田野笔记的好处在于，研究者本身作为观察工具使观察记录的过程较为简单，没有太多外在的需要，长期的记录能提供关于研究对象发展的连续而真实的“画面”，并为研究提供可贵的大量的第一手资料。同时田野笔记也可作为研究者的一种“记忆辅助（aide-memoire）”，通过它，尽管事隔很久，研究者也能够较为清楚地回忆起所观察的课堂中的一些细节。如果教师坚持长期记录田野笔记，那么非常有助于摸索对相似问题的解决办法以及其他教育规律。另外田野笔记的记录为个案研究提供非常有用的素材。

田野笔记的缺点在于，研究者作为观察工具，所以观察受观察者本人的理论素养、理解水平以及文字水平等的影响较大，主观性强，不同的观察者对同一节课所记录的田野笔记是不可能相同的。而且田野笔记往往是在长期的观察中进行记录，校外的研究者一般情况下难以获得长期观察的机会。

（三）图式记录

在定性观察中有一种更为直观的记录方式，即用位置图、环境图的形式直接呈现相关信息。如前所述，图式记录（figure records）作为一种辅助性观察手段，它同时也可以用作定量观察的记录手段。观察者进入一个课堂现场做定性观察时，最好能先对教室的布置做一个记录，在文字描述的同时，如果配以位置图，将会使描述更清楚明了。比如，有研究者进行课堂观察时，在课堂上就针对教室环境作了这样一个记录，这是描述体系和图式记录的结合使用。

时间：2000 年 4 月 25 日，星期二，上午。

地点：上海华东师大二附中。

背景：上海理科班是从上海各中学中选拔的理科成绩突出的学生，他们的物理教材与其他班不同，内容较深，是该校物理特级教师张大同编的《名师讲高中物理》。

制服：全班共有 47 个学生（其中 11 个是女生），有 7 个学生没有穿制服。

课桌椅及窗户：课桌椅摆放基本整齐，基本没有明显的破损情况。窗玻璃也没有破损情况。

卫生情况：地面干净

教室布置图：见图 4-2

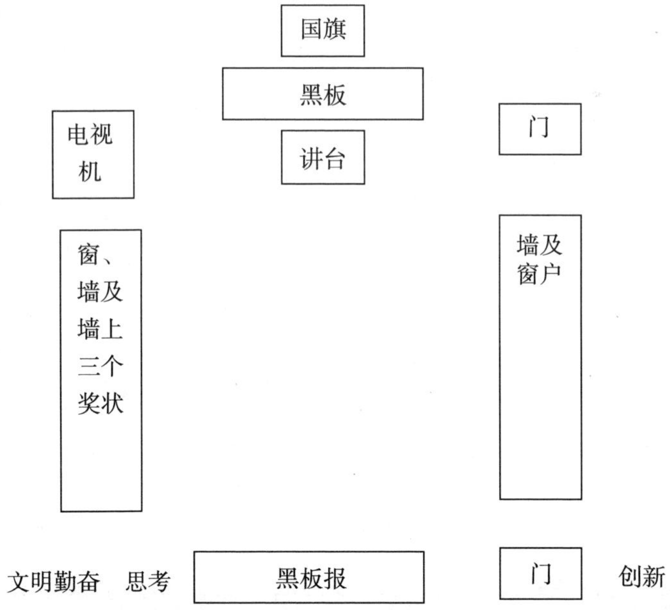

图 4-2 华东师大二附中“上海理科班”教室布置图

主观评价：观察了上海理科班的这节课后，我又接着到高一（1）班（普通班）的物理课上进行课堂观察，就两个班在教室环境方面的情况进行对比，我觉得有两个具体方面区别较大：第一，上海理科班的教室布置较简单，墙上除了几张竞赛所得的奖状和黑板报上方的一条标语之外，就没有其他的东西，如高一（1）班所布置的各种活动的照片，海报、宣传画等。第二，从学生制服穿着的情况来看，高一（1）班共有 46 人，只有 7 人穿制服，明显与上海理科班形成对比。通过对教室环境的对比观察，我认为，上海理科班的学生因为更多关注于学习，而对其他方面，特别是环境装饰和个人衣着方面显得比较淡漠。

除了学校或教室环境的位置图之外，还可以结合观察的具体问题，画出相关的图式来帮助说明问题。比如说，对教师针对个体学生的提问进行观察时，可以同时画出回答问题的学生的位置，这样可以考察教师提问学生的位置有没有较为固有的倾向，也可以结合回答问题的学生的背景考察教师提问与学生本身的特点有无相关等等这些研究者需要了解的问题，见图 4-3。

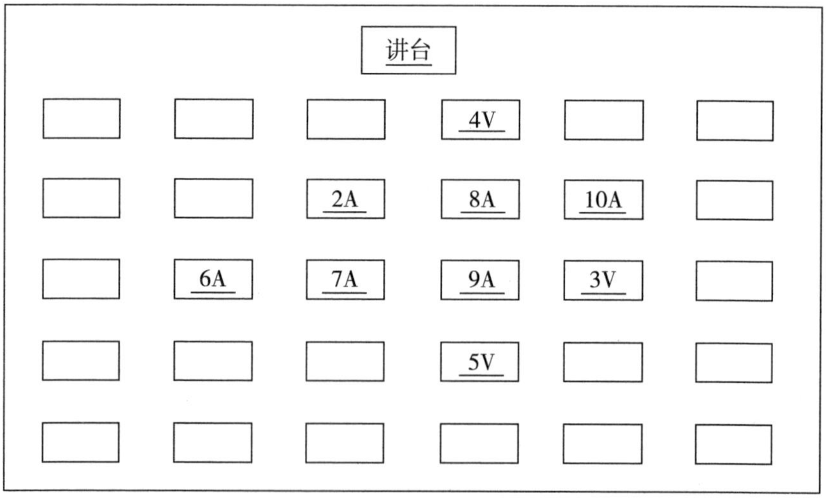

图 4-3 教师提问记录图

在上面这个图中，一个方框就代表一个学生，当学生回答了一个问题，问题的序数就写进他代表的方框里，空白的方框说明这些学生在这节课上没有回答过一个问题。另外可以记录学生回答问题时是自愿的还是被动的，用字母“V”表示学生是自愿回答问题的，而字母“A”则表示学生是被要求回答问题的。自愿回答了几次就可以用几个“V”来表示，诸如此类。比如第 1 排第 4 列的这个学生被要求回答第 1 个问题和第 4 个问题，而第 1 个问题是被动回答的，第 4 个问题则是自愿回答的，另外这节课教师针对学生个体提问了 10 个问题，回答问题的学生的位置基本集中在中部，10 个问题中有 7 个是教师要求学生回答，而 3 个是学生自愿回答。

可见图 4-2 是图式记录用作定性观察的情况，而图 4-3 则是图式记录作用定量观察的情况，其具体作用与记号体系相似。

（四）工艺学记录

工艺学记录（technological records）是使用录音带、录像带、照片等电子形式对所需研究的行为事件做现场的永久性记录。由于工艺学记录资料呈现的最初方式是非数字形的，我们将它也归于定性观察的记录方式之中，但实际上这种技术化的记录形式与图式记录一样往往是作为辅助手段而使用的，我们以上提到的包括定性和定量的各种记录形式都可以同时辅之以工艺学记录方式，以便反复回顾现场，检验记录。

录音和录像的形式最为常用，这种方法为当事者对自己的行为进行观察提供了条件，这是其他任何一种记录方法都无法做到的。因此在教师培训中，录音录像的辅助必不可少。微格教学中，通过录像记录下实习教师教学的某个环节比如课堂导入，供本人事后进行观察，并在指导教师的帮助下找出不足，加以改进；另外还可以为实习教师提供优秀教学的录像，让他们观察和学习，录像在播放过程中可以随时中断，比如当场景是一个学生发生了不当行为，可以停止播放，让实习教师进行讨论，设想自己的措施。通过这种形式达到培训的目的。

台湾学者张玉成在对教师的发问技巧进行研究时，就采用了录音的方式。他的研究中，资料的收集是这样进行的：

“教室发问技巧”研究中的录音带记录方法

由研究者提供录音带，商请任课教师自行录下整堂课的教学过程，为避免对资料效度的影响，尽可能不让教师知道录音目的，只告以是为了了解学生上课的实际情形。……经考虑人力、财力及时间等因素，样本人数限定在三十人之内，于是购买录音带，预计每人三卷，以供教学六节课之用。十一月中旬样本选定之后，笔者即分送录音带，并告知以录音单元配合以国小三年级上学期国语课教学进度，以第十四课以后为范围，任选一课。由于各校各教师间教学进度互有出入，录音工作延至当年十二月底完成。

录音机除由研究者提供两台备用外，或由各校供应，或由教师自备，幸获各参加录音学校及教师充分协助，而能顺利完成。

录音带取回之后听音分析分两次进行，第一次听音边听边笔记教师所问每一个问题，然后使用自行设计的“教师发问技巧分析表”，逐题分析判断问题性质并划记，备做统计次数之用。第二次听音工作，仍用“教师发问技巧分析表”边听边划记教师重述问题、赞赏学生、批评学生之次数，并使用秒表计算并记录下候答时间长度。听音分析工作，至为耗时，前后持续三个月之久。

资料整理后，经登录于电脑代码用纸，送请台北师范大学电子计算机中心进行统计分析，所用统计方法包括次数百分比，平均数、相关系数及卡方（X^2）检验等。

（资料来源：张玉成：《教师发问技巧》，33－34 页，台北，心理出版社，1985。）

这是运用工艺学记录辅助进行定量课堂研究的一个典型，在这个研究中我们可以看出，录音这种方式辅助课堂研究，使抽样更为广泛，能在大致相同的时间段内对较大范围的对象进行现场记录。记录的信息可以反复检查使用，对提高记录者之间的一致性比较有用，并可做永久性保存。不过这种以录音机完全代替观察者进入现场，对记录言语性的并用做定量的资料比较有用，而对其他方面信息，对更为复杂的行为和现象进行记录时，比如非言语的以及研究者在现场的主观感受等都无法进行记录和研究。所以在很多研究中，工艺学记录与个体在现场的观察记录往往是同时进行的。另外从这些永久性记录中整理出有用资料的过程相当耗时，据估计，“记录整理一小时的录音带几乎要花费一名熟练打字员近一周的时间，有时候，由于记录和处理资料的费用太大，观察者宁愿选择使用直接的课堂观察。”①

录像记录也具有高度选择性，拍摄主要集中于观察对象的身上，所以，观察者不知道课堂的其他地方进行着什么，为了尽量克服这个困难，可用两架甚至多架摄像机，一个对准教师，一个拍摄教室全景等。

总之，工艺学记录手段为观察研究提供了永久性的记录，便于反复，细致地研究现场，能对一些微观的问题做更深层次的研究，同时也为其他记录方式提供检查可靠性的依据。但是，由于这种方式较为显眼、新奇，对被观察者的干扰较大，从而影响了行为的一致性，因此，记录者应掌握一些进入现场并取得信任的技巧，最大限度地降低对被观察者的干扰，以保证记录的可靠性。另外，记录者不但要熟练掌握操作设备的技术，还应充分理解研究的目的，有效地对场景作出取舍。

四、课堂观察的综合应用

本文第二、第三部分分别讨论了定量课堂观察和定性课堂观察的一些具体问题，包括它们各自特有的一些记录方式和资料分析方法等等。实际上在课堂观察的活动中，定量的方法和定性的方法并不是截然分开的。在一个较好的较为完整的课堂观察研究中，很少有只用一种单一的手段就可以达到研究目的的，往往要多种方法综合使用。因为在一个研究中，我们不是让所要研究的教育现象来适应我们选择的

① 参见胡森主编、李维等译：《国际教育百科全书》，第7卷，506页，贵阳，贵州教育出版社，1991。

研究方法，而是相反，要用最合适的方法去适应研究现象。而教育现象本身就是多方面的、复杂的、综合而整体的，所以要研究教育现象所需要的方法也应当是多样而综合的。

本文中提到的各种课堂观察的记录方法，从定量观察到定性观察并不是非此即彼的两个极端，它们所使用的几种主要资料收集的方法，从分类体系、描述体系到叙述体系、图式记录和工艺学手段等展示了林林总总的课堂观察的记录方法，实际上它们是这样的一个连续体上的不同的点，之间的界限其实比较模糊①：

排除的方法（exclusive）————————包容的方法（inclusive）

图 4-4 课堂观察记录方法连续体

就像显微镜一样，如果使用高倍旋钮，能聚焦于事物的最细小部分，而事物的大的部分和背景则被模糊、被控制和被排除，在排除背景因素这一端的观察方法就是高倍聚焦，它分割行为，关注具体行为，并试图简化收集的信息，减少干扰，通常所观察的东西是预先决定的，所使用的规则已形成常规，是一种定量的记录方式。比如编码体系、项目清单、等级量表等方法都属于此类，需要指出的是，无论这类方法在观察时怎样排除背景，但在对所收集的信息作出解释时，仍然要在一定程度上考虑背景因素。随着连续体向右滑动，随着调焦倍数的降低，细节模糊，一般的背景和范围成为聚焦点，也就是说，更大的背景片段以及更多的背景变化被加以考虑。在终点处，不排除任何的背景因素，研究者试图抽取现实或日常生活中一个较广的片段，包括多种层次的背景，只要所观察的东西存在于背景之中就可以，观察的过程更为广阔和灵活，属于一种定性的记录方式。具体方法可以是田野笔记、录音、录像等。

每一种方法都有自己的优势和不足，有各自的适用范围，可用其对各种各样的教育现象进行研究。每一种体系记录不同的现实片段，

① 参阅 M. C. Wittrock（ed.），*Handbook of Research on Teaching：A Project of the American Educational Research Association*，p. 167.

包容不同的背景因素，从而也获得对被观察现象不同方式的描述（数字的、文字的、图式的、工艺学的）。观察者可以根据课堂研究的目的和需要在以上提到的如此大的范围内选择工具。比如，如果研究者想要从大样本中收集有效教学策略的大批事实的话，就可能需要一种系统性的编码体系；而如果想要了解哪些学生在特定的任务中脱离了任务的话，记号体系是最为合适的；如果要对一个教师的课堂教学进行评价的话，可以选择定量和定性的多种方法。更多情况下，一个观察研究并不局限于一种方法，各种方法的综合使用，可以为一种现象提供多方位的研究资料，更利于分析问题和资料间的相互验证。就像来回调节显微镜的旋钮一样，研究者根据研究目的的需要选用不同的方法，获得不同类型的信息，从而对现象的不同方面作出解释。我们探索记录方法中一些有代表性的样式的关键不是评选出谁是最好的，而是在需要的时候能够找出哪一个最适合被研究的问题，最适合用于描述被观察的现实。所以研究者掌握的样式越多越系统就越有利于观察研究。

对各种主要课堂观察记录方法的分析可简单总结于表 4-8，以便于比较和查阅。

在运用课堂观察的研究中，方法的综合有以下多种层次：

各种定量观察方法的综合。如前所述，定量观察有很多具体的记录方法。它们之间本来就没有严格的界限。

各种定性观察方法的综合。比如，对教室环境进行的观察记录，不但可以用文字加以描述，而且还可配以一目了然的位置图，就是描述体系和图式记录的综合。

工艺学手段与各种观察方法的结合。工艺学记录作为一种辅助性的记录方法，可同时用于任何一种观察记录方法。见本文专栏八，台湾学者张玉成运用录音方式进行定量课堂研究，他使用记号体系/核查清单来转化录音资料。

课堂观察方法和其他研究方法的综合。在调查研究中，课堂观察有时同问卷调查和访谈一起作为收集资料的工具。另外，在很多实验研究中，也需要课堂观察来提供实验的反馈信息。前文中我们谈到，课堂观察既是一种研究的方法，可以以它为主，统合其他方法进行课堂研究，另外它又是一种资料收集的手段，可以作为其他研究方法的辅助手段。

定量观察和定性观察的综合。这是比较典型的一种综合形式。这不只在课堂观察中所独有，而是整个教育科研的趋势所在。定量和定性的方法都各有其优缺点，而且它们之间正好优势互补。定量观察和定性观察的综合运用有利于收集到即深入又广泛，既细致又整体的资料。

表 4-8　课堂观察记录方法的比较分析

	分类体系	描述体系	叙述体系	工艺学记录
体系特征	封闭体系；有预设的分类；关注具体行为，在特定时间内对行为事件进行抽样。忽略事件的自然分界，忽略行为的背景。	有限制的开放体系；可有预设的分类；对有自然界限的行为事件进行抽样；在具体的背景中考虑行为的意义。	开放体系；没有预设的分类；对有自然界限的行为事件进行抽样。在具体的背景中考虑行为的意义。	开放体系；没有预设的分类；对一段特定的时间或一个完整的事件进行抽样。不试图过滤或调整所发生的事情。
具体类型	编码体系；记号体系/核查清单；等级量表。	结构化的描述分析体系。	日记/流水账；轶事/重要事件记录；样本记录；田野笔记。	录音带、录像带、照片。
信息呈现方式	数字为主	文字为主	文字为主	由录音带、录像带、照片等承载的音像资料。
目的	从大样本的课堂研究中获得规范的数据以概括及明确教学的法则；极少关注个体的变化。	在预设的分类下获得对被观察现象的详尽的描述，从而解释事件和行为在具体的情境中发生发展的过程，并概括出一般原理。	获得对被观察现象的详尽的描述，从而解释行为事件发生发展的过程，以确认在特定的情况下行为的一般原理和模式。	获得对被观察现象的一份永久性记录。在特定的时间内依照研究的目的凝固某些方面的事件行为，留在以后做分析之用。

定量研究将价值与事实，对象与方法截然二分，以数量来解释和预测复杂的教育现象，并试图据此构建规范的理论体系；而定性研究所强调的是价值与事实、对象与方法的不可分，认为研究是为了理解教育现象背后的意义。教育研究不仅要从客观“量”中来发现事实，更需要以“质”的方法来诠释这些事实背后的意义。

另一台湾学者黄瑞琴长期在一所幼儿园进行定量的观察研究，她从总体上来说进行的是一种“质”的研究，但同时也使用很多定量的观察表来收集量化的资料。而且她所收集的很多质化的资料有的也根据需要被处理成量化的形式，除此之外，她大量运用了照片、图式等作为呈现资料的辅助手段，而且除了现场观察，她同时使用调查问卷、访谈、文献查阅等方法来收集资料，整个研究所使用的方法是多样的、综合的，并且这些方法的运用都是围绕着研究的目的来进行选择的①。

且不说研究者所进行的专门课题研究需要多种方法的综合运用，教师在日常的教学研究中使用的课堂观察方法也常常是综合性的，下面这段资料是国外一个教师所记录的课堂观察田野笔记：

教师合作观察记录

毛莉最近开始怀疑她的提问技巧的有效性，她要求我观察她最近上过的一堂复习课“植物和种子”。我们决定集中精力观察她提问技巧的有效性而不是关注教学内容。

我们还决定我在课堂中严格地作为一个观察者而出现。我不以任何方式参与课堂活动。我们感到因为这个班上的很多孩子曾经是我以前的学生，而且我每周给她这个班上两节课，所以这些学生很熟悉我，而且对我的出现没有觉得不安。我们还决定不使用录音机或摄像机，这样孩子们就不会感到不习惯。毛莉和我讨论了管理这次观察的最有效的方法。我设计了一个核查清单并把它交给毛莉看。毛莉认为它应当可以收集到我们需要的信息。

① 参见黄瑞琴著：《质的教育研究方法》，90页，台北，五南图书出版公司，1992。

我坐在教室里，适当地与小组保持距离，这样当我进入孩子的视野时，不会由于他们要看我在做什么而引起分心。另外，通过与他们保持距离还可以确保不参与课堂活动。毛莉在上课前进一步确保这一点，她告诉孩子，我将看看孩子们上课，因为我不相信他们知道什么关于植物与种子的知识。正如我们所预期的，除了偶然和某个孩子视线相遇后相视一笑外，孩子们渐渐忽视了我的存在。

在我们坐下来之后，毛莉允许孩子们在她讲课之前有大约一分钟的说话时间。然后她开始上课，她首先进行一些事实性问题的提问，孩子们能直接从图画中找到答案。而孩子们的反应却很慢。很少有孩子自愿回答开头的这些问题。不过，当毛莉继续进行事实性问题的提问时，孩子们开始变得积极，渴望回答问题了。

毛莉接着开始提推理性的问题，孩子们已经从事实性问题中获得了成功的体验，他们从图画中进行一些推论也没有太多问题。她然后串联起问题，并要求学生形成观点。学生们又一次自由且自信地进行了回答。孩子们在集中注意了十五分钟以后，他们的注意力开始分散。毛莉意识到这一点然后很快结束了这次课。

观察后查看核查清单，我对毛莉提问技巧的印象进一步得到证实。她的提问清楚明了。孩子们非常清楚该怎样回答，因为他们理解这些问题，所以他们都很急切地想回答。

毛莉与学生之间的互动是温暖而认真的，她很认真很尊重地听每个学生的回答是对还是错。她通过微笑来鼓励那些胆小的孩子，当孩子说话时，她给予他们口头的鼓励或点头，她认真地确保每个孩子在这节课内都至少有一次回答问题的机会。

我觉得毛莉有非常优秀的提问技巧。包括问题类别的多样化，提问使用音调的方式，和对学生积极地强化，上课的步调以及她对学生热情温暖的态度。

我觉得毛莉在提问技巧上的主要问题是她没有意识到她在这方面的专门技术。我要建议她平常用录音机记录下使用了广泛提问方法的那些课，然后从她自己的角度来分析结果，总结经验。

（资料来源：David Hopkins，*A Teacher's Guide to Classroom Research*，p. 93.）

从她的记录中我们可以看出，这是教师之间为改进教学而进行的合作观察研究，在研究中，观察者不但使用田野笔记的形式记录了课堂中的一些情形以及研究方法上的一些考虑，还使用了核查清单这种定量的观察方法，而且观察者最后还建议被观察教师利用工艺学的手段做自我观察。可见，即便是在这样一个日常的简短的课堂观察中都运用了多种观察的手段。

无论是怎样的综合，都应当立足于设想什么方法可以收集到解决问题所需要的资料，而不是为了方法而方法。由于每种方法都有其限制，看不到教育现象的全面，因此采用多种方法（特别是属于不同研究范式的，比如定性观察与定量观察）来进行课堂观察是非常重要的，有利于达成研究的目的，有利于反映教育的真实现象，从而有助于揭示教育的本质，并有效地指导教育实践。

附录：课堂观察示例

教师课堂角色类型研究[1]

一、研究目的

课堂教学是学校教育的主要活动，也是学生在学校中的个体社会化的主要途径。由于教师与学生之间存在着社会身分与文化知识的“极差”（教师是成人与文化高位者，学生是未成年人与文化低位者）及由此而产生的社会地位“极差”（教师是社会代表者，学生是社会学习者）[2]，因此，学生在课堂中的社会化过程必然要受到教师的极大影响。这种影响主要源自教师的课堂角色。而教师作为对学生施加教育影响的正式权威，其社会角色的一个主要范畴便是课堂角色。

正因为如此，西方国家长期以来一直比较重视对教师课堂角色的研究，并有不少成果。[3] 不过，总的来说，西方国家的文化背景、学术取向乃至学校课堂本身的社会结构都与我国存在较大差异，因而，这些成果大多很难、且也不应被直接用于对我国教师课堂角色的分析。真正具有借鉴作用的，主要并不是这些成果本身，而是这些成果所据以的一些研究方法。

---

① 吴康宁、程晓樵、吴永军、刘云杉：《教师课堂角色类型研究》，载《教育研究与实验》，1994（4）。

② 鲁洁主编：《教育社会学》，392 页–397 页，北京，人民教育出版社，1990。

③ 比较著名的研究有：W. Waller, *The Sociology of Teaching* (1932)., R. Lippit & R. K. White, *An Experimental Study of Leader-ship and Group Life* (1958). ,American：Educational Research Association, *The Dynamics of Instructional Groups* (1960)., N. A. Flanders, *Analyzing Teaching Behavior* (1970)., S. Delamont, *Interaction in the Classroom* (1976)., P. Woods, *Teacher Strategies* (1980).

显然，我们需要有我国自己的教师课堂角色研究。但遗憾的是，迄今为止除了少数有关西方国家教师课堂角色研究的述评性文章以及名为研究成果、实为抄袭或编译国外学者论著的所谓论文之外（原谅我们这里不注出这些“成果”的名称与出处），很少见有我国学者自己对本国教师课堂角色的科学研究，尤其是实证研究。尽管这些年来我们经常谈论教师课堂角色问题，但其实我们对我国教师课堂角色的一些最基本的状况都缺乏脚踏实地的了解，比如：我们教师到底在扮演着一些怎样的课堂角色？教师课堂角色到底有哪些类型等等。我们迫切需要在一定的理论探讨基础上，对我国教师的课堂角色进行一些基础性的实证研究。

本研究即源于上述动机。本研究旨在尝试以一定层面、一定数量的课堂观察结果为依据，区分出教师课堂角色的若干类型。

二、研究方法

（一）研究途径

教师课堂角色是一个比较复杂的范畴。对于这一范畴，人们当然可以在理论上加以尽可能全面的界定与分析，但作为以课堂观察实际结果为依据的实证性研究来说，因受种种条件的限制，一般只选取教师的某一种主要的或某几种重要的课堂行为作为考察其课堂角色的“窗口”，这也是国外同类研究的普遍做法。问题是：选择教师的何种课堂行为作为考察其课堂角色的窗口？

由于教师的课堂角色实际上体现教师与学生的课堂关系，且由于我国中小学（尤其是小学）课堂中基本上不存在真正意义上的能动的学习群体①，师生之间的课堂交往在很大程度上依赖于教师与学生个体之间的直接对话，同时也为观察与记录方便起见，故本研究将“教师指向学生个体的言语行为”（以下简称“教师的言语行为”）作为考察教师课堂角色的窗口。

由教师的言语行为来区分其课堂角色类型时，既可采用定性描述

① 参见吴康宁著：《当前我国学校教育活动的主要社会学问题》，载《南京师大学报》，1991（4）。

的方法，也可采用定量分析的方法。作为一种尝试，本研究主要采用后者。

（二）观察框架

本研究采用定量分析方法所必备的一个技术前提，是在课堂观察中将教师的所有言语行为逐一予以分门别类的量化“登记”。

我们认为，教师的言语行为可按其所涉“工作领域”分为 5 大类，即提问、要求、评价、答复及其他。这当中，除了“其他”之外，前 4 大类可按“性质”或“目的”而各自逻辑地分为 3 小类。据此，我们预先设计了“教师言语行为登记表”（见表 4–9）。

表 4–9　教师课堂言语行为（指向学生个体）登记表

类别 / 次数 / 序号	提问			要求			评价			答复			其他
	方法	结论	事实	建议	模糊	指令	肯定	两可	否定	开放	中间	封闭	
1													
2													
……													

容易看出，这个登记表实际上亦即教师言语行为的结构化观察框架。这一观察框架表面上看起来易于操作，比较简便，即观察者无须详细记录教师对学生的每句谈话，而只需将其言语行为逐一对号入座地登记入表中即可，但实际上却有一定难度，因为观察者必须参照表中所示类别对教师的每一言语行为都作出迅速、准确的归类判断，并立即在表中相应类别的空间里用符合登记下来，以示教师出现一次此类言语行为。这在师生个体对话节奏较快或教师的一段连续话语中同时含有两种以上不同类别言语行为时难度更大。为此，我们在本研究的课堂观察正式开始之前，对所有观察人员进行了培训，对表 4–10 所示各大小类别的涵义加以统一界定，并进行了预备性的观察与登记。

（三）观察对象

要研究的课堂观察以小学五年级教师为对象。我们之所以选择小学教师，是因为相对于其他教育阶段的教师来说，小学教师的课堂言语行为往往比较“丰富多彩”，涉及更多的教育范畴，从而有可能呈现出更多的课堂角色类型；选择五年级教师，则意在尽量减少无关因素对课堂观察的“干扰”，诸如低年级学生的课堂注意力易因观察者的存在而分散，六年级的课堂教学易因毕业任务的压力而“变形”等等。

由于本研究的主要目的并非在于对教师课堂角色的各种类型作出数量上的比较与推断，而是对类型本身作出区分，并借此展示一种研究方法，故对样本的数量规模并无太高要求。为此，我们选取了 8 所小学的 32 名教师作为课堂观察对象，每所小学各 4 名。观察对象的选取只依据 3 条原则：一是语文与数学教师比例各半；二是尽量避免同一学校的 4 名教师均为相同性别；三是尽量避免同一学校的 4 名教师均为该校同年级中素质最好的，尽可能兼选所谓的“好、中、差”3 种教师。

限于研究人手，我们对每位教师只观察其 1 节课。为使被观察的每位教师的课堂言语行为达到一定数量，以便能据此对其所扮演的课堂角色作出界定，本研究将被观察课型一律限定为新授课。共观察了 32 节新授课。

(四) 观察时间

1993 年 11 月至 1994 年 1 月。

三、结果及其分析

(一) 大类言语行为与课堂角色总体类型

因观察人员的技术失误，导致对 1 所小学 4 名教师的观察过程不符合要求，故可作为此处统计与分析之依据的是对 7 所小学 28 名教师的观察结果。

将 28 份结构化观察登记表汇总后，我们发现，在提问、要求、评价、答复及其他这 5 大类言语行为中，“答复”与“其他”这两大类别近乎于名存实亡。原因在于：28 名教师只有 1 名出现“其他”类言语行为，且仅为 1 次①，而出现“答复”类言语行为的教师虽有

① 在本研究的结构化观察框架上放入“其他”类，意在预防万一。结果，在 28 名教师的全部言语行为（共 1971 次）中，“其他”类只出现 1 次。这似可说明该框架所设提问、评价及答复这四大类别具有足够的包容度。

表 4-10 教师大类言语行为统计结果

类别 次数 教师	合计	提问		要求		评价	
		次数	%	次数	%	次数	%
1	89	43	48. 3	3	3. 4	43	48. 3
2	101	34	33. 7	31	30. 7	36	35. 6
3	114	38	33. 3	38	33. 3	38	33. 3
4	99	33	33. 3	33	33. 3	33	33. 3
5	74	45	60. 8	17	23. 0	11	14. 9
6	62	55	88. 7	0	0	0	0
7	49	30	61. 2	10	20. 4	9	18. 4
8	33	26	78. 8	0	0	4	12. 1
9	69	35	50. 7	0	0	34	49. 3
10	97	48	49. 5	3	3. 1	45	46. 4
11	46	32	69. 6	11	23. 9	3	6. 5
12	62	44	71. 0	7	11. 3	9	14. 5
13	56	53	94. 6	2	3. 6	0	0
14	70	33	47. 1	24	34. 3	11	15. 7
15	115	44	38. 3	33	28. 7	38	33. 0
16	86	54	62. 8	1	1. 2	31	36. 0
17	84	28	33. 3	28	33. 3	28	33. 3
18	110	36	32. 7	37	33. 6	36	32. 7
19	38	23	60. 5	9	23. 7	3	7. 9
20	17	16	94. 1	1	5. 9	0	0
21	42	33	78. 6	7	16. 7	2	4. 8
22	25	18	72. 0	5	20. 0	2	8. 0
23	95	48	50. 5	1	1. 1	46	48. 4
24	81	41	50. 6	4	4. 9	35	43. 2
25	66	63	95. 5	3	4. 5	0	0
26	62	54	87. 1	2	3. 2	5	8. 1
27	68	63	92. 6	5	7. 4	0	0
28	61	59	96. 7	1	1. 6	1	1. 6

10名，但出现3次以上者（包括3次者）①总共也只有3名，且“答复”类言语行为在全部言语行为中所占比例最高者也只有11.3%②。故此两类别可忽略不虑。这一现象实际上表明，教师的言语行为总的来说主要包括提问、要求与评价这3大类，教师课堂角色在总体上乃是由这3大类言语行为体现出来的。表4-10即为对28名教师3大类言语行为的统计结果。

由表4-10可看出，提问、要求与评价这3大类言语行为之间存在着多种不同方式的组合，由这些组合可相应导出教师课堂角色的总体类型。为方便起见，此处用A、B、C分别表示提问、要求与评价这3大类别；同时，将某一类别在全部言语行为中占75%以上，且其余两类各自所占比例均小于20%的言语行为总体类型视为主导型（即A型、B型、C型），将任一类别所占比例均小于75%，但其中两类所占比例之和大于80%的言语行为总体类型视为结合型（即AB型、AC型、BC型），而将3个类别各自所占比例大致相近，或虽然其中两类所占比例之和大于80%，但比例较低的一类的比例与第三类的比例相差不大的言语行为总体类型视为复合型（即ABC型）。

如此，我们便可以从表4-10中发现存在着4种言语行为总体类型，并由此相应导出教师课堂角色的4种总体类型。

1. A型→定向者

这种类型的教师（表4-10中序号为6、8、13、20、21、25、26、27、28者）的言语行为基本上以“提问”为主，提问乃是这类教师控制课堂、展开教学过程的最重要的手段。由于在我国小学课堂中，教师的提问对学生思考与回答问题往往带有潜在的强制性，且所提问题本身也基本上规定了学生思维的内容与性质，故提问实际上对学生的课堂参与起着一种定向作用。因此，我们说这类教师在课堂中主要扮演着“定向者”的角色。

---

① “3次”乃是本研究对大类言语行为进行分析所需的最少数量，因为每一大类之下尚有三小类。

② 可否认为，这一现象实际上表明，在我国小学课堂中，师生交往的“启动者”基本上都是教师，而学生则极少成为这种“启动者”。

2. AB 型→定向·定规者

在这类教师（表 4-10 中序号为 5、11、14、19、22 者）的言语行为中，“提问”虽然仍占较大比重，但已不如在 A 型中那样一枝独秀，代之而起的是“要求”占有相当比重。由于任何要求（包括“模糊性要求”）的功能都在于确立某种规范（规则、规矩、规定、规章等），故这类教师就不是在“集中性”地扮演“定向者”的角色，而是在相当程度上同时扮演着“定规者”的角色。据此，我们可将这类教师简称为“定向·定规者”。

3. AC 型→定向·定论者

这类教师（表 4-10 中序号为 1、9、10、16、23、24 者）在课堂中经常对学生进行“评价”，力图通过加强评价来调整学生的课堂行为，致使“评价”在其言语行为中的比重急剧上升，几与“提问”平分秋色。由于教师的评价不同于其他评价，它不仅表明着教师的一种判断，而且对于学生来说，常常是一种“给定的结论”。换言之，在我国小学课堂中，教师的评价实际上常常成为一种被学生、甚至也被许多教师自身视为一种“法官的裁定”。因此，我们把这类教师称为“定向·定论者”。

4. ABC 型→定向·定规·定论者

表 4-10 中序号为 2、3、4、7、12、15、17、18 的教师即属此类。这类教师的提问、要求与评价这 3 大类言语行为或者并驾齐驱，或者从比重上看无法“忽略”其中任何 1 类。沿用上面的解释，这类教师可谓为“定向·定规·定论者”。

从理论上来说，按照前述比例标准，A（提问）、B（要求）及 C（评价）这 3 大成分可组成 7 种言语行为总体类型，即 3 种主导型（A 型、B 型、C 型）、3 种结合型（AB 型、AC 型、BC 型）及 1 种复合型（ABC 型），但由于在我国小学课堂（新授课）中，教师的“提问”乃是必不会少、且比重较大的一种言语行为，故不可能出现 B 型、C 型、BC 型这 3 种缺少 A（提问）成分的言语行为总体类型及与之相应的课堂角色总体类型。因此，本研究的课堂观察对象虽然不是太多，但却也呈现出了我国课堂实践逻辑中所可能存在的教师言语行为及其课堂角色的全部 4 大总体类型。

（二）小类言语行为与课堂角色分项类型

课堂角色分项类型与总体类型是既有联系又有区别的两个概念。总体类型因3大类言语行为的结合方式而异，分项类型则分别由各大类言语行为所属3小类别的组合方式而定。课堂角色总体类型相同的两个教师，其分项类型未必完全一致，而课堂角色总体类型不同的两个教师，其分项类型也未必完全相异。在前面界定课堂角色总体类型时，我们鉴于某大类言语行为比重较少的情况而将该类别略去不考虑，比如，若某教师的“要求”（B）比重太小，则将其言语行为总体类型称为AC型（略去B），并由此称其课堂角色总体类型为“定向·定论者”。而在这里，只要“要求”的次数达于一定数量，则仍可从其小类言语行为的组合方式上，来判明该教师在“要求”这一分项上所扮演的角色类型。

表4-11即为教师小类言语行为统计结果[①]。按照前面分析大类言语行为的同样思路，这里用A_1、A_2、A_3分别表示“提问”中的“方法”“结论”与“事实”这3小类别，用B_1、B_2、B_3分别表示“要求”中的“建议”“模糊”与“指令”，而用C_1、C_2、C_3分别表示“评价”中的“肯定”“两可”与“否定”，并按前述类型界定比例标准。在提问、要求与评价这3大分项内部，分别明确主导型（如A_1型、A_2型、A_3型）、结合型（如B_1B_2型、B_1B_3型、B_2B_3型）与复合型（如$C_1C_2C_3$型）。

于是，从表4-11中我们便可找出教师在课堂中呈现出的以下18种言语行为分项类型，并相应导出其课堂角色分项类型。

1. 由“提问”所呈现的分项类型

（1）A_1型→启创者

这类教师（表4-11中序号为4、17、22者）的提问重在启迪学生探寻解决问题的方法，强调创造性。故其所主要扮演的是“启创者”的角色。

（2）A_2型→导引者

这类教师（表4-11中序号为13、18、24者）的提问以诱导学生循着教师的思路理解问题、得出结论（尤其是统一的结论）为主，故

① 为简洁起见，凡低于3次的合计次数及其相应的小类次数与百分比均未列入表中。

表 4-11 教师小类言语行为统计结果

次数 类别 教师	提问							要求							评价						
	合计	方法		结论		事实		合计	建议		模糊		指令		合计	肯定		两可		否定	
		次数	%	次数	%	次数	%		次数	%	次数	%	次数	%		次数	%	次数	%	次数	%
1	43	7	16.3	20	46.5	16	37.2	3	3	100	0	0	0	0	43	42	97.7	0	0	1	2.3
2	34	12	35.3	6	17.6	16	47.1	31	4	12.9	16	51.6	11	35.5	36	29	80.6	6	16.7	1	2.8
3	38	0	0	22	57.9	16	42.1	38	2	5.3	14	36.8	22	57.9	38	26	68.4	3	7.9	9	23.7
4	33	28	84.8	1	3.0	4	12.1	33	8	24.2	24	72.7	1	3.0	33	16	48.5	9	27.3	8	24.2
5	45	0	0	0	0	45	100	17	5	29.4	0	0	17	70.6	11	8	72.7	3	27.3	0	0
6	55	0	0	8	14.5	47	85.5														
7	30	6	20.0	7	23.3	17	56.7	10	3	30.0	0	0	7	70.0	9	6	66.7	3	33.3	0	0
8	26	11	42.3	11	42.3	4	15.4								4	4	100	0	0	0	0
9	35	0	0	22	62.9	13	37.1								34	16	47.1	15	44.1	3	8.8
10	48	0	0	24	50.0	24	50.0	3	1	33.3	0	0	2	66.7	45	25	55.6	19	42.2	1	2.2
11	32	4	12.5	17	53.1	11	34.4	11	11	100	0	0	0	0	3	2	66.7	0	0	1	33.3
12	44	11	25.0	30	68.2	3	6.8	7	1	14.3	0	0	6	85.7	9	4	44.4	5	55.6	0	0
13	53	1	1.9	46	86.8	6	11.3														
14	33	4	12.1	3	9.1	26	78.8	24	6	25.0	0	0	18	75.0	11	10	90.9	0	0	1	9.1
15	44	18	40.9	9	20.5	17	38.6	33	1	3.0	0	0	32	97.0	38	34	89.5	1	2.6	3	7.9
16	54	23	42.6	5	9.3	26	48.1								31	29	93.5	1	3.2	1	3.2
17	28	21	75.0	5	17.9	2	7.1	28	2	7.1	24	85.7	2	7.1	28	21	75.0	2	7.1	5	17.9
18	36	3	8.3	27	75.0	6	16.7	37	1	2.7	29	78.4	7	18.9	36	27	75.0	5	13.9	4	11.1
19	23	2	8.7	0	0	21	91.3	9	0	0	0	0	9	100	3	3	100	0	0	0	0
20	16	1	6.3	3	18.8	12	75.0														
21	33	15	45.5	13	39.4	5	15.2	7	1	14.3	0	0	6	85.7							
22	18	14	77.8	2	11.1	2	11.1	5	0	0	0	0	5	5	100						
23	48	16	33.3	30	62.5	2	4.2								46	25	54.3	21	45.7	0	0
24	41	3	7.3	36	87.8	2	4.9	4	0	0	0	0	4	100	35	12	34.3	23	65.7	0	0
25	63	25	39.7	31	49.2	7	11.1	3	1	33.3	0	0	2	66.7							
26	54	16	29.6	31	57.4	7	13.0								5	1	20.0	0	0	4	80.0
27	63	5	7.9	46	73.0	12	19.0	5	0	0	0	0	5	100							
28	59	22	37.3	28	47.5	9	15.3														

其角色基本上是“导引者”。

（3）A_3 型→搀扶者

这类教师（表 4–11 中序号为 5、6、14、19、20 者）所提问题大多为既存事实或已学知识，学生回答提问时无须多少思考，主要借助于再认或再现。因此，就“提问”这一分项来说，这类教师实际上主要是“搀扶者”。

根据对上面 3 种主导型分项角色类型的解释，则下面 4 种结合型与复合型分项角色类型的涵义也就不言自明了。

（4）A_1A_2 型→启创 · 导引者

在表 4–11 中，这类教师的序号为 8、12、21、23、25、26、28。

（5）A_1A_3 型→启创 · 搀扶者

即表 4–11 中序号为 2、16 的教师。

（6）A_2A_3 型→导引 · 搀扶者

即表 4–11 中序号为 1、3、9、10、11、27 的教师。

（7）$A_1A_2A_3$ 型→启创 · 导引 · 搀扶者

即表 4–11 中序号为 7、15 的教师。

2. 由“要求”所呈现的分项类型

（1）B_1 型→建议者

这类教师（表 4–11 中序号为 1、11 者）对学生的“要求”基本上不带强制色彩，而是以“希望”“劝告”“建议”等形式提出来的。因此，就“要求”这一分项来说，其主要扮演着“建议者”的角色。

（2）B_2 型→放任者

这类教师（表 4–11 中序号为 17、18 者）对学生的“要求”大多比较模糊，或者带有较浓的“随意性”色彩，无论这些模糊性要求产生的原因是教师自己对问题把握不准，还是对要求本身表述不清，抑或其他什么原因，其结果都导致学生无所适从或不予重视。因此，这类教师尽管也对学生提“要求”，但其实际所呈现的角色面目却是“放任者”。

（3）B_3 型→强制者

这类教师（表 4–11 中序号为 12、14、15、19、21、22、24、27 者）的“要求”以“必须”“应当”“不准”“不得”之类的指令为主，重在规限学生按教师的意愿与标准行事。因此，他们的角色主要是“强制者”。

据此，下面 3 种结合型分项角色类型的涵义自然也就无须专加解释了。

（4）B_1B_2 型→建议 · 放任者

即表 4-11 中序号为 4 的教师。

（5）B_1B_2 型→建议 · 强制者

即表 4-11 中序号为 5、7、10、25 的教师。

（6）B_2B_3 型→放任 · 强制者

表 4-11 的序号为 2、3 的教师即属此类。

3. 由“评价”所呈现的分项类型

（1）C_1 型→鼓励者

这类教师（表 4-11 中序号为 1、2、8、14、15、16、17、18、19 者）对学生的“评价”以肯定为主，主要有赞许、表扬、认可等方式。显然，在“评价”这一分项上，他们主要是“鼓励者”。

（2）C_3 型→矫正者

这类教师（表 4-11 中序号为 26 者）给予学生的否定性评价远多于肯定性评价。从方式上看，主要表现为训斥、质问、批评、反对等。就其本意主要仍在于矫正学生在知识、态度或行为等方面的错误(按教师所认定的标准)，从这一意义来说，我们将其称为“矫正者”。

（3）C_1C_2 型→鼓励 · 观望者

这类教师（表 4-11 中序号为 5、7、9、10、12、23、24 者）对学生的“评价”主要由肯定性评价与两可性评价组成。其中，两可性评价占有相当比重，有的甚至高于肯定性评价。两可性评价是一种特殊的评价，它肯否欠明、含糊其辞。因此，它虽然被称为“评价”，但就小学课堂实际而言，无论是从教师的行为倾向来看，还是从学生的眼光来看，与其说是一种“评价”，不如说是一种“观望”。这样，在“评价”这一分项上，我们说这类教师既充当着鼓励者的角色，又扮演着观望者的角色，简称为“鼓励 · 观望者”。

由此，下面两种结合型与复合型分项角色类型的涵义也就毋需赘言了。

（4）C_1C_3 型→鼓励 · 矫正者

即表 4-11 中序号为 3、11 的教师。

（5）$C_1C_2C_3$ 型→鼓励 · 观望 · 矫正者

即表 4-11 中序号为 4 的教师。

表 4-12 教师言语行为分项类型构成表

	主导型	结合型	复合型
提问（A）	A_1、A_2、A_3	A_1A_2、A_1A_3、A_2A_3	$A_1A_2A_3$
要求（B）	B_1、B_2、B_3	B_1B_2、B_1B_3、B_2B_3	$B_1B_2B_3$
评价（C）	C_1、C_2、C_3	C_1C_2、C_1C_3、C_2C_3	$C_1C_2C_3$

从理论上来说，由于提问、要求评价这 3 大类言语行为各自均包括 3 小类别的成分，因而各自均可组成表 4-12 所示的 7 种言语行为分项类型。但在本研究的观察结果中，只有“提问”类中呈现出表 4-12所列全部 7 种分项类型，而在“要求”类中缺少 $B_1B_2B_3$ 型，在“评价”类型中则缺少 C_2 型与 C_2C_3 型。读者或许会批评这与本研究的观察对象不是很有关。但即便增加观察对象，是否就能保证一定会出现这 3 种分项类型亦难料卜。就我们几人在本研究之外进行过的大量课堂观察实验来看，倒是确未见过这 3 种类型的教师。当然，若欲确证，则须以大规模课堂观察的结果为依据。

四、说明与思考

1. 本研究的观察指标只是教师指向学生个体的言语行为，尽管从社会学与心理学角度来看，这种行为可谓我国小学教师课堂行为中最重要的部分，可以作为考察教师课堂角色的一个窗口，但若欲获得分析教师课堂角色类型的更全面、更准确的依据，则无疑须诉诸于对教师全部课堂行为的观察。其前提是设计出一套相应的、行之有效的观察框架。这种框架比本研究中的课堂观察框架无疑要复杂得多，因为教师的全部课堂行为既包括言语行为，也包括非言语行为；即便在言语行为中，也既包括指向学生个体的言语行为，还包括指向学生群体（全班、小组）的言语行为以及自言自语等。我们认为，目前在我国要想设计出这种框架绝非易事，且即便能设计出来，还需创造据此框架观察课堂的必需技术条件，但不管怎么说，若能设计出这样一种观察框架，则不仅将大大推进我国关于教师课堂角色的研究，也将大大促进整个课堂教学的实证研究。

2. 本研究的观察对象只是小学教师。从理论上来说，要想比较全面地区分教师课堂角色类型，则似乎观察对象不仅需要有小学教师，而且需有中学与大学教师。但我们感到，实践逻辑似乎恰恰与此相反。即是说，就我国现状而论，教师课堂角色类型的多寡似乎与教师的执教层次高低成反比；教师的执教层次越高，课堂角色类型越少，反之亦然。试问，我国现在大学教师的课堂角色又能有多少种类型呢？其原因在于，教师的执教层次越高，其课堂行为本身也愈易趋于“单一化”，失去多样性。从这个意义上来说，可将小学教师作为考察教师课堂角色的主要对象。这样说，当然并非否认对中学或大学教师的课堂角色本身进行专门研究的必要性。

3. 本研究的主要目的只在于对教师课堂角色本身加以若干区分，不过，对观察记录的某些统计结果本身似乎也能表明教师课堂角色类型的某些倾向。比如，就总体类型来看，可以说所有教师的课堂角色都少不了“定向”，不是基本上的定向者，就是部分定向者，教师对于课堂的支配由此也可见一斑；在“提问”方面，“半启半导者”、“半导半搀者”及“搀扶者”3 种类型的教师居多（分别为 7 人、6 人、5 人）；在“要求”方面，占支配地位的分项角色行为是“强制”，在列入统计的 19 名教师中，有 8 人为基本上的强制者，另有 6 人为半强制者；在“评价”方面，占主导地位的分项角色行为是“鼓励”，在列入统计的 22 名教师中，有 9 人为基本上的“鼓励者”，7 人为半鼓励者。当然，若欲对各种类型的教师在数量上作出具有统计学意义的比较与推断，则需扩大观察对象规模。

4. 教师课堂角色类型受制于哪些因素？它对作为教师课堂活动对象的学生到底有哪些具体影响？这是教师课堂角色研究中的另外两个层面的问题。对于这些问题，本研究都未探讨。总之，教师课堂角色远非如不少同志所以为的那样是一个简单的研究范畴，我们对之其实知之甚少。作为实证性研究，我们也刚刚起步，缺憾之处甚多，期望得到同行指教，更盼望能有更多的同行来一起进行脚踏实地的研究。

第五章
如何编制问卷

“问卷”英文是 questionnaire，其原意是“一种为了统计或调查用的问题表格”或“访问表”，现在大家都习惯用“问卷”这一名称。问卷是研究者用预先准备的问题来收集资料的一种技术，也是教育研究中对个人行为和态度的主要测量技术之一。

一、问卷的特点

（一）标　准

问卷法统一提问、回答的形式与内容，对于所有的被调查者都以同一种问卷进行询问，同时，以同一种方式发放与填写问卷。从而，既可以反映同一地区、同一阶层等具有某种社会同质性的被调查者的平均趋势与一般情况，又可以对不同地区、不同阶层等具有某种社会异质性的被调查者的情况，进行比较分析；有时还可以对同样一些被调查者进行跟踪调查。使用标准化工具搜集来的资料，可以进行计算机处理，有利于进行定量分析。但是，提问与封闭性答案是固定的，难于适应不同的调查对象的实际情况，难于根据具体情境灵活与深入地了解情况。

（二）匿　名

使用问卷法，一般不要求被调查者在问卷上署名。这样，被调查者在问卷调查中就具有匿名的特点。由于匿名，被调查者就减少了顾虑，有利于提出某些敏感性与威胁性的问题，并得到被调查者真实的回答。

（三）间　接

使用问卷法，调查者一般不与被调查者直接见面，而由被调查者自己填写问卷。这一特点的优越性，是节省调查用工与经费，同时可以避免调查者与被调查者见面可能带来的不良印象与偏见。但是，间接进行的问卷调查，调查者不能控制被调查者在填写问卷时的情境。调查者不知道被调查者是否在外界干扰的情况下填写，是否受人诱导或指使，是否敷衍了事，是否清楚问题与答案的意义；被调查者也没有机会向调查者询问与了解问卷中的有关问题，无法对问卷中的有关问题提供问卷所不能容纳的情况与看法。因而，问卷的真实程度难以保证，一般来说要低于访谈法。间接进行问卷调查还有一个缺点，是问卷的回收率低。造成这一结果的原因，是不能当面解释调查的目的、意义与难点，增加被调查者的兴趣与热情，不能通过人际交往增加填写问卷的情感因素与义务感。

正是由于以上特点，使得问卷研究有它自己的优、缺点。其优点是：(1) 问卷不受人数限制，调查的人数可以较多。问卷调查涉及的范围较大，推理的应用性也会较广。(2) 问卷可以由访员访问，也可以邮寄。(3) 问卷可以完全控制变项，找出因果关系。(4) 问卷资料适于电子计算机处理，节省分析时间，并且容易量化。但是，问卷也受到一些限制即缺点。(1) 问卷只能在一定的范围内取得资料，研究弹性不足。(2) 问卷不容易找出错误或误解。(3) 问卷对设计要求比较高，如果在设计上出了些毛病，问卷便无法补救。研究者在研究的过程中如能设法避免缺点，问卷仍然不失为一优良的研究方法。

二、问卷的设计

（一）问题的产生

问卷的核心是“问题”。编制问卷首先需要确定问题，即在问卷中提出哪些需要被调查者回答的项目。问题的形成，一般经过如下步骤：(1) 课题分析，提出假设；(2) 概念具体化，寻找变项；(3) 确定指标；(4) 为测定已经确定的指标，编制直接与间接的问题。

这个步骤大体可图示如下。

课题→假设→概念→变项→指标→问题

现有这样一个调查课题：“少数学生为什么厌学？”从这一课题，我们可以形成一系列的问题，具体过程如下。

课题：少数学生为什么厌学？

假设：有些学生因学习成绩不好而厌学，有的学生因人际关系处理不当而厌学。

概念：学习成绩、人际关系、厌学。

变项：对学习内容的掌握、测验成绩；与教师的关系、与周围其他人的关系；对教师的态度、对学校的态度。

指标：入学成绩、期中成绩、期末成绩、平时测验成绩、作业情况；与教师的关系、与同学的关系、与学校行政人员的关系、与家长的关系；不愿意上学、对教师所讲的内容不感兴趣、对教师的说教有厌烦的心理、对学校环境不适应。

问题：你的入学成绩如何？你在最近一次测验中的成绩如何？你经常做作业吗？对教师布置的作业乐于去完成吗？你喜欢所任教的教师吗？你喜欢与同学相处吗？你能适应学校的学习环境吗？你对教师的说教有厌烦心理吗？……

大体的说，问卷中的问题可以分为“事实问题”或者“态度问题”两大类。事实问题可以分为两个部分，第一部分是有关行动方面的，以学生为例，如上课有哪些行为，有几次发言等等；第二部分是有关个人的基本资料，如性别、职业、教育程度。态度方面问题对教育研究有重要意义，如学生对一门课的态度、对课堂环境的看法、对教师教学的评价等。

现在我们要进一步从事实与态度两方面来讨论“问题内容”。我们先讨论事实问题的编制。所谓“事实”系指曾经发生过的，现存的，和将要发生的事件和客观现实。通常，一份问卷的开头，会请受测者填明一些所谓基本资料，如所在学校、住所、城市或乡村、性别、年龄、父母亲职业与教育程度、家庭情况等等。这些基本的问题，是基本的自变量，几乎所有的教育研究都必须设法了解。如果这些最基本的差别都无法获得具体结果的话，进一步的分析就非常困难。虽然这部分很容易填，但是有些人对这类问题具有反感，不愿填。因此在填写之前可加一个说明语，告诉受测者这些资料的用途等，另外，一些研究者认为，一开头就问这些个人资料，会增加拒答的人数，因此可以把这部分放在最后。

另一类事实问题是询问受测者的过去和现实的实际行为，有的学者称之为“行为事实”。例如：上某一节课发言几次；作业是否按时完成？等等。凡是这类问题，都是为了了解被研究者实际行为。实际行为可能因年龄、性别而有差异，也可能因职业、教育程度而有差异。研究者要注意，把问题尽量放在具体的层次，问题清楚合理，符合被研究者的实际情况。

态度问题是教育研究中经常碰到的问题。这类问题包括两个层面：一种是有关意见方面的，如意见、看法、体会之类；一种是有关价值或人格方面的观念。一般而论，“意见”属于暂时性的看法，如对一个教师的看法，对一课堂的态度。意见问题只是想了解受测者对某些事物或行为的评判，它可以是一时的，过些时也许就变了。比如，问：“你认为上课讨论是有效的方法吗?”或者问：“你是不是赞成就近入学政策?”这类问题，都不是询问行为或事件本身，而是对于行为或事件的意见。“态度”比较属于深层而持久性的认知，如道德观念、进取性格之类。研究者对这些问题多半是逐题分析，以了解当前的教育方面趋势和反映。

然而，对一些较复杂的变量，单独分析往往会有较大的误差。另一类的“态度问题”是所谓态度量表。这种问卷尽管也是一题一题的问，但整个问卷根据变量分为几个部分，结果不是一题一题的算，而是把整个总分或分组分数合起来算，可以与其他变项求相关，可以计算信度系数，也可作因素分析。严格地说，任何一种态度，总无法用一两题就可涵盖，往往必须用四五题甚或七八题才能确定。例如问，“你是不是赞成减轻学生负担?”受测者回答说“赞成”。可是这样一个题目，看不出他为什么赞成，更不能断定，他的赞成与研究者所设想的意义是否一致。所以，我们通常用一组题目施测，把它的意义稳定下来，以减少误差。态度量表在心理研究中被广泛使用，目前在教育研究中也愈来愈多地使用。我们在后面附的关于学生参与的调查问卷，就是态度量表。

无论是事实问题还是态度问题，我们首先应该特别注意下面两个方面。第一，问题的类型是否正确而合适。我们已经知道，类型可以分为开放式或封闭式的问题。从研究的性质来决定，问题也可以分为认知、情感、社会等方面类别。第二，问题设计是否切合研究目的与假设的需要。每一类型中的题目，应该从研究假设或研究目的出发，符合研究的要求，不能随意地出题目。

再次，我们还要考虑问题陈述和内容是否让读者清楚，如有含混不清的地方应及时纠正。问题的含混不清容易引起误解，造成问卷结果的偏差。一般说来，应设法避免以下三类问题：(1）语意不清的措辞会使受测者费解。如“你认为教师的待遇够好吗?”“够好”的回答语意不清。一些过于普遍化、一般化的问题，使受测者不知准确回答，如“你常看电视吗?”“你是否关心时事?”受测者往往会无法准确回答。又如，包含两个或两个以上的观念与事实，使受测者不知如何选择，如“教育的作用是使人向善，还是学习知识?”（2）问题涉及社会禁忌。如你正面问一些敏感的道德问题、政治问题，结果都会一面倒，无法获得真实的情况。如涉及个人隐私或恩怨的问题，也不适合问，实际上这类问题往往会遭到抵制，而且对整个问卷产生负面的看法。(3）问题超出受测人的知识和能力。许多问题，就设计者看来，非常简单，可是受测者可能从来就没有想过或遭遇过。特别是一些年龄较小的学生。这类问题设计的一种可行办法是，先把问题内容加以描述，然后问他的意见。无论如何，如果受测的样本是年龄较小的学生，你更要替他们设想，在他们的知识、经验、能力的范围内提问题；不要过于抽象和复杂，更不要把问题理论化。

（二）问题的提出

提出问题是问卷设计中的一个关键性环节。一个好的问卷，必须合理、科学和艺术地提出每一个问题。

1. 合理

判断所提问题是否合理的标准有以下 3 个。

（1）全部问题是否都是特定研究课题及其理论假设所必须了解的。也就是说，对于与研究课题和理论假设没有关系或可有可无的问题，应予以删除。可有可无的问题，删除；多余的问题，也应删除；对于以后不知道如何分析的问题，仍要删除。

（2）问题对于全部被调查者是否普遍适用。有些问题对于一部分被调查者是适用的，但对于另外一些人来讲，可能是不适用的。对于这样的问题，在编入问卷时，必须进行合理化处理。具体办法有：把非普遍适用的问题列为后续问题，例如，“你是否来自于农村？”对于这样一个问题，至少有两种回答，一种“是”，另一种则“不是”。再提出一个问题：“如果你来自于农村，你是否打算毕业后回到家乡去？”这个问题就属于后续问题，只适用于来自农村的学生。后续问题一般不单独作为一个问题出现在问卷中，而作为一个问题的相倚问题附属于后。这样，不管被调查者是否来自于农村，都要回答同一个问题，区别在于作肯定回答者还要回答后面的附属问题。在同一份问卷中，后续问题不宜过多，否则会引起被调查者的厌倦，因为后续问题要求被调查者跳答，跳答形式的表面复杂性较强。

（3）提问的形式是否适合被调查者。一般地说，表格形式的问题不宜过多，因为一般的人并不经常与表格打交道；在一个表式问题中，实际问题的容量不宜过大，让人一看就有一种复杂和麻烦的感觉，从而使人很容易放弃回答。

2. 科学

问题科学性的标准主要有以下 3 个。

（1）单一

即一个问题中只包括一个调查指标，只询问一件事情。如果一个问题中包括两个调查指标，即同时询问两件事，则该问题实际上是两个问题。实质上的两个问题而在形式上是一个问题，是不科学的。这样的问题，是双重问题。问卷中不能有双重问题。双重问题有两种形式，一是递进式双重问题。例如，“有人认为我国目前中小学教师收入偏低，应该改变这种状况。你怎样看待这个问题?”这样提问，实质上包含两个问题在内，第一个问题是“有人认为我国目前中小学教师收入偏低，你是否同意这一观点?”第二个问题是“我国目前中小学教师收入偏低，有人认为应改变这种状况，你同意这种观点吗?”二是并列式双重问题。例如“有人认为我国目前教师、知识分子收入偏低，你是否同意这一观点?”在这一提问中，实质上包含两个并列的问题：“有人认为我国目前教师收入偏低，你是否同意这种观点?”“有人认为我国目前知识分子收入偏低，你是否同意这种观点?”这样的双重问题，被调查者可能很难回答。

（2）中性

即问题不带倾向性。带倾向性的问题，对于被调查者具有某种诱导作用，即诱使被调查者顺着提问者的观点及其倾向回答问题。在实际的问卷中，可以找到一些带有倾向性的问题。带倾向性的问题有两种：一种是权威倾向性问题，一种是叙述倾向性问题。例如，“大多数教师认为中学生不能抽烟，你是否同意这一观点?”这就是一个带有权威倾向性问题，“大多数教师”是一个权威群体，他们反对抽烟的明确观点出现在提问中，无疑会使问题带有诱导与倾向性。再比如，“现在的课业负担太重，你认为是吗?”这个问题就带有了叙述倾向性，即研究者爱提问时，只陈述多种观点或事实中的一种观点或事实，从而使问题带有某种倾向性。对于上述两个问题可进行中性化的处理，即修改剔除问题的倾向性。

“有人认为中学生可以抽烟，有人认为中学生不可以抽烟，你同意哪种观点？——①可以抽烟；②不可以抽烟。”或者改成“你怎么看待中学生抽烟？——①可以抽烟；②不可以抽烟。”

“你如何看待目前学生的课业负担？——①还可以承受；②过重。”

（3）明确

即提出的问题必须具备明确的含义。科学地使用明确的语言，其含义才能准确与精确。问题含义的模糊不清，主要有三方面的原因：

其一，使用抽象概念。提问宜用具体指标，而不宜用抽象概念，抽象概念往往让人不知道如何回答为好。例如，“你认为我国现行的教育体制，总体上怎么样？”这种问题可以在理论探讨和日常语言中运用，但不宜于调查问卷。

其二，使用专业词汇。当被调查者不懂得专业词汇的意义，而又必须回答包括专业词汇的问题时，就只能靠猜测来回答了。例如，“你喜欢哪种类型的教学组织形式——个别教学？集体教学？分组教学？个别教学与集体教学相结合？”

其三，表达不当。提问如果表达不当，就会造成歧义，引起误解，使回答的依据失去统一性。例如，“大学毕业分配最理想的职业有哪些？”这个问题语句不通，“大学毕业分配最理想的职业”，是被调查者自己即将毕业，询问他将选择什么职业呢？还是询问被调查者对大学生选择职业情况的评估？从提问中难以确定。

3. 艺术

同样询问一个问题，措辞、表达可以大不一样。提问中的艺术，就是善于使用容易被人接受的措辞与表达方式，消除易于引人反感、厌倦的句子与词汇，激发被调查者回答问题的兴趣与热情。

艺术地提出问题的方法主要有以下五种。

（1）委婉法

即使用委婉词来代替刺激性的词汇提问。例如，要调查学生参与“赌博”、“酗酒”等情况，这些词就不宜在问题中出现，而改用委婉词。对于“你是否赌博？”这一问题就可改为：“现在在一些同学中间流行用扑克、纸牌等定输赢，你是否也喜欢玩这些扑克、纸牌？”

（2）间接法

即提出问题后，先提供其他人的回答，然后要求被调查者对于其他人的回答做出评价。这样，有一种缓冲作用，有利于提高敏感性问题的回答率。例如：“教师接受学生家长和学生本人的礼物，有人认为这是不应当的，它带有受贿的性质；有人认为要作具体分析，其中有些属于受贿性质，有些则不是。你同意哪种看法？”

（3）消虑法

即在正式提问前加上一段关于引用权威或普遍性事实的文字，以消除顾虑。权威包括党与政府、专家学者以及法规等等。引用权威的例子有：“按照《义务教育法》有关规定，我国要在九十年代基本普及九年义务教育，请问今年你区适龄儿童入学率是多少？”

（4）虚拟法

即先假设一种情境，然后要求在该情境下回答问题。例如，“假如你期末考试成绩不理想，你会怎么看待这个问题？”

（5）援助法

即在表明调查者可以提供帮助的情况下要求被调查者回答问题。例如，“失眠、思想不能集中、精神恍惚等是心理失调所引起的，影响学习与身体健康。您是否有这种状况？如果有，我们可以义务提供心理咨询，联系地点和联系人：……”

（三）问题的排列

问卷是用来测量受测者的反应，所以受测者对于问卷本身的态度，喜欢或不喜欢，对结果影响很大。因此，顺序的安排是否合理，会对受测者产生不同的反应。影响受测者对问卷的态度。研究可以根据被研究者的实际情况，设计合理的顺序，以提高研究的质量，避免使结果遭到损失。一份问卷中的问题总有难易之分，有些使人看了很有兴趣，有些则索然无味。一般来说，研究者可在以下几个方面考虑如何排列问题。

时间顺序。即按照事件发生先后排列。这类有时间序列的问题，应有序排列，不要杂乱，以免受测者的记忆遭受干扰，而无法理出正确的时间观念。按照时间顺序排列，可以先问较近的，再问较远的；也可以先问较远的，再问较近的。总之要以使受测者容易回答。

理解顺序。即按照被测者理解的难易程度排列。依对研究的内容理解难易排列也是较常见的方法。一般的做法是，属于一般的或总论的应放在问卷的前面，特殊的或专门的放在较后；二是容易回答的放在前面，不易回答的放在后面；三是比较熟悉的放在前面，生疏的放在后面。这样可以使受测者由浅入深，由易入难，不致一开始就产生畏惧之感，而产生排斥心理。

内容顺序。即依照内容不同进行排列。一般说来，在注意被研究者理解顺序的同时，也不能忽略问题的性质。同性质的许多问题，仍可以放在一起。内容顺序可以和时间顺序、理解顺序结合应用。

交叉顺序。即按照问卷中的变量交叉排列。如一个态度量表，问卷中各个变量的问题可以交叉排列，这样相对效果比较好。在我们附录的问卷中，所使用的就是这种顺序。

类别顺序。即按照内容的类别进行分类。类别带有主观因素，可以根据研究具体情况而定。从总体来说，问卷资料通常可以分为三类：一类是所谓基本资料，如性别、年龄、收入等项；二类是行为资料，如每天收看电视时数、上课发言次数等；三类是态度资料，如个人学习态度、学习自信心及成就动机等。我们使用问卷的排列顺序，经常按照这个一、二、三的顺序。但也有人在研究中把基本资料问题放到最后，以使测验进行较为顺利。

三、问卷的基本结构

（一）前 言

前言是写在问卷开头的一段话，又称说明信、封面信。前言是调查者向被调查者说明调查的目的与要求的一封简单的信。前言的内容一般包括这样几方面的内容：

(1) 调查的目的与意义

(2) 关于匿名的保证

(3) 对被调查者回答问题的要求

(4) 调查者的个人身分或组织名称

(二) 主 体

问卷的主体是问题表，包括从研究课题与理论假设中引申出来的问题、回答方式以及对回答的指导语等。问题的形成与提出，已在前面讨论过了，回答的方式在后面将详细加以讨论。所以，在这里，着重谈一下指导语。

指导语主要有4种类型：

(1) 关于选出答案做记号的说明。一般用圆括号“（ ）”或方框“□”来限定答案前的空间，并要求回答者在他要选择的答案前的圆括号或方框内做记号。如果在答案前不留空间，一般要求回答者圈出他所要选择的答案的序号。

(2) 关于选择答案数目的说明。这种指导语一般写在问题的后面，如“选择一项”、“有几项选几项”等。

(3) 关于填写答案要求的说明。例如，凡在回答中需选择“其他”一项作为答案的，请在后面的“______”中用简短的文字注明实际情况。再如，您所在学校的校园面积是（ ）平方米（填至小数点后一位数）。

(4) 关于答案适用于哪些被调查者的说明。问卷中有的问题可能并不是普遍适用的，而只是适用于某一类人。当这类问题出现时，可说明由特定的一类人填写，其他的人跳过这些问题。

(三) 结 语

一般采用3种表达方式。

(1) 一段短语内容是对被调查者的合作再次表示感谢，以及关于不要漏填与复核的请求。这一表达方式的目的，在于显示调查者首尾一贯的礼貌，督促被调查者消除无回答问题、差错的答案。

（2）提出1—2个关于本次调查形式与内容感受等方面的问题，征询被调查者的意见。

封闭性问题举例：

您填完问卷后对我们这次调查有何感想？

（　　）①很有意义

（　　）②有些意义

（　　）③没有意义

（　　）④说不上

开放性问题举例：

您还有需要补充的吗？如有，请写在下面：________。

（3）提出本次调查研究中的一个重要问题，以开放性问题的形式放在问卷的结尾。

例如，在对某种教学方法所作调查的问卷的结尾处，可安排如下一个开放性问题："您在使用这种教学方法进行教学的过程中，遇到了哪些主要的困难？请写在下面。"

四、回答的方式

在问卷中，回答的方式主要有以下3种类型。

第一，封闭型回答。

在问题提出后，提供若干备选答案，让被调查者在其中选择符合他实际情况的答案，而且只能在其中选择答案，这种回答的方式即是封闭型回答。

第二，半封闭型回答。

在问题提出后，提供若干备选答案，让被调查者在其中选择符合他实际情况的答案；如果在备选答案中找不到或找不全符合他实际情况的答案，则在最后一个答案位置"其他______"中填上被调查者自拟的答案。"其他"之前的答案是预先提供的，而"其他"是开放的，故称这类回答为半封闭型回答。

第三，开放型回答。

只提出问题，不提供任何答案，由被调查者自拟答案，这种类型的回答叫开放型回答。也就是说，回答不受约束。

问卷中封闭型回答一般为多数，半封闭型回答为少数，开放型回答为个别。

封闭型回答的方式主要有以下几种。

（1）两项式

两项式是提供两个答案，让被调查者从中选择出一个答案的回答方式，也即只有两个答案的回答方式。

例如：您是否读过教育心理学方面的材料？

______读过

______未读过

（2）并列式

并列式是对两个以上互相并列的答案的选择方式，即在问题后提供三个或更多个备选答案，让被调查者在其中选择符合他实际情况的答案。说明只能选一个或几个答案的回答，属于限制性回答；任选答案的回答，属于非限制性回答。并列式回答方式，也就包括了限制性回答与非限制性回答两种类型。

①限制性并列式回答方式

例如：对教师可以提出下列问题

如果有可能，您是否愿意调换职业与工作地点？

______职业与工作地点都不愿意调换

______愿意调换工作地点而不换职业

______愿意调换职业而不换工作地点

______职业与工作地点都愿意调换

②非限制性并列式回答方式

例如：您通常通过什么途径获取课外信息？（有几项选几项）

______课外读物和辅导材料

______电视

______广播

______报纸

______杂志

______日常交往

（3）等级式

等级式是对两个以上分成等级的答案的选择方式。等级式回答方式，只能从中选择一个答案。对于外在事物进行评价的等级式填答方式，叫外在等级式；对于主观感受与心理体验进行描述的等级式填答方式，叫内在等级式。

①外在等级式

例：您所在的班级的卫生状况如何？

______很好

______一般

______很差

②内在等级式

例：您对目前的职业是否满意？

______十分满意

______比较满意

______一般

______不太满意

______很不满意

（4）排序式

排序式是对所选答案进行顺序排列的一种回答方式。即让被调查者从备选答案中选出部分答案，并对它们按照一定的原则进行顺序排列，或者让被调查者对全部答案按照一定的原则进行顺序排列。前者叫做部分排序式，后者叫做全面排序式。

例：哪些因素对人们选择教师职业比较重要？（最重要，填9；次重要，填8；以此类推）

（　　）______工资收入

（　　）______福利待遇

（　　）______离家远近

（　　）______劳动强度

（　　）______工作环境

（　　）______晋升调级的机会

(　　) ______社会贡献

(　　) ______社会声望

(　　) ______其他（请注明）

（5）矩阵式

一般矩阵式填答，主项为横栏，在左边；次项为纵栏，在右边。

例：	读书	看电视	看报纸	听广播
您课余时间	(　　)	(　　)	(　　)	(　　)
您父亲休息时间	(　　)	(　　)	(　　)	(　　)
您母亲休息时间	(　　)	(　　)	(　　)	(　　)

（6）表格式

例：询问学生，每天您用于家务劳动的时间是多少？

家务劳动内容 \ 家务劳动时间	平　时	假　日
洗　衣		
帮助做饭		
搞卫生		
帮助买菜		
照顾病人		
其　他		

（7）后续式

后续式是对于选择某一种答案的人们再次提供备择答案的填答方式。

例：您是否经常与教师交谈？

______不是

______是（如是的话，请回答原因）

——A. 交流感情

——B. 获取知识

——C. 了解信息
——D. 出于对教师的尊敬

五、良好问卷的标准

从上文的说明中可以知道，良好问卷有两个基本标准。第一，问题要符合研究的目的，第二，问题要符合受测者实际情况。问题符合研究目的是比较容易受到注意的，如何使问题符合受测者是编制良好问卷的关键。如受测者读不懂问卷中的某一问题，这一题的结果自然受到影响。受测者程度较低，研究者出题不清楚，都会影响结果。可见，题目是不是符合受测者的实际情况，关系到研究的成败。因此，编制问卷时应该注意以下这些事项。

（一）目的明确

首先，研究者出的问题必须反映研究者的研究目的和假设。这样，才能便于分析与讨论。问卷设计者应注意，研究的变量要符合研究的目的，使研究架构比较合理。其次，问题的设计要符合上述架构的基本要求。

（二）表述准确

在问卷设计中，研究者要考虑的是：受测者如何解释这句话？他能解释到什么程度？受测者认为这句话的意义是什么，即是他所能意识到的语义。教育研究的对象往往是中小学生和基层教师。因此，语言上应该准确、浅显、易懂，不要超过受测者的领悟能力。语法结构应求简单，不能太复杂。尽量避免运用双重的否定语。一句话表现单一事物，不要用两个以上的观念或事件。如“你喜不喜欢上数学课或者是语文课？”另外，用准确的语文叙述或描述，把范围固定。如说，“社区内有多少重要教育机构？”不如说，“你这个社区，哪几个教育机构最重要？”把一个问题描述得越肯定，受测者的答案也就越稳定。

（三）语言通俗

一般的问卷和量表，句子都以短取胜，越短越好。短句使受测者容易集中思想回答，不会因句长而分散注意力。如问，“你认为你在目前的职业升迁的机会上有没有可能?”这句话不但语意不清，而且太长，不如改为“你认为，你目前有没有可能升迁?”或“你认为你目前有没有机会升迁?”又如量表句子，“我们这个地区里的事只要有人管就好，不必大家都来出意见。”这句话显然也太长，不如改为“社区事务，有人管就好，不必大家出意见。”甚至这样还太长，应改为“社区事务，不必大家出意见。”因为这句话的焦点在需不需“大家”出意见，其余只是修饰词而已。

（四）理解清楚

研究者所出题目应该在受测者能理解的范围内。研究者事先必须对样本的特性有所了解，如被研究者教育程度、文化背景等。通常在出问题时要注意的有下列几点。第一，在被测者能懂的范围内提出问题。例如，受测的样本是小学生，你问他关于全球信息化问题，或者关于城市改革问题，就不易获得正确的回答。所以，出题时应该充分考虑受测者的知识能力或教育程度。其次，问题不要引起读者误解，也不要引起不同读者的争论。受测者把你的意思误会了，不仅题目本身作废，还影响其他题目的分析。再次，不能用假设或猜测语句。问学生一天看几个钟头电视，不十分肯定，因为没有人去特别计较这些事情的频率。倒不如问最近的一周的情况，或根本从另外的方向去考虑。有一些教育研究都偏重于频率的探测，把人的行动当作一种周期性的活动，实际并不如此规律化，受测者的回答只是一种估计。

（五）避免主观性情绪

研究者必须力图各种避免主观性情绪。实际上，出问题时研究者带有比较明显的情绪化和主观性，就会影响受测者的思考，从而导致不实的回答。所以在出题时要注意以下几点：第一，要避免主观情绪化字句。研究者的主观性情绪的句子，容易引起受测者的主观回答。如“你赞成抄袭作业吗?”很容易引起受测者说，“不赞成”。第二，避免涉及隐私的问题。如你问受测学生家长每个月收入有多少？会得不到真实的回答。因为谁都不愿意回答这类问题。研究者必须注意，个人的隐私权应受到保护，即使你勉强问了，依然会徒劳无功。如在学生中问“你有没有谈过恋爱?”说真话的一定较少。有许多问题，虽不一定牵涉隐私，却难于启齿，如有关考试作弊、不孝顺。如果你一定要提出来问，结果可能误差很大。第三，要避免诱导回答及暗示回答。如“你不赞成中学生抽烟吗?”回答一定是，“不赞成”。实际上，事实问题不容易受到影响，态度问题则很容易，特别是对于中小学生而言。

（六）选择合适角度

问题提出的方式和角度可以多样化，研究者可以根据实际情况选择合适的角度。第一，问题的广泛性。如果所需要的资料涵盖面比较大，就把题目出得大些；否则就小些。每一个问题的字句之间，都可能牵涉到这类层面，研究者应视需要而予以确定。第二，是否直接提问。一个问题，如果比较明确和简单，应该直截了当地提出；有些问题就不能直接问，可以间接提出。例如在教育研究中，对于学校组织、课程内容等都可以直接问；对于个人学习能力认定就不能直接问，而用间接的方法去了解。第三，在态度量表中，还要注意同一变量的问题，可以选择不同情境另外提出，以提高研究的效度。

附录：问卷编制示例

1. 行为投入

学校________班级________姓名________学号________
性别____本学期数学期中考试成绩____

各位同学，下面各题并没有错与对之分，请你根据自己在数学学习中的真实情况在每一问题的方格中填写数字，其中1代表非常不同意，2代表不同意，3代表中立，4代表同意，5代表非常同意。本调查研究中的资料仅在研究中使用。谢谢。

非常不同意　不同意　中立　同意　非常同意
1　2　3　4　5

在数学课上，我聚精会神地听老师的讲解。□
对于难的问题，我会持续钻研。□
当讨论新的数学知识时，我经常发言。□
如果我一时得不出一个正确答案，过一段时间我会想出来。□
我在数学课上很尽力。□
如果我第一次不能把问题解答出来，我会再试下去。□
当老师提出新的数学知识时候，我精力总是非常集中。□
当我解题发生错误时，我最后总是能纠正。□
我在数学课上用一切办法使自己明白老师讲的内容。□
当我持续解决问题时，一般我能够得出正确答案。□
我经常参加数学课上的讨论。□
如果我不能一下子把问题解出来，我会一直试下去，直到解决问

题为止。□

请在下列问题合适的方格中打钩：

在一个正常的上课日，你一般花多少时间在课后学习数学或做家庭作业？

不花时间	大约 15 分钟	大约半小时	大约 45 分钟	大约 1 小时或以上
□	□	□	□	□

在一星期中，除了完成上述数学作业，你通常花多少时间用于课外数学学习？

不花时间	大约 1 小时	大约 2 小时	大约 3 小时	3 小时以上
□	□	□	□	□

2. 认知投入

学校________班级________姓名________学号________

性别____本学期数学期中考试成绩____

各位同学，下面各题并没有错与对之分，请你根据自己在数学学习中的真实情况在每一问题的方格中填写数字，其中 1 代表非常不同意，2 代表不同意，3 代表中立，4 代表同意，5 代表非常同意。本调查研究中的资料仅在研究中使用。谢谢。

非常不同意	不同意	中立	同意	非常同意
1	2	3	4	5

我发觉牢记公式和方法是学习数学的最好方法。□

当我学习数学时，我会去想想所学到的东西在现实生活中有多大用处。□

学习数学的最好的方法是听从老师的安排。□

学习数学时，我比较喜欢记忆那些需要学习的公式、规则等，多过对它们的理解。□

阅读新资料时，我会联想起学过的东西，并会对这些东西有新的了解。□

按照教师安排学习，是最有效的学习数学的方法。□

我觉得记忆一个课题的事实和细节，比全面理解更好。□

我在读数学课本时，经常思考其中有哪些是要切实掌握和理解的要点，而不是简单地把课本看完。□

老师教什么，我就学什么。□

在数学学习中，记忆应用题的解题方法是非常有用的。□

我努力把在数学课中所学到的知识，与生活中遇到的事情或者其他学科中学到的知识联系起来。□

老师怎么教，我就怎么学。□

在数学学习中，我喜欢记忆解题的方法，这是很有效的方法。□

我会花课外时间去加深对有趣的数学知识的认识和理解。□

我一般用和老师相同的方法解决数学问题。□

我觉得通过反复解题来记忆数学知识是学习数学的最好方法。□

在学习数学过程中，我总是向自己提出一些问题，这些问题帮助我理解主要内容。□

老师怎么解题，我就怎么解题。□

我觉得记忆数学知识比理解它更有效。□

课堂上讨论过的有趣的问题，我会用很多空余时间去增加我对它们的认识。□

在数学学习中，老师怎么安排，我就怎么学习。□

3. 情感投入

学校________班级________姓名________学号________

性别____本学期数学期中考试成绩____

各位同学，下面各题并没有错与对之分，请你根据自己在数学学习中的真实情况在每一问题的方格中填写数字，其中 1 代表非常不同意，2 代表不同意，3 代表中立，4 代表同意，5 代表非常同意。本调查研究中的资料仅在研究中使用。谢谢。

非常不同意	不同意	中立	同意	非常同意
1	2	3	4	5

在数学课上，我感到数学知识很有趣，因此我觉得数学学习很快乐。□

虽然数学学习很艰苦，但是我感到完成数学学习任务是愉快的。□

在数学测验的时候，我感到很紧张。□

当老师第一次解释新的学习材料时，我感觉厌倦。□

我觉得数学学习是快乐的，我对解答数学问题很有兴趣。□

虽然学习数学有一些枯燥，但是能取得好的数学成绩我感到很高兴。□

在数学考试时，我总是有些担心。□

当学校中学习新的材料时，我觉得很疲劳。□

当我在做数学课堂作业时，我觉得有满足感。□

虽然数学学习很艰苦，但是为了取得好的数学成绩，我下苦功学好数学是值得的。□

我在数学考试时，一遇到不理解数学知识时，就会很紧张。□

我不太喜欢上数学课。□

我对数学新知识总是很好奇，我觉得数学学习很快乐。□

虽然数学学习很艰苦，我下苦功后能取得好成绩，我感到满足。□

我很担心自己的测验分数不理想。□

我很讨厌做数学习题。□

当我们开始学习一些新知识时，我觉得有些兴奋。□

虽然数学学习很艰苦，但只要取得好的数学成绩，我仍然觉得很快乐。□

在数学测验时，当我不能解决数学题的时候，我感到很焦急。□

我对学习数学感到厌倦。□

我对解答一些新的数学问题总是非常有兴趣，数学总是给我带来快乐。□

虽然数学学习很艰苦，但取得了好的数学成绩，总给我带来成功的满足。□

第六章 如何进行访谈

观察法特别强调观察者的现场目击，但是教育研究所需要的资料并非全凭现场观察可得。如学生的教育理想、教师的教育观念、家长的教育态度等都不是可以直接观察的。这些资料的获得必须借助于研究对象的自我陈述，以口头提问形式收集资料的方法为“访谈”，以书面提问形式收集资料的方法为“问卷”。访谈是定性研究中一种重要的研究方法，常常与观察同时进行，密切配合。

一、什么是访谈

访谈（interview）是一种研究性谈话，指通过与被访者的口头交流来收集所需资料的研究方法。又称访问法或谈话法。访谈通常是两个人（有时可以多个人）之间有目的的谈话，其中一个人（研究者或访谈人员）主持、引导谈话，去收集对方（被访者）的语言资料。

访谈这个词最早可追溯到16世纪以前，它的专业意义则产生于20世纪初弗洛伊德的“精神分析访谈”，并导致了精神压抑、投射、无意识的口误、遗忘等现象的发现。50年代初，心理学家罗杰斯（C. R. Rogers）首次用磁带录音分析了心理治疗访谈的过程，并提出热情、真诚、积极关心为要素的“非指导性访谈”①。

---

① C. R. Rogers（1951）. *Client-Centered Therapy: Its Current Practice, Implications, and Theory*: Houghton-Mifflin, Boston, Massachusetts.

访谈法常用于教育调查、心理咨询等领域，常用于向被访者了解心理体验、情感，以及对某一事物的意见、态度、评价等方面的信息。既可以对事实进行调查，也可以对意见进行征询。访谈既可以作为一种独立的研究方法，也可以作为其他研究方法收集资料的辅助工具。

本质上，访谈和问卷都是沟通的过程。沟通的目的都在于获取研究所需的第一手资料，不同的是访谈是以口头语言的问答来搜集信息，被访者是先听后说，问卷则以书面语言的问答来搜集信息，被访者是先读后写；访谈通常是面对面的直接言语接触，问卷则是纸与笔的间接言语接触。

二、访谈的优缺点

访谈是访谈双方面对面的沟通，是访谈人员与被访者的言语互动。与问卷相比，访谈具有以下优点和缺点。

1. 访谈法的优点

（1）具有灵活性。访谈是双方直接交流，双向沟通的过程。访谈具有较大的弹性，有对意义作进一步解释的空间。访谈有两种基本形式：一种是由访谈员提出问题，被访者根据要求回答；另一种是访谈双方围绕某个问题进行讨论。如果被访者不理解问题，可以提出询问，要求解释；如果访谈员发现被访者误解问题可以相机解说或引导。

（2）成功率较高。由于访谈是面对面的交谈，尤其是在教育系统中，谈话是教育教学常用的手段，因此拒绝回答者较少，回答率较高。即使被访者拒绝回答某些问题，也可大致了解他对这个问题的态度。

（3）可观察非言语行为。面谈过程中，访谈者不但要收集被访者的回答信息，还可以观察被访者的动作、表情等非言语行为，以此鉴别回答内容的真伪。

（4）控制性较强。由于在访谈现场进行，访谈者可以适当地控制访谈环境，避免其他因素的干扰，灵活安排访谈时间和内容，控制提问的次序和谈话节奏，把握访谈过程的主动权。

（5）适用面较广。访谈的方式简单易行，即使被访者阅读困难或不善于文字表达，也可以回答。访谈适用于一切有思维能力和口头表达能力的被访者，尤其适合文化程度较低的对象，如文盲或儿童等。

（6）可得到自发性回答。访谈流程速度较快，被访者在回答问题时无法进行长时间的思考，因此所获得的回答往往是被访者的自发性的反应，这种回答较真实、可靠，很少掩饰或作假。

（7）可获得深层次的信息。由于访谈具有适当解说、引导和追问的机会，因此可探讨较为复杂的问题，可获取新的、深层次的信息。

2. 访谈法的局限性

（1）代价较高。面对面的交流必须找到被访者，一个访谈员一天可能只能访问一个或几个被访者，调查中数访不遇或拒访是常有的事。另外访谈常常需要训练一批访谈人员，然后分赴各处访问，这就使费用支出大大地增加。与问卷相比，访谈要付出更多的时间、人力和物力。

（2）时间长。访谈常采用面对面的个别访问，寻找被访者和路上来回奔波的时间往往超过访谈时间，因此耗费时间和精力较多。

（3）受访谈员影响较大。由于访谈双方的直接接触，访谈人员的性别、年龄、容貌、衣着以及态度、语气、口音、价值观等特征，都可能引起被访者的心理反应，从而影响回答内容的真实性。尤其是在陌生人之间进行交谈，被访者容易产生种种猜测，产生不信任感，容易产生偏差。

（4）缺乏隐秘性。由于当面回答问题，匿名性差，会使被访者感觉到缺乏隐秘性，顾虑重重，尤其对一些敏感性的问题，往往回避或不作真实回答。

（5）会给被访者带来不便。对于外人的造访，或多或少会给被访者带来不便。虽然访谈时间事先可约定，但通常未必是被访者最合适方便的时间。另外，访谈流程迅速，被访者缺乏查考资料的机会，可能会影响回答。

（6）访谈范围受限。由于访谈费用大、耗时多，故难以进行大规模的访谈，一般访谈样本较小。

（7）访谈记录困难。访谈花费的时间、精力较多，流程又快，要将谈话内容完整记录下来相当困难，尤其是采用无结构访谈方式，在没有现场录音的情况下，用纸笔记录较难进行，追记和补记往往会遗漏很多信息。

三、访谈的类别

在生活中，人们谈话的方式很多，有很随意的，也有很正式的。我们讲的访谈与日常生活中的谈话是有区别的。访谈是一种有特定目的和规则的研究性交谈，而日常谈话目的性比较弱，形式比较松散。斯普莱特利（J. P. Spradley）概括了访谈与日常谈话的主要区别①：

（1）日常谈话通常没有明显的目的性，而访谈却有十分明确、清楚的目的性。

（2）日常谈话通常以友好的招呼开始，常伴有身体的接触，如握手、拍肩、拥抱等，而访谈不会超出握手的范围。

（3）日常谈话通常有意避免言语的重复，而访谈中访谈者经常会要求对方重复，以便清楚了解事情的具体细节。

（4）日常谈话通常交谈双方可以互相问对方问题，而访谈中通常是访谈者向对方发问，双方达成的默契是：为满足访谈者的要求，被访者须向访谈者提供有关信息。

（5）日常谈话中，交谈双方往往会频繁向对方表示自己希望继续交谈下去的兴趣，而访谈则只要求访谈者向对方表示兴趣和热情，被访者不需要这样做。

（6）日常谈话中，交谈双方会使用一些表示自己无知的话语，以衬托出对方话语的重要性，而访谈中表示无知的话使用更频繁，主要是访谈者这么做，目的是鼓励对方说话。被访者一般不会这么做。

① J. P. Spradley，（1979）. *The Ethnographic Interview*. New York：Holt，Rinehart & winston.

（7）日常谈话中，交谈双方的言语轮换是平等的，双方可以互相提问，而在访谈中轮换规则是不平等的，通常是由访谈者提问题，由访谈者挑起新的话题。

（8）日常谈话中，交谈双方会使用大量的略语和参照物，不必详细介绍细节，而访谈时访谈者通常要求对方详细说明细节，举例说明自己的观点，越具体、越明确越好。

（9）日常谈话通常交谈双方可以允许较长时间的沉默，而在访谈中虽然要求访谈者容忍沉默，但通常不会太长时间地保持沉默。访谈者总是会想方设法让对方说话。

（10）在日常谈话中，双方在谈话结束时一定要用结束语，或找个理由结束谈话，不必道谢，而访谈中访谈者要向对方表示感谢，需要的话还要商定下一次访谈的时间和地点。

总之，访谈是一种与日常交谈有所不同的谈话方式，访谈不是一种随意的聊天，交谈双方的权力和地位不一样，目的和形式也不一样。访谈作为一种研究方法，一般可从以下几个方面分类。

（一）结构式访谈、无结构访谈和半结构访谈

结构式访谈是事先将访谈的题目设计成一份调查表或访谈问卷，然后严格按拟订的调查表或访谈问卷的内容进行的访谈。访谈时访谈人员必须按调查表或访谈问卷上的题目顺序发问，不得随意改变或转述题目及答案的用语，访谈人员处理问题的自由度比较小。结构式访谈具有统一的访谈计划，对访谈内容作了周密的安排，并且研究结果可作量化分析，因此也称“标准化访谈”。相当于面对面的问卷调查。

结构式访谈计划通常包括：访谈的具体项目、程序、重点、提问形式、分类方式、指标系统、记录表格等。结构式访谈要求访谈人员在选择访谈对象、发问的方式和程序、对被访者的回答记录形式等方面都保持高度一致。由于结构式访谈采用共同的标准程序，信息指向明确，谈话误差较小，能以样本推断总体，便于对不同对象的回答进行比较、分析，所以这种访谈类型常用于正式的、较大范围的社会调查。一般来说，量的研究通常采用结构式访谈。

无结构访谈也称自由式访谈，是一种随意的、自由的、开放式的谈话方式。它与结构式访谈相反，无须事先制定统一的调查表或访谈问卷，而是按一个粗线条的访谈提纲或某一个主题和问题方向，与被访者交谈。由于这种访谈无具体操作程序和固定的问答用语，所得结果也不宜作标准化分析，因此又称“非标准化访谈”。

无结构访谈是访谈双方在比较轻松、自由、随便的气氛中进行的访谈，谈话有弹性，能灵活地转换话题，变换提问方式和顺序，追问重要线索，可以获得深层次的比较真实可靠的信息。通常，质的研究、心理咨询和治疗常采用这种无结构的“深层访谈”。

在教育研究中采用的访谈形式常常为介于结构式访谈和无结构访谈之间的半结构访谈。这种访谈有调查表或访谈问卷，有结构式访谈的严谨和标准化的题目，也给被访者留有较大的表达自己想法和意见的余地，并且访谈者在进行访谈时，具有调控访谈程序和用语的自由度。半结构访谈兼有结构式访谈和无结构访谈的优点，既可以避免结构式访谈的呆板，缺乏灵活性，难以对问题作深入的探讨等局限，也可以避免无结构访谈的费时、费力，容易离题，难以作定量分析等缺陷。

（二）个别访谈与团体访谈

个别访谈是指访谈者与被访者一对一的面谈，整个访谈过程不受第三者的直接影响。访谈者与被访者有更多的交流机会，被访者更易受到重视，安全感更强，访谈内容更易深入。个别访谈是访谈法中最常见的形式，只要访谈者控制好谈话情境，就能较好地打开被访者的言路，特别适合于无结构的访谈。

团体访谈指研究者邀请若干个被调查者，通过集体座谈的方式收集有关资料的方法，就是通常讲的开调查会，开座谈会。团体访谈是教育调查研究中一种常用的方法，它扩大了调查对象，被调查者可以是几个人，也可以是一个小组或一个班级。这样既可以减轻被调查者的心理压力，又可以提高收集资料的效率。另外，通过座谈的方式进行调查，可以集思广益，互相启发，彼此对证，能在较短的时间里搜集到较全面的材料和信息。

团体访谈要求访谈员有较熟练的访谈技巧和主持会议的能力。通常开座谈会前，应事先准备好访谈提纲，将访谈的目的、内容等通知被访人员，让他们事先有所准备。参加座谈的人员要有代表性，一般不要超过十人。座谈会要创设畅所欲言的气氛，要让与会者都有发表自己意见的机会。另外要做好详细的座谈记录。团体访谈有时会产生“团体压力”，使个人顺从多数人的意见而不敢提出异议。因此，对于某些敏感性的问题难以进行较为深入的访谈。

（三）直接访谈与间接访谈

直接访谈指访谈双方进行面对面的直接沟通来获取信息资料的访谈方式。绝大多数的访谈都是面对面的直接访谈。直接访谈可以采用“走出去”与“请进来”的方式进行。“走出去”就是访谈人员深入到被访者中进行现场访问；“请进来”就是邀请被访者到研究人员指定的场所进行交谈。一般为了方便被访者、尊重被访者，直接访谈更多地采用“走出去”的方法进行。

直接访谈的好处是：访谈者在与被访者面对面的交谈中，可以感知对方的表情、神态、动作，可以对对方的言语行为和非言语行为的关系有比较完整、准确的把握。

间接访谈与直接访谈相反，它不是访谈双方面对面地进行直接交流，而是访谈者借助某种工具或媒介向被访者收集有关资料的访谈方式。电话访谈就是一种间接访谈。

电话访谈是一种新兴的访谈方式。近些年来，随着电话的不断普及，电话的使用率在不断地提高，利用电话访谈来进行调查研究开始多了起来。电话访谈可以提高效率，与面对面的访谈相比可节约费用。据国外的研究，电话访谈与面对面个别访谈的合作率相差不多，对于教育系统的人员（教师、校长、学生、家长等）通过电话进行访谈更容易成功①。电话访谈有以下的优点：

---

① ［美］威廉·维尔斯曼著，袁振国主译：《教育研究方法导论》，240－242页，北京，教育科学出版社，1997。

（1）节省时间。访谈无须来回奔波，能节约大量的时间。

（2）节省人力。电话访谈可以减少访谈人员，由少数有经验的专业人员来完成访谈任务，可提高访谈的质量。

（3）样本较大。由于时间的节约和电话使用的便利，允许从更大范围内抽取更多的访谈对象。

（4）费用低廉。只需支付电话费，可节约派员访谈的调查差旅费用。

（5）资料收集处理快速。电话访谈可以迅速获取所需信息，资料收集相对集中，可实现自动输入。

（6）保密安全。电话访谈具有匿名性，获得信息比较可靠。另外访谈员进入家庭访问，被访者可能会因陌生人的造访而感到不安，电话访谈则不会有这种感觉。

当然，电话访谈并非十全十美，也有它的局限性。比如，电话访谈不及面对面的访谈那样灵活、有弹性；不易获得更多的、更详尽的细节；难以控制访问环境；不能观察被访者的非言语行为等。但是，当需要在面对面访谈与电话访谈这两种访谈方式之间作出选择的话，电话访谈值得优先考虑。随着电话通讯事业的不断发展，电话访谈将会有很广阔的发展前景。

（四）横向访谈与纵向访谈

横向访谈又称一次性访谈，指在同一时段对某一研究问题进行的一次性收集资料的访谈调查。一般来说，横向访谈的内容比较单一，主要以收集事实性材料为主，更多地用于描述性的研究。被访者有一定数量，通常是从总体中随机抽样获得的，研究是一次性完成的。由于横向访谈收集资料的时间较短，一次性解决问题，因此更多的人乐意采用此法。横向研究常用于量的研究。

纵向访谈又称多次性访谈或重复性访谈，指随时间的推移多次地收集固定研究对象有关资料的跟踪调查。即对同一样本进行两次以上的访谈以获取资料的调查方式。纵向访谈常用于个案研究或验证性研究，常用于质的研究。纵向访谈是一种深度访谈，它可以通过研究对象自身的前后比较来了解事物发展的变化趋势，可以探讨问题的深层意义，逐步由浅入深，由事实信息到意义解释。按照美国学者塞德曼（I. Seidman）的观点，深度访谈至少应进行3次以上①。

四、访谈的程序与技巧

访谈是一种人际沟通的形式，是一种社会交往的过程，访谈双方只有在社会互动中建立起相互信任，相互理解的合作关系，才能获得客观、可靠的资料。访谈双方，访谈人员是主动的，访谈的成功很大程度上依赖于访谈人员的谈话程序和技巧。

（一）访谈前的准备

被访者大多是有思想、有情感、有个性的人，他们一般不会主动向不熟悉的访问者提供资料，这就需要访谈人员认真做好访谈前的准备工作，与被访者建立起良好的信任关系。访谈前的准备工作大致有以下几项。

1. 选择访谈对象

选择访谈对象时，首先要根据研究的目的确定访谈的总体范围，然后以随机抽样的方法，从总体中选取有代表性的样本。至于究竟该选择多少访谈对象，则要从研究的性质，研究的主客观条件通盘考虑。一般，探索性研究可以采用较小的样本进行研究，验证性的研究则需要较多的访问对象；横向访谈样本可以多一些，纵向访谈访问对象可以相对少一些；结构性访谈样本可以大一些，无结构访谈样本相对小一些。

选择访谈对象要尽可能了解被访者的有关情况，如被访者的性别、年龄、职业、文化水平、专长、经历、性格、兴趣、习惯、爱好

① 陈向明：《质的研究方法与社会科学研究》，173页，北京，教育科学出版社，2000。

等。对访谈对象的基本情况了解越清楚，选择访谈对象也就越有针对性。充分了解被访者的基本情况，对于准确的编制访谈问题，选择适当的谈话方式，灵活地运用访谈技巧具有重要意义。

2. 编制访谈问卷

在结构式访谈中，必须事先编制访谈问卷。访谈问卷的形式大体上与一般的书面问卷相似，可以有开放式问题，也可以有封闭式问题，只是访谈问题的设计更注重表述的口语化。除了按顺序排列的访谈题目、答案选项外，也包括访谈的相关资料，如访问日期、时间、地点、被访者的基本资料等。

编制访谈问卷首先要确定研究要测定的变量，然后针对这些变量编制问题。如我们要研究的变量是学校的民主气氛，我们想知道学校的民主气氛达到什么程度，我们可以设计这样的问题："在学校，你觉得能自由地向校长坦陈你的看法吗?""教学中，你可以随便采用新的课堂练习和教材吗?"在编制问题时，所提的问题要能反映研究变量的意义。

访谈问卷的问题要按研究目的和研究变量来编写，编制完成后，最好请有经验的研究者或同行一起商量，并请他们提修改意见。有条件的话可进行小范围的"预访"。"预访"可以揭示访谈问题的缺点以及访谈中可能遇到的问题，提高访谈问卷的信度。例如，预访被试对某个题目的答案完全相同，那么这个题目大概缺乏区分度，需要改写或删除；如果被访者拒绝回答某些题目，应设法重新编写这个题目以减少敏感性等。

3. 制定访谈计划

访谈通常要有个计划，要根据研究目的选择合适的访谈方法，如果研究的目的是验证某一假设或要调查多数人的某种反应，可选择结构式访谈，编制好标准的访谈问卷；若是探索性研究，可选择无结构访谈，编写一份粗线条的访谈提纲。访谈计划内容主要包括访谈目的、访谈对象、问题设计等。

当然，访谈方法的形式还可根据时间、经费、人力、物力等因素，综合考虑是采纳个别访谈还是团体访谈，直接访谈还是间接访谈，一次性访谈还是多次性访谈。一般来说，为了节约时间和经费，研究人员更多地会选择集体访谈（开座谈会）和间接访谈（电话访谈）。

为了访谈顺利进行，为了提高访谈的质量和效率，还需要具体考虑访谈的时间、地点、场合等因素。一般，访谈时间最好是被访者工作、学习不太繁忙，并且心情比较舒畅的时候。访谈的地点和场合的选择要从被访者方便的角度考虑，要有利于被访者准确地回答问题，要有利于形成畅所欲言的访谈气氛。一般，有关个人或家庭的问题，以在家里访谈为宜；有关工作方面的问题，以在工作地点访谈为宜。但是，如果被访者不愿在家或在工作单位会见访谈人员，那么也可以选择其他合适的场所进行访谈。

访谈计划通常要有时间进度或工作进度，为了使访谈规范，能获得实效，须事先安排访谈行程，将访谈人员、被访者、访问日期及时间作适当的安排，并准备访谈所需的工具，如访谈记录表、各种证明材料、证件、录音机等。

4. 培训访谈员

由于访谈比较费时，周期比较长，因此在进行较大范围的结构式访谈中，往往需要培训大批的访谈人员来担任访问工作。培训访谈人员可从这几个方面着手：

（1）让访谈人员了解研究方法的知识，特别是有关测量的理论和方法；

（2）让访谈人员了解该项研究的性质、目的、方法、变量以及理论框架；

（3）让访谈人员了解访谈的方法，并且熟悉访谈的技巧；

（4）让访谈人员在控制条件下进行实际的访问谈话，提供练习和操作的机会；

（5）让访谈人员在模拟的访谈过程中判断和评价访谈内容，分析访谈记录。

为了使访谈过程标准化，研究人员通常将培训内容打印成“访谈手册”，其中说明访谈的程序、重点、要领等，供访谈人员随时参考。

访谈需要听、说、读、写的技能，因此培训访谈人员也必须包括所有这些技能。仅仅靠阅读一些介绍如何进行访谈的文章是不可能培养出一个熟练的访谈人员的。访谈的技能技巧更多的是从访谈实践中获得的。现在的访谈人员培训，常采取录像的形式，将一段示范性的片段录下来，供被培训者反复观看，熟悉访谈的言语、动作、表情，了解访谈的技能技巧，然后让被培训者扮演角色模拟访谈，并将模拟情境录下来，供分析比较用。

（二）进入访谈现场

进入访谈现场，面对素不相识的被访者，访谈人员要表明来意，消除对方的疑虑，以求得理解和支持，这是访谈顺利进行的第一步。实施访谈，大致可以分为几个阶段：访谈前的联系；初步接触；获准访谈等。

1. 访谈前的联系

在实地访谈前，一般要事先与被访者取得联系。联系的方式：一是书信联系；二是电话联系。无论是书信联系还是电话联系，都必须简要说明访谈的目的、意义、内容；表明研究者的身份及研究单位；若对方愿意接受访问，应约定访谈时间与地点，并告知对方访谈人员的姓名。

2. 初步接触

进入访谈现场，首先碰到的是如何进门的问题。常言道“万事开头难”，对于互相不熟悉的访谈双方来说，最困难、最尴尬的莫过于一开始的接触。一般可请一位与被访者熟悉的人引见或陪同，这样可以增加被访者对访问者的信任感。访谈双方面对面的初次接触，通常是在被访者的门口。要注意以下几点。

（1）恰当的称呼。称呼恰当，能为接近被访者提供一个良好的开头，称呼错了会引起对方的反感，影响访谈的正常进行。称呼要入乡随俗，自然亲切，既不可对人不恭，也不可过于奉承。常用的称呼有

“同志”、“先生/女士”、“小姐”、“老师”等，究竟该怎样称呼，访谈人员应根据实际情况灵活使用。

（2）诚实表明自己的真实身份。一般可开门见山，先作自我介绍（或由陪同人员介绍），直接说明访谈目的、意义、内容，请求被访者的支持和合作。另外访谈人员要出示自己的有关证件，如盖有公章的介绍信；递上自己的名片；携带具有研究单位标志的公文包、文件夹；佩戴代表身份的标识等，以消除被访者的疑虑，获得信任。

（3）表示访问的愿望。在自我介绍之后，要表达进入访谈的愿望。一般不要问“我可以进来吗?”或“我可以访问您吗?”这种问题一旦被拒绝，很少有缓和的余地。可以这样说：“我想进来跟您谈谈有关的问题，听听您的意见。”“我有几个问题想请教您。”若被访者推辞受访，访谈人员要有耐心，要想尽办法与被访者约定下次登门拜访的时间，不要轻易放弃任何一名被访者。

3. 获准访谈

在初步接触后，若被访者未断然拒绝访问，访谈人员必须采取各种方法接近被访者，争取获准访谈。当被访者没有什么顾虑的情况下，可直接说明来意，请求合作；当对方存有戒备时，可寻找与被访者的共同点，如同乡、同学、共同的经历和爱好等，也可以从对方熟悉的事情、关心的社会问题、时下的新闻热点谈起，以消除紧张戒备的心理；可以从关心被访者入手，联络感情，建立信任，在建立起初步融洽的关系后，再进入正题。

有时，被访者会提出一些挑战性的问题，如“为什么要访问我?”“怎么查到我的名字和地址的?”等，这时访谈人员要耐心地解释取样的方法与过程，并表明访谈内容无所谓对与错，仅作科学研究用，不会对被访者造成不良影响，只是想听听被访者的意见和经验。

总之，初次接触被访者，要给人留下积极主动、友好谦虚、彬彬有礼的第一印象，这是对访谈人员素质的基本要求。即使由于种种原因被拒绝访问，访谈人员也应礼貌地告辞。千万不要与被访者发生语言上的争执，要知道，我们有发问的权利，但对方也有拒答的权利。

（三）提问与记录技术

当被访者同意接受访问后，要找一个利于交谈，能观察对方行为，又便于书写记录的位置，随即进行访谈。访谈中如需要录音，应征求被访者的同意。一般来说，如果条件允许，被访者又没有异议，最好能对访谈内容进行录音。

1. 提问技术

预备性谈话之后，接下来转入访谈正题，也就是正式提问。提问质量的优劣是访谈能否顺利进行的关键。提出的问题可分为实质性问题和辅助性问题两大类。实质性问题是指研究者为获得希望得到的信息资料而直接提出的问题。可以细分为以下几种。

（1）事实性问题。针对客观存在的现象、活动、事实等提问，如“你在教学中是怎样减轻学生课业负担的?”

（2）意向性问题。针对主观的意见、态度进行的提问，如“你赞成对小学生学业评价取消百分制的做法吗?”

（3）建议性问题。针对尝试性的设想、措施等提问，如“你对实行‘小班教学’的改革有何看法或建议?”

这类问题是整个访谈的核心、主干，问题提的好坏与研究质量直接相关。

辅助性问题是指研究者为保证实质性问题的回答质量而提出的问题。可以细分为以下几种。

（1）接触性问题。目的在于打开话题，消除拘束感，营造访谈气氛的问题。如先谈谈被访者的学习、生活等比较熟悉的问题。

（2）验证性问题。目的在于检验被访者是否真实地回答了实质性的问题。如分别提两个相互依存的问题，看被访者的回答的是否一致。例如，可以先问家庭收入，在间隔一些问题后，再问家庭支出和余额，以此来验证家庭收入。

（3）过滤性问题。目的在于判断被访者是否需要回答后面的分叉性问题。如调查中学生对武侠小说的态度，首先要搞清楚学生是否读过武侠小说，因此“你读过武侠小说吗?”这个问题就成了过滤性的问题。如果学生没有读过，那么后面有关对武侠小说态度的一系列问题就不需要问了。

这类问题在整个访谈过程中起辅助作用，是为实质性问题服务的。辅助性问题像润滑剂，灵活地运用，能促进访谈的顺利进行。

提问的方式多种多样，可以开门见山；可以投石问路；或顺水推舟；或顺藤摸瓜；或借题发挥；或层层深入……访谈者应根据被访者的实际情况，选择恰当的提问方式，使访谈在自然、平等、友好的气氛中进行。在提问过程中，要注意以下几点。

（1）维持被访者的访谈动机。被访者的合作是访谈得以成功的必要条件。当访谈双方的关系趋向紧张，被访者回答情绪低落，开始厌倦于回答问题，这时访谈人员必须设法缓和紧张气氛，可以转换一个被访者感兴趣的话题，也可暂停交谈休息放松一下，藉此维持访谈动机。

（2）提问要清楚明确。所提问题要口语化，语气要委婉，要让被访者一听就明白意思。若采用结构式访谈，必须使用统一的访谈问卷，按事先准备好的访谈问题依次提问，不得任意增删文字或更换题目顺序。若采用无结构访谈，则要求所提实质性问题短小、具体，尽量避免使用深奥的、抽象的专业术语。

（3）发问要自然顺畅。访谈人员事先要熟悉访谈问卷的内容，熟悉每一个问题。发问的语气和态度不要咄咄逼人，切不可像老师问学生，法官审犯人那样。

（4）要耐心听取回答。访谈人员发问后，要有礼貌地、耐心地倾听被访者的陈述，边听边记录。另外，在问答过程中访谈人员可适当的给予积极的反馈，让被访者明白自己的角色。如不时地使用“嗯”、“是”、“懂了”、“明白了”等非指导性的话语，或用点头、目光和手势等非语言信息鼓励被访者继续讲下去。

（5）不要给予任何评价。访谈人员对所提的问题要保持客观、公正的立场，当被访者对问题不理解或理解错了，访谈人员可以重复问题，有时候也可以适当做些解释，但不能给予任何暗示。尤其是涉及不同观点或是有争议的问题，访谈人员更应保持中立态度，无论被访者回答正确与否，都不宜作肯定或否定的评价，不要发表见解，不要表示批评、惊讶、赞成或不赞成的态度。只能作些中性的反应，如“我明白你的意思了”，“请继续说”等，以鼓励对方把话说下去。

(6) 注意非语言交流。访谈是通过语言交流传递信息的，但是除了语言之外，服饰、语气、目光、动作、姿态等也能表达某种意义。有时非言语行为比言语行为更能表现交谈双方的态度、关系及互动的状态。因此，访谈人员要善于察言观色，分析和利用有关的非语言信息。如，访谈过程中，被访者连连点头，意思是“赞成”、“同意”；匆匆记录问题，表示问题可能非常重要；与访谈者保持人际距离较远，可能暗示对访谈不感兴趣或怀有敌意；东张西望，表明注意力已经转移；频频看钟表，意味着希望尽快结束访谈等。

2. 记录技术

访谈的直接目的是通过收集资料来解释问题，而资料则是访谈人员的现场记录，现场记录的好坏直接影响研究的最终结果，因此熟练地掌握记录的方法，是访谈人员必备的技能。访谈的记录方法主要有二：一是用纸笔记录的方法；二是用录音录像辅助的方法。

(1) 纸笔记录的方法

在一般性访谈中，访谈人员通常采用纸笔记录的方法进行记录。纸笔记录的方式主要有四种。一是速记，即用缩略语和特定的符号来全面记录被访者的回答。这种记录方式需要速记的技巧，事后还要对速记进行翻译和整理。二是详记，即用文字当场作全面详尽的记录。与速记不同的就是不用速记符号。这种记录方式往往记录不全，因为纸笔记录速度跟不上讲话的速度。三是简记，即只记录那些访谈人员感兴趣的内容和要点。这种记录方式比较常用，为了快速、准确地记录，通常要有访谈记录表，访谈人员只需在事先设计好的记录表上勾勾划划，作上记号。四是补记，即访谈现场不作记录，事后根据回忆记录访谈内容。事后补记的方式用于被访者不希望现场记录，或当场记录会使谈话显得过于正式、拘谨，会影响被访者回答的情绪。

在团体访谈中，可以安排专人做记录，个别访谈必须访谈人员亲自做记录。亲自做记录，一方面可以边听边思考问题，把谈话问题引向深入，对不清楚的问题可以追问；另一方面也表示对被访者的尊重，以及对问题的重视，同时也鼓励被访者发表自己的意见。

访谈现场的纸笔记录主要是内容型记录，记的是被访者所说的内容。有时也可以记访谈者在访谈过程中看到的东西，如访谈的环境、被访者的行为、神情、反应等；有时还可以记访谈者自己在访谈现场的感受和体会，对事实做简略的评论。

（2）录音录像辅助的方法

限于书写的速度，纸笔记录往往难以获得完整的谈话资料。为了获得更完整的访谈资料，可利用录音录像的方法来辅助访谈。当然，录音录像必须征得被访者的同意。

访谈时采用录音录像可以保留完整的谈话资料，避免纸笔记录的误差，整个访谈情境可以重复、再现，便于资料的分析和整理，访谈人员也不必为笔录而分心，可专注于谈话内容。录音录像作为一种比较理想的访谈记录方式，但它的运用取决于被访者，如果被访者不喜欢谈话被录音录像，访谈人员则不能强求。

访谈记录的内容通常涉及：被访者的回答、访谈人员的追问、访谈情境、访谈程序、对被访者行为特征的描述和评注。

在访谈记录过程中，要注意以下要领：

（1）要忠实地记录，实事求是，不要以自己的话来转述被访者的回答；

（2）访谈过程中要随问、随听、随记，以免遗忘有关信息；

（3）要逐字逐句记录，尽量记录被访者的原话，不要润色，不要添油加醋；

（4）少作概括性的记录，不要对被访者的回答内容作摘要，以免掺入主观成分；

（5）访谈记录表上要写明访谈人员的姓名、访谈日期、时间、地点等资料，以便于分析查考；

（6）访谈记录中除了被访者的回答外，追问、评注、解释，访谈情境和特殊事件的描述等都需要加括号，以示区别。

（四）接引与追问技术

在访谈过程中，访谈人员不仅要提出问题，有时还需要接引（probing）与追问。

1. 接引

接引是指在访谈过程中的承接与引导，即访谈者对被访者的言行作出的反应，包括言语反应和非言语反应。当被访者不能正确理解和回答提出的问题时，这时需要访谈人员的接引。一般来说，当被访者没有听清楚所提的问题，或对问题理解不正确，答非所问、文不对题时；当被访者存在戒备心理、思想顾虑重重，对问题避而不谈或一带而过时；当被访者一时语塞，对所提问题想不起来时；当被访者天南海北、海阔天空、不着边际地漫谈时……在上述情况下访谈人员应根据实际，及时进行接引，排除访谈过程中的各种干扰和障碍，使访谈按原定计划顺利进行。

接引要注意的原则是要以非指导性的态度使用接引语，即接引语应该是中性的，不要诱导被访者的回答方向，不作评论，不发表见解，更不可采取责怪的语气或态度要求被访者作进一步的回答。运用中性的接引语，可以采用重述题目、停顿不语、解释说明、重述被访者的回答、直接请求被访者进一步回答等方式。

（1）重述问题。如被访者没有听清楚所提的问题，访谈人员可以适时重述一遍问题。例如，“我想你可能没有听清楚我刚才提出的问题，我再说一遍……”

（2）认可。为了维续谈话，使对方感到自己被接受，得到重视，访谈者在问答过程中可用言语行为表示认可，如“是的”、“对”、“嗯”等，也可以用非言语行为表示认可，如点头、微笑、鼓励的目光等。

（3）停顿。访谈人员可采用短暂的沉默不语，以期待的目光注视被访者，等待被访者作进一步的回答。另外，当被访者沉默时，访谈者应学会容忍，不要急于发话打破沉默。

（4）解释。访谈人员有时需要对问题作出具体解释和说明，帮助理解题意，消除思想顾虑。例如，“对于你谈到的内容，我们是不会外传的，请你放心地讲下去。”

（5）重述回答。重述可以是重复原话，也可以是总结概括。重述被访者的回答，既可以检验自己是否准确理解了被访者的回答，也可以提醒被访者谈到什么地方了，同时暗示被访者继续讲下去。如，“你说的是……”

（6）澄清。如果不能确知被访者的意思，可请被访者重复描述一番，以澄清回答内容。如，“我不完全懂你的意思，请你再解释一下。”

（7）转移话题。如果被访者的回答离题太远，应寻找时机将话题转移到正题上来。例如，“你谈了许多有关这方面的问题，由于时间关系，我不得不再问你另外一个问题……”

（8）自我暴露。为了缩短与被访者的心理距离，在访谈过程中，访谈者可适当地作些自我暴露，以使访谈更轻松和谐，更具合作互动。如，“我小时候也很调皮，常常挨老师的批评。”

访谈过程中，接引是不可缺少的手段，接引的方式方法多种多样，访谈人员要在访谈实践中不断地加以总结，逐步提高访谈质量。

2. 追问技术

当被访者的回答不清楚、不完整或不合乎题目的意思时，这时需要访谈人员接着提出一些问题，促使获得满意的回答，这就是追问。追问也是访谈过程中不可缺少的手段。一般在下列情况下需要追问：当需要进一步弄清问题的来龙去脉时；当被访者回答自相矛盾，不能自圆其说时；当被访者回答不够完整时；当被访者回答含糊不清、模棱两可时；当被访者回答过于笼统、不具体时；当访谈人员没有听清楚关键问题的回答时；当访谈人员需要了解细节，使谈话深入时。

追问的一个重要原则是：尽可能用被访者自己所用的言语和概念来进一步询问。如，发现被访者多次提到“反思性教学”这个词，为了进一步了解，可以追问：“您刚才用了‘反思性教学’这个词，请问这个词是什么意思？”被访者解释了这个词，访谈者还想了解具体是怎样做的，可以继续追问：“您已经解释了‘反思性教学’这个概念，请问你们在教师培训中是如何做的？”

追问的方式多种多样，追问的主要方式有以下几种。

（1）直接追问与间接追问。直接追问就是直截了当请被访者对未回答或回答不完全、不具体的问题再作补充回答。如："刚才说的学习速度问题，你可以谈得更详细些吗？"间接追问就是通过询问其他相关联的问题或换一个角度询问某个未回答或回答不完整的问题。

（2）当场追问与事后追问。对于一些简单的问题，如访谈人员没有听清楚具体的事实、数字或需要了解更多的细节等，可在回答问题时当即进行追问。如："关于减轻学生课业负担，还有什么具体的措施？能不能再谈细些？"对于一些比较重要、相对复杂的问题，当场追问可能会影响访谈思路，可以当场记下来或在记录表上作好标记，留待访谈告一段落后再集中追问。

追问是对提问的引申和补充，追问能使访谈人员更具体、准确、完整地了解被访者回答的问题，可以促使访谈向纵深发展，可以充分体现访谈的灵活性。无论采用哪种追问方式，都必须尊重被访者，追问要适时适度，以不伤害被访者的感情为原则。追问中最忌讳的是：不考虑被访者的情感，不管对方正在说什么和正在想什么，一股脑地把事先设计好的问题一个一个地抛出去，强行把自己的访谈计划硬塞给被访者，强迫对方回答。

（五）结束访谈

结束访谈是访谈活动的最后一环，如何结束访谈要注意以下几个问题。

1. 时间问题

访谈人员要掌握整个访谈的时间，根据国外的研究，一般情况下，被访者保持注意力的时间为：电话访谈 20 分钟左右；结构式访谈 45 分钟左右；团体访谈和无结构访谈不要超过 2 小时。以上这些数据可供访谈人员实施访谈时参考。至于一次访谈究竟花多少时间为宜，应根据访谈的实际情况灵活控制，以不妨碍被访者的正常工作和生活秩序为原则。如被访者要上班或上课，到了该吃饭的时间了等等，这时就应该及时结束访谈。

2. 行为问题

访谈人员收集资料时，除了要注重被访者的回答内容，还要时刻体察访谈过程中的情感表现。如，被访者说话的音调的转变，节奏的变慢，以及被访者行为的某些暗示等。当感到被访者有点不耐烦了，或不停地看时间；或已超过事先约定的时间；或家中来了客人需要接待；或有要事需要处理，这时应该考虑尽快结束访谈。当感到交谈难以进行，话不投机时，也是该结束谈话的时候了。

当然，有时被访者十分健谈，难以自然轻松的方式结束访谈。这时访谈者可有意地给对方一些言语和行为上的暗示，表示访谈可以结束了。如，“您还有什么要想说的吗?”“对今天的访谈您有什么看法?”或岔开话题问对方：“您今天还有什么安排?”或做出准备结束访谈的姿态，如，开始收拾录音机，合上记录本等。

3. 结束语

访谈结束时，不要忘了对被访者的支持与合作表示感谢。应该向被访者表示通过访谈获得了很多有价值的材料和信息，学到了很多知识。如果这次访谈尚未完成任务，还需进一步调查的话，那么必须与被访者约定下次再访的时间和地点，最好还能简要说明再次访问的主要内容，让被访者有个思想准备。

（六）访谈后的工作

获取资料只完成研究任务的一半，后面的工作主要是资料的整理和资料的分析。每次访谈结束后，要对记录的资料进行初步整理，看看是否获得了研究所需的信息，是否需要重新访问。因为在访谈过程中原以为搞清楚的问题，在整理资料的过程中会发现有些问题的回答还不清楚，模棱两可，有些问题被遗漏了。这时访谈人员不能凭自己的主观愿望决定一个答案。对于关键性问题，为保证资料的准确性，需要重访或电话访谈以确定问题答案。

采用不同的访谈方式可得到不同性质的资料，结构式访谈通常可以获得数据资料，可用统计方法处理；无结构访谈获得的是描述性资料。对这类资料的处理，要做到条理清楚，主次分明，准确分类，便于分析。

最后，根据研究的目的对加工处理过的资料进行分析综合，在对问题产生的原因作深入的分析和论证之后，得出研究结论，撰写研究报告。

五、访谈的自我检测

访谈是获取资料的过程，也是访谈双方人际沟通的过程。访谈的进程与效果很大程度上受访谈双方社会心理因素的影响。这种影响有正面的和负面的之分，凡对访谈起阻碍作用的为“访谈阻力”；凡对访谈起促进作用的为“访谈助力”。[①]在访谈的自我检测过程中，了解这些心理因素是必要的，只有这样才能发挥助力，克服阻力，收集到客观有效的资料。

1. 访谈的阻力

（1）访谈时间对被访者不合适；
（2）访谈内容对被访者形成威胁（道德、政治、社会规范等）；
（3）有伤被访者的自尊；
（4）涉及过去伤心或难过的事；
（5）故意迎合访谈人员；
（6）忘记过去的细节；
（7）作不恰当的推论；
（8）有意作出从众的回答。

以上 8 项都是从被访者回答问题角度来谈的，其中有些是被访者不愿接受访问或不愿据实回答，有些则是被访者不能或无法确切回

① 吴明清：《教育研究——基本观念与方法分析》，334-335 页，台北，五南图书出版公司，1991。

答，这些因素都会妨碍访谈的正常进行。

2. 访谈的助力

（1）理解研究的目标和要求；
（2）被访者得到尊重；
（3）该访问有社会意义；
（4）被访者也有与人分享情感体验的需求；
（5）访谈内容新鲜独特；
（6）可释放被访者的紧张情绪；
（7）能激发被访者探讨问题的兴趣；
（8）可得到外在的奖励。

以上 8 项助力也是从被访者回答问题的角度来谈的，其中有些出自内在动机，有些则出自外在动机。但无论如何，只要能满足这些条件，都能促使被访者愿意接受访问。

访谈阻力和助力的各种影响因素是进行访谈自我检测的基本要领，只要访谈人员掌握了这些要领，充分发挥访谈助力，克服访谈阻力，就能够在访谈过程中创造出各种具体的访谈策略和技巧，圆满地完成访谈任务。

第七章 如何进行个案研究

个案研究是教育研究中一种常用的研究方法。它不仅仅只是一种研究方法，也是一门复杂的认知课程，是帮助个人解决现实问题的理论。

一、什么是个案研究

个案研究（case study）指采用各种方法，搜集有效、完整的资料，对单一对象进行深入细致的研究过程。通常个案研究是对特定的人、事、物所进行的描述和分析，研究对象可以是一个人、一个机构、一个社会团体等，资料搜集可以采用查阅档案记录、问卷、测验、访谈、观察等方式。

个案研究一般都采用评判法进行，即以系统的方式对个体、个别事件或案例作深入的研究及调查，结合主观评判试图用推理方式解释、分析所收集来的事实资料，提出解决问题的方案或策略。

个案研究的任务是对个案的行为特征提出描述性的报告，并为最终判断提供现实的证据。个案研究常被看成是自然主义的、描述性的、质化的研究，与实证主义的、验证性的、量化的研究相对应。事实上个案研究不是以质化与量化研究来划分的，而是以研究对象的单一性来界定的。个案研究是一种综合多种研究手段进行研究的方法。

（一）个案研究的含义

个案研究是针对单一个体在某种情境下的特殊事件，广泛系统地收集有关资料，从而进行系统的分析、解释、推理的过程。因此，狭义的个案研究是指对单一特定的人、事、物所做的描述、分析及报告。广义的个案研究则可界定为：采用各种方法，收集与研究问题相关的资料，对单一个体或一个单位团体作深入细致研究的过程。个案研究在学校教育教学、心理咨询、行为矫正等工作上具有重要意义。对于某些适应欠佳或学习困难的学生，必须给予特殊的处理，针对其所发生的行为和事件，利用客观、科学的方式收集有效的个人资料，并以此作为诊断及推理的依据，然后向研究对象提供正确的辅导策略，帮助其解决问题，以达到最佳适应。

个案研究的意义可以具体体现在以下几个方面：

（1）教育教学研究历来重视个体的发展和个别差异，通过个案研究可以详细地描述个案特征，有助于因材施教，促进学生的全面发展；

（2）以个案的具体实例来解释和说明某种抽象的理论和观点，为进一步证实理论或假设提供依据；

（3）验证某一种治疗方案或辅导策略的可行性和有效性，为解决某类问题提供操作性的策略与步骤；

（4）在可能的情况下，试图将个案的研究结论适度地推广到更大的同类群体中去，发现或描述个体或事件的总趋势；

（5）个案研究信息的累积有助于对事物总体的归纳，可以为以后的研究分析、理论概括做好准备。

（二）个案研究的应用范围

个案研究应用范围很广，如医生对病人所做的诊断及治疗、心理咨询者对问题行为者的咨询和辅导、学校教师对学生特殊行为的矫正、司法机关对刑事案件的审理等。在教育研究中，个案研究往往适用于对不良问题的研究或对某些难以重复、难以预测和控制的事例进行研究，如学生辍学、学业失败、家庭破裂、道德不良、青少年犯罪等。也适用于对学生的心理问题和人格偏差的诊断研究和矫正研究。

在学校教育中，个案研究由于研究对象少，研究规模较小，在自然状态中进行，需要较长时间的跟踪，因此是一种特别适合于教师使用的研究方法。在一所学校或在一个班级中，总会有一些学习困难或行为偏差的个别学生，采用常规的教育教学方式往往难以奏效，因此需要对其进行全面而深入的研究，必须给予特别的处理。通过收集有关个人的资料，可以了解学生的实际情况或问题的症结所在，诊断形成问题的原因，然后针对性地提出矫正方案或提供正确的指导策略，帮助学生解决问题。

一般来说，个案研究以描述与解释对象的特征为主，如，要对某一学生辍学进行个案研究，目的在于了解该生为什么要辍学，要分析该生辍学的内在因素与外在因素，提出如何解决辍学问题的措施和方法等。又如，要对一所声誉卓著的学校进行个案研究，目的就在于描述该校的特征，分析该校之所以声誉卓著的理由，并解释与之相适应的条件。

（三）个案研究的特征

1. 研究对象的单一性

个案研究，顾名思义，研究的对象通常是单一个体或单一群体，即使研究中有多个被试，通常也把他们作为一个单位或某个问题看待。个案研究的对象往往是那些具有特殊行为表现的个体或具有反常行为的个体，如天才儿童、弱智儿童、辍学儿童、问题儿童、残障儿童等。

2. 研究方法的综合性

个案研究收集个案资料的方法是多样的、研究的手段是综合的。研究中常常要综合测验法、访谈法、调查法、观察法、实验法、文献法等多种方法进行。只有这样才能比较全面、系统地考察研究对象的特点及其发展变化的过程和规律，从而得出比较科学的结论。

3. 研究内容的深入性

个案研究的研究周期一般比较长，需要对个案进行连续的跟踪研究。不但要研究个案的现状，也要研究个案的过去，还要跟踪研究个案的发展。由于个案研究的对象单一，便于对个案进行深入细致、全面系统的分析和研究。

二、个案研究的基本步骤

一般说来，个案研究的过程，从实际操作程序上可分为下列 6 个步骤。

1. 确定问题性质

问题是什么？必须加以确认及界定。有时候问题性质并不如问题表面上所显示的那么明显易察，因此确认问题性质时，研究者不要“以偏概全”来界定问题性质。

2. 把握问题关键

问题的关键是什么？必须透过资料的收集，从问题的性质中找出相关资料，再加以核对、评估及分析，进而确定问题要解决的答案。

3. 了解问题背景

个案问题的发生有其独特的背景和原由，实际问题的状况与理论上或理想上的普遍情况不尽相同，其间会有差距。因此研究者必须通过各种渠道了解问题发生的过程、条件，了解个案的内在动机和社会环境等外在因素。

4. 提出解决方案

为了达到解决问题的目的，研究者可以根据过去处理类似问题的经验及方法提出处理意见，也可以独特的创新方式，提出解决问题的方案。

5. 付诸行动检验结果

解决问题的方法会有许多，这些方法中哪些富有实效则要在行动过程中加以检验。当解决问题的方法无效或出现新问题时，可以回到前一步骤，重新探究解决问题的方法。就这样不断地循环重复，直至问题的最终解决。

6. 形成最佳决策

研究者在比较评价各种结果的基础上，选择解决问题效果最好的方法形成最佳的研究决策。

以上6个步骤是互相联系的整体，前一步骤是后一步骤的基础，一旦哪个步骤出现问题，可以返回到前一步骤，重新探究。个案问题解决程序见下图：

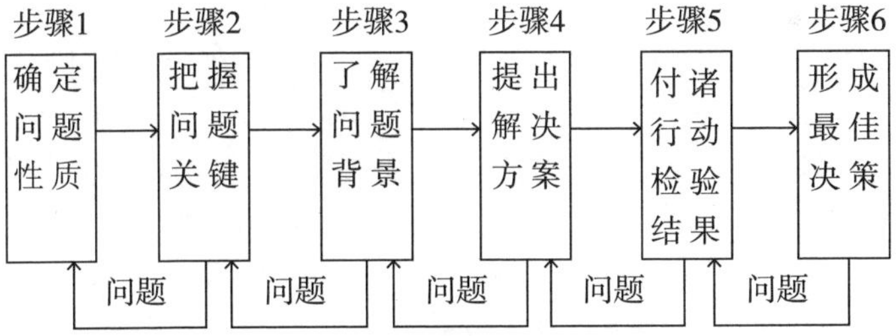

图 7–1 个案问题解决步骤流程图

如果个案研究的对象是某位学生的话，也可参照下列基本步骤进行。

1. 确定研究对象

研究者应根据个案研究的目的和内容，以及对个案问题行为的界定，选择典型的人或事为研究对象。例如，研究的目的是了解超常儿童的特点，探索超常儿童的成长规律，那么就应该选择智商高的、学习成绩出众的学生作为研究对象。在教育教学研究中，个案研究的对象通常是：生理心理障碍者、学习成绩差的学生、行为偏差学生、情绪异常学生、资优学生等。

2. 收集个案资料

全面地收集个案资料是个案研究有效性的重要保证。全面系统的个案资料有助于研究者对个案的完整认识。收集资料的方式是多样的，可采用书面调查、口头访问的方式，也可采用观察、测验、评定的方式，还可以通过查阅个案的个人资料的方式获得信息。个案资料的来源大致有：

（1）个案的个人资料。个人资料众多，除了收集个案的基本资料，如姓名、性别、年龄、出生年月、籍贯等，常常还涉及个案的身心健康状况，如身高、体重、病史、性格、气质等。另外，还要收集个案历年来的学习手册、考试成绩、作业、日记、周记等相关资料。

（2）学校有关记录。个案的学校记录资料比较规范，又有延续性，易作前后对比。资料包括各种情况登记表，成绩记录，能力、兴趣、人格、智商等测验结果，操行评语，奖惩情况，教师和学生的评价等。

（3）家庭和社会背景。家庭和社会背景涉及个案的个人生活史，是个案研究的重要的信息源。这方面的资料往往涉及父母的教育程度、职业、社会经济地位，父母的管教方式，家人与个案的关系，个案在家庭中的地位，所在社区的文化状况，所交的男女朋友等。

3. 诊断与假设

在广泛收集个案资料的基础上，常常还需要对相关问题作进一步的测试，以诊断问题的症结所在，推论原因——主因、次因、远因、近因等，形成初步的假设。诊断最好能有标准化的测验量表。

4. 个案分析与指导

个案研究收集到的资料往往比较粗糙、琐碎，难以直接解释问题，因此需要用逻辑思维的方式对有关资料进行理性的加工。个案研究不仅仅要提出研究的问题，还需要提出解决问题的策略和指导性意见，因此在对个案问题作出明确的诊断和假设后，接下来需要针对性地提出解决问题的策略和行为矫正的方法。

5. 实施个案指导

通过跟踪、观察、记录等方式验证先前的诊断和假设。在个案研究的诊断与假设、分析与指导过程中难免会有错误的判断和推论，因此需要在实际的个案实施过程中，通过多方面的信息和资料来检验先前主观推断的合理性。

6. 形成结论

对个案的表现进行讨论和评估，提出建议，得出结论，撰写个案研究报告。

个案研究除了收集个案相关资料外，还需与个案进行沟通，以达到辅导、咨询、解决问题的目的。沟通方式可以是一对一的，也可以是多对一的。沟通形式可以是正式场合，也可以是非正式场合。在沟通过程中，研究人员要特别关注个案的非语言信息，动作、表情等，以了解个案反映的真实性。

个案研究毕竟是定性研究，无论是个案的资料的收集，被试个人的陈述，或是他人的判断，以至研究者的决策，都不能避免主观因素的影响。如果判断错误或处理不当，将使被研究者蒙受莫大的损失，这是值得注意的。

三、个案研究的具体操作

个案研究过程中，个案问题的界定，问题的描述与分析，相关资料的收集，个案问题的判断和抉择，以及个案问题的推论等，都是复杂的认知过程，需要技能和技巧。下面就具体操作作些说明。

（一）个案记录方法

个案研究中个案记录具有重要作用，个案研究不仅要收集有关的资料，还需要将资料整理、记录，形成报告。个案记录就是研究者保存的备忘录，也是整个研究最重要的参考资料。个案记录类似病历记录，必须以客观、准确、清晰的方式加以描述，必须建立在充分收集相关资料的基础之上。

个案资料记录方式很多，需要记录的内容也会有很多，我们不可能把个案所有的内容不分巨细地记录下来。因此个案记录的基本原则就是要保持资料的完整性、正确性、可靠性。在这个基础上，尽量使个案记录观点简洁、明确，内容易于联系、理解。个案记录的方法有很多，如直接描述法，图表表示法等，这里仅从结构描述法的角度进行分析。

1. 结构描述法

结构描述法在个案研究中运用比较普遍，即按某种框架结构（可以是大纲形式，也可以是摘要表格形式），将个案资料加以分类，然后将有关的资料重新组织，形成一个比较完整的个案记录。这种记录方法便于检索有关个案的资料，除可以从记录中发现资料的缺乏或遗漏之处，还可以进一步收集更详尽的资料。

结构描述法除了按规定的框架内容描述个案情况外，有时可以将个案资料相关部分归类，制成表格形式，这样对个案的情况可以一目了然，可以简便地查检到个案的有关资料，形成有效的推论。下面就是根据某一个案情况拟订的表格。

专栏：个案 A 资料记录①

一、个案名称：个案 A

二、记录方法：结构描述法

三、个案资料：

① 陈李绸：《个案研究》，23 页，台北，心理出版社，1996。

早期家庭关系：

1. 父母：父亲事业忙碌，母亲操劳家务无暇与个案A充分沟通及陪伴个案A。
2. 弟弟：个案A有一个相差十岁的弟弟，在心理、情感上无法产生互动。

教育：个案A高三即将毕业，已获得音乐学院入学通知。

年龄：17岁。

社交关系：

1. 同伴：同学眼中的优秀学生，又肯主动帮助同学，与同学相处关系融洽，并与好友组织乐队。
2. 老师：个案A是老师心目中的好学生，对他的期望非常高，但无法了解他的内心世界。
3. 父母：无法与双亲沟通，不能向双亲倾诉心中苦闷，而父母又很信任他，很放心地认为他是好孩子，应该没有任何问题。

自我概念：

1. 对自己期望甚高，凡事力求完美，但对自己的能力却因无法达到自己的自我要求而失望。
2. 因为周围的人无人能理解他而异常苦闷。
3. 感受到老师、父母、同学对他的压力，而觉得无法承受。

行为偏差：

由于压力过大，出现对抗教师和其他同学的一些行为(具体表现……)

未来策略：

1. 老师：(1) 对学生的期望应适度，不可过高，不能要求其能力所不及。
   (2) 学生的意见应让其有充分发言的机会与渠道，并要时时鼓励。
2. 父母：不要只忙于工作，应时常抽空多与孩子沟通，陪伴孩子，了解孩子的需求。

表 7-1 个案资料表格

	问题叙述	诊断分析	矫治策略	效果建议
行为	①旷课 ②破坏课堂纪律 ③有偷窃行为 ④出手大方乱花钱 ⑤结交异性 ⑥常去卡拉 OK 舞厅 ⑦抽烟喝酒 ⑧……	离异重组家庭 行为无人管教 结识不良朋友	老师找他谈心 了解交友情况 安排同学接近他 强调校纪校规 反省自己不良行为 要求家长配合 断绝与不良朋友来往 ……	……
学业	①学业成绩不良 ②经常不交作业 ③上课不专心 ④数学、物理不及格 ⑤考试作弊 ⑥……	智商中等水平 没有足够学习时间 家中学习环境不好 学习挫折太多	任课教师补缺补差 创设学习环境 保证做作业的时间 多给予鼓励和赞扬 ……	……
认知	①认为老师有偏见 ②家长不理解他 ③自暴自弃 ④对一切都无所谓 ⑤……	需要理解和帮助 需要成功和表扬	老师与个案交朋友 家长与孩子多沟通 发现个案的闪光点 鼓励积极向上 ……	……
情感	①总想表现自己 ②爱打扮，穿名牌 ③挑衅、惹事生非 ④讲义气，打抱不平 ⑤……	要树立正确人生观 更多的给予关注	多给予表现的机会 尽量从个案的角度考虑问题 ……	……
人格	①倔强，易冲动 ②直爽，无心机 ③不愿受拘束 ④爱吹牛，狡辩 ⑤……	教育要晓之以理动之以情	承担一定的班级任务 培养责任心 遇事要冷静 ……	……
其他				

2. 半结构描述法

有时研究者为了了解个案的基本资料，可以采用半结构式的个人评定记录方法来描述个案问题，即根据实际情况逐项填写个案清单中的项目内容，从而获得个案身份、人格等基本资料。下面是半结构式个人评定记录的项目内容①。

（1）身份和外表：姓名、居住地、职业、个案来源、相貌特征等。

（2）生活史：个案史、过去经验、现在发展等。

（3）目前状况：目前个人的处境、如何形成目前的情境等。

（4）未来透视：未来需掌握的是什么？环境的机会及限制？采取行动会导致什么结果？将来会有哪些变化？

（5）习惯与活动：生活习惯如何？如何支配时间和金钱？

（6）经济状况：经济来源和物质供应来源。

（7）实际事件：从实际发生事件中显示出的个人心理特征的是什么？

（8）身心健康：个人目前生理及心理健康状态，有哪些不正常的想法、感觉、行动或欲望。

（9）普通人格特质：平常个人表现如何？较持久性及一致性的行为举止是什么？

（10）特殊人格特质：在特殊情况下的行为表现如何？

（11）表达能力：个人如何表达其感觉及态度？

（12）动机状况：个人需求、企图、欲望、惧怕、喜欢或不喜欢的东西。

（13）能力：个人能做些什么？不能做些什么？适应环境的能力是什么？

（14）处事的倾向和感觉：个人对所遭遇的情景，感受如何？有何期待或想法？

（15）理想与价值观：个人的基本信念、价值观和道德原则。

（16）自我概念：个人对自己的态度如何？想法如何？如何描述自己？

（17）兴趣：个人认为重要的事情是什么？相关的事情？如何影

---

① 陈李绸：《个案研究》，23页，台北，心理出版社，1996。

响的？

(18) 社会地位：个人的社会地位如何？别人对他的看法如何？

(19) 家庭亲属：个案与谁关系最密切？行为上最像哪些人？

(20) 友谊和忠诚：谁是他的最要好的朋友？对哪个人最忠实？

(21) 对他人的反应：个案对他人的反应如何？如何想法？如何期待？

(22) 他人对个案的反应：别人对个案的反应、想法、期待如何？

(23) 与他人的交互关系：与他人分享的兴趣及活动是什么？

(24) 与他人共同或相异的观点：个案与他人比较？与他人相同及相异的看法？

好的个案记录应该具有的特征是：准确、客观、完整，并且是简明和清晰的，易于理解和查阅。个案记录可以按时间顺序记录，如，按年月先后顺序记录，或按研究进程的阶段（起始、调查、诊断、治疗、跟踪）记录；也可以按专题内容分项记录，如家庭状况、社区环境、文化背景、教育、娱乐活动、兴趣、健康状况、精神状态、职业、经济收入等。

在教育系统中，个案记录常采用累积记录的方式，即对个案学生在相当长的一段时间内进行跟踪记录。这种记录形式既可以满足教学需要，利于发现学习成败的原因，识别特殊的才能，又有助于个案诊断和提供矫治策略。在学校可用于累积记录的内容有：各门课程的成绩、能力倾向测验、性格气质的评定等级、出勤率、健康状况、体检资料、参加活动情况、学生的轶事材料、兴趣、态度、同伴关系等。

（二）问题的描述与分析

在确定和识别要研究的个案后，个案的描述与分析是个案研究过程中的关键一环。个案问题的描述与分析是否符合科学方法的要求，关系到整个研究的正确性和可靠性。有些个案研究报告常常将个案的事实资料与意见资料混为一谈，因此难以分清个案的实质问题，对个案的推论形成威胁。

作为个案研究者在形成个案研究报告时，必须明确描述哪些是事实资料，哪些是有关的证据，哪些是研究者的推论和价值判断。

个案研究中“事实”资料是涉及个案真实发生的事件，而“意见”资料则涉及主观的感受和价值判断。“事实”资料比较容易被确定，“意见”资料则往往难以判断。有时一个描述的句子中，有部分是“事实”，有部分是“意见”。

描述个案资料时，难免将“事实”资料与“意见”资料混淆，但研究者必须能清楚地区分哪些是“事实”，哪些是“意见”。分辨“事实”与“意见”的方法主要有以下几种。

(1) 简单判定法。根据研究者自己掌握的知识和经验，对“事实”资料或“意见”资料进行主观的定性判断。

(2) 逻辑推理法。采用归纳或演绎的方式，从个案基本资料的内容中，推断“事实”与“意见”。

(3) 提问澄清法。通过提问方式帮助研究者澄清叙述句的真实性和有效性。如“这个句子什么意思?”“这是真的吗?”“还有别的证据吗?”等。

(4) 多重证据法。对不同来源或不同方式得来的资料或信息进行比较分析，看是否具有一致性来判断资料的真实性。

个案研究资料的描述与分析是一件相当耗时费力的工作，由于时间精力的限制，有时对于与个案相关的资料未能全面收集、深入探讨，有时只能按一般常识和经验对个案加以处理，因此常常会造成错误的判断和推论。个案研究者有必要考虑以下一些问题：

(1) 个案研究准备解决什么问题?

(2) 与主题相关的证据有什么?

(3) 如何去获取有关资料?

(4) 如何选择相关资料，淘汰无关资料?

(5) 如何解释收集到的资料?

(6) 如何分辨“事实”资料和“意见”资料?

(7) 如何提出解决问题的方案和策略?

总而言之，个案问题的描述与分析必须明确区分证据与推论，辨别“事实”与“意见”。研究者需要广泛地收集资料，多渠道地观察，合理地作出逻辑判断，使个案的描述与分析具有较高的信度和效度。

（三）个案研究报告

个案研究报告是个案研究的表现方式，是个案研究的过程中必不可少的一环。通过个案研究报告可以了解个案的基本情况及处理的过程。正如医院看病，医生写的病历一样，可以为以后的诊断、治疗提供依据。

1. 个案研究报告的类型

个案研究报告的表达方式可以多种多样，大致可分为以下几类：

（1）描述性报告。描述性报告比较详细地叙述个案资料，直接而精细，可以将一些片段并列或串联，不用转述而用原话，尽可能用客观描述来呈现对个案的解释。但整理报告的时间较长，重心难以把握，较为繁复。

（2）简介性报告。简介性报告像似一幅个案的速写，着重反映个案的主要特征，比较简洁。报告整理时间较短，较能显出问题的重心，不过往往难以详细获知一些有关个案的细节部分资料。

（3）分析性报告。分析性报告通常对论点进行直接的论述，对论点均需提供论据，并需说明个案的各种可能现象及推理历程。分析性报告是一种企图利用客观的方式呈现个案资料，但又无法全然放弃主观判断的呈现方式。

2. 个案研究报告的基本格式

个案研究实际上就是用各种方法收集个案的相关资料，通过科学的推理，提出解决问题的策略，进而评价其效果的研究过程。个案研究不仅是一种研究方法，也是复杂的认知过程，并且是解决问题的理论框架。典型的个案研究报告的格式大致涉及以下几个方面：

（1）基本资料：姓名、性别、年龄、学习程度、籍贯等。

（2）个案来源：别人介绍、自己寻来或其他关系等。

（3）背景资料：父母及其他人的年龄、教育程度、职业等。

个案家庭史：父母、兄弟姐妹、其他人。

个案与家庭的关系：父母的管教态度、亲子关系、兄弟姐妹的关系等。

个案的学校生活：对学校的态度、学习能力、学业成绩等。

个案的社会关系：人际关系、与朋友的交往等。

（4）主要问题的描述。

（5）诊断和分析。

（6）指导策略。

（7）实施指导策略。

（8）实施结果。

（9）跟踪及讨论。

四、个案研究的自我检测

在个案研究过程中或在个案研究完成时，我们可以用下面一些问题作为个案研究自我检测的评价准则：

1. 是否界定和说明了研究问题以及个案的基本情况？
2. 个案记录是否简洁明确？
3. 是否遗漏或忽略了个案的重要信息？
4. 是否用多种手段或途径来收集个案的资料？
5. 对个案资料数据的来源是否加以详细说明？
6. 对个案特殊行为是否详细加以描述？
7. 是否提供个案家庭背景的情况说明？
8. 所获资料是否确实可靠？
9. 是否说明个案行为发展变化的过程和经历？
10. 诊断是否有充分的依据？
11. 对行为的判断是否运用测验或推论？
12. 是否考虑到个案作弊的可能性？
13. 是否注意到个案的行为动机？
14. 对个案的矫治是否考虑到伦理问题？
15. 对未来的矫治计划是否作了充分考虑？
16. 是否针对性地提出具体的矫正辅导的措施、方法和过程？

17. 是否准确解释矫正辅导的效果?

18. 个案报告的撰写格式是否规范?

19. 他人阅读个案报告后是否会对个案有真正的了解?

当然，不同内容的个案研究会有不同的研究方式，会有不同的评价方式。一般而言，以上这些问题在进行个案研究时是必须要考虑的问题，可供研究者进行个案研究时参考。

第八章 如何进行实验研究

实验是教育研究的一个基本方法，这一方法日益为广大教育工作者所接受和运用。一些重大的教育改革、教学方法的革新大都以实验作为其理论支撑或依据。教育实验也是探索教育规律的重要途径。然而，教育实验和其他的科学实验不同，具有其本身的特点。本章对教育实验方法作一初步介绍。

一、教育实验概述

（一）什么是教育实验

其实，实验并不是一件很高深的事。在日常生活中我们都可以看到实验。例如，人们试验用一种新的加工方法提高产品质量和产量，要考察这种新方法效果如何，就要进行一些实验。具体地说，实验是根据研究目的，运用一定的人为手段，主动干预或控制研究对象的发生、发展过程，以探索、验证所研究现象因果关系的研究过程。科学实验是人们探索世界和改变世界的一个重要的途径。所谓教育实验，就是指以教育现象为研究对象的实验。由于人类教育现象的特殊性，教育实验就不仅具有实验的一般特点，而且具有自己本身的特点。

（二）教育实验的分类

为了进一步了解教育实验的内涵。我们还必须讨论实验的分类。一般说来，科学实验的分类是多种多样的，从不同角度、不同层次出发可以有不同的分类。按实验目的划分，可分为探索性实验、验证性实验和推广性实验。

1. 探索性实验、验证性实验和推广性实验

教育实验按其目的功能可以分成探索性实验、验证性实验和推广性实验。分述如下。

探索性实验。这种实验是以发现规律为目标的。在实验过程中，研究者通过探索研究对象的因果关系，尝试发现某种规律或者理论。这类实验具有较强的原创性。由于是探索一个新的规律，这类实验在操作中具有较高的要求。因此，这类实验一般要有较为坚实的理论基础，较合理的条件控制和比较规范的实验程序，以及对资料数据的统计处理方法（包括对定量的资料放定性资料处理）。探索性实验可以研究教育理论体系中的根本性问题，也可以探索教育实践中的方法等。这一类实验不仅有重要的理论意义，而且可以在指导教育中发挥了重要作用。

验证性实验。这类实验是以验证已取得的实验成果为目标，是对已取得的认识成果用再实践的经验来检验、修订和完善。在这类实验中，验证的结论可以来自实际，具有直接的实践意义，也可以来自文献。对国外的学说，一般来说，我国教育工作者都要进行本土化试验，以了解国外的理论是否符合我国的教育实际的需要。验证性实验强调的是所验证的结论的可靠性和价值，在丰富的事实基础上得到有关教育现象的规律。在实验的过程中，研究者往往会有新的发现，因此验证性实验也有探索和创新的成分。

推广性实验。推广性实验目的在于研究结果的推广，由于教育研究的特殊性，在推广的同时也存在着研究和创新。教育实验结果的推广并不是一种简单的重复，而是一种具有一定研究性和创新性的重

复。推广性教育实验关注的是结果应用范围，追求的是较高的外在效度。这类实验在不同环境条件下进行，不仅对实验条件有明确分析，而且实验具有明确的操作方案。一方面，作为一种推广性的实验，必然会涉及对已经实验基础的验证的功能。有一些研究者也称之为推广—验证性实验。另一方面，在推广的过程中对实验结果进行修正甚至会得出新的结论。一个好的推广性的实验，必然是具有好的探索精神。

2. 定量研究的实验和定性研究的实验

按教育实验的基本方法分，教育实验的方法可以分为定量研究的实验和定性研究的实验两种。所谓定量研究实验，就是指获得的实验资料及对其处理的方法是量化的。定量研究实验有以下特点：第一，是仿效自然科学实验方法，强调实验设计获得定量的资料；第二，尽可能以严格的条件控制以说明结论的客观性，使之具有较高的外在效度。定性研究实验更强调研究中的人文科学的方法，强调对象的整体性研究和质的分析，如个案实验研究等。把实验分为定性与定量往往还是为了讲述的方便，在许多教育实验中两者方法往往是同时使用和互相补充的。

（三）教育实验的特点

教育实验是一种科学实验活动，它具有实验方法的一些基本的特点。教育实验研究是人们为实现预定目的，在人工控制条件下研究教育现象的一种科学方法，它是人类获得和检验教育知识的一种实践形式。因此，教育实验同样是检验教育科学理论的重要手段。正由于教育实验本质上是科学实验，所以它具有科学实验的基本特征。我国学者的研究已经清楚地说明了这些基本特点①。如，因果关系的推论，它要揭示变量之间的关系。又如，自变量的操作，操作自变量，旨指研究者人为地去干预、控制现象发生的条件和进程，有意识地变革研

① 参见裴娣娜著：《教育研究方法导论》，244 页，合肥，安徽教育出版社，2000。

究对象某一方面的条件从而得到自己所要的结果。例如，想要提高本班学生的学习兴趣，就要主动采取某种措施，或使用新的教学方法，或改变学习环境的安排等，这些就是所操纵的自变量，控制无关变量。教育实验中，为了探索因果关系，就必须排除其他无关因素的影响，使实验的其他条件保持恒定。如使用对照班时，使实验班和对照班的情况基本相同。

教育实验研究是一种特殊的实验活动，与一般的自然科学实验有区别。实际上，教育现象是有关人和社会的现象，教育实验是一种特殊的科学的实验，除与一般的科学实验有共性以外，还存在着它的特殊性。如何分析和把握教育实验的特殊性，这对于适当应用教育实验方法具有重要意义。

第一，在实验研究的对象上存在区别。自然科学实验主要以自然现象为研究对象，主要研究物的属性，着力探讨物质变量之间的关系。教育实验则是以教育现象为研究对象，主要研究人的活动。教育现象是一种复杂的社会现象，其中包括人与社会的关系。

第二，在研究手段上，自然科学实验主要在实验室人为的严格控制条件下进行，强调仪器手段工具的先进性，可以运用改变研究对象的各种手段。教育实验则主要在教育和教学的自然环境状态中进行。研究手段必须符合社会伦理的要求，教育实验中还涉及对青少年儿童的实验道德问题，可以采用的手段比自然科学少得多。学生是生活在特定的班级和学校环境中，离开了这一特定的社会环境，相应的教育现象就不会发生。因此，教育实验不能脱离教育教学的实践活动。

第三，在研究过程中，一般的自然科学实验非常强调对无关变量的控制。然而，教育实验所涉及的变量非常多，有的甚至是不可预料的，所以实际上很难对所有的无关变量进行控制。例如影响学生成绩的因素非常多，每个学生的情况都不一样，社会上的各种现象都会对学生成绩有影响。因此，教育实验无法控制所有的无关变量，而只能控制主要的无关变量。

第四，在研究方法上，自然科学实验更关注的是量的描述，采取随机的方法。而教育实验由于教育现象变量的不确定性，且周期长、因素复杂，要想达到精确表达的量化分析是困难的。因此更强调的是定量研究与定性研究相结合的方法。

第五，在测量方法上两者也有区别。一般的科学实验的结果是一般可以测量的。但是教育实验的结果有时是可以测量，有时却很难测量。这有两方面的原因，其一，教育实验的结果有时具有滞后性，有些结果在实验期间很难看出来，其二，就目前测量工具而言，有的结果不能完全客观测量，如人的情感态度等方面的内容。

我们还必须看到，与一般实验相比，教育实验具有本身的特殊要求。教育研究涉及到的是人和社会的现象。近年来，随着教育改革的深入发展，实验研究方法开始被广泛采用。但对什么是教育实验，它的基本特征是什么，至今仍存在不同的看法。在教育实验的做法上也有所不同。关于教育实验方面争论，集中在与一般的科学实验的区别上。具体表现为以下问题：一是关于实验的条件控制是否和一般科学实验一样进行较为严格的控制。有的学者认为，教育实验既然称为实验，应坚持实验的科学性，严格控制实施的条件。教育实验应该有“可重复性”特征。如果实验不可重复，实验结论的科学性就产生了问题。大多数学者认为，教育实验研究的现象复杂多样，具有模糊性，因此区别于自然科学实验，往往对非实验变量是不可能做到严格控制的。因此教育实验可以在自然的条件下进行。教育实验也是不可能简单重复的，不应把它作为是否是实验研究的标准。我们认为，教育实验是一种特殊的科学实验，不应该简单把“实验室方法”“可重复”作为教育实验的基本标准，而是根据教育现象的特点，提高实验的内在效度和外在效度。这样，教育实验同样具有重要的科学研究价值。同时，实验工作者也必须认识教育实验的限制，教育实验并不是万能的。

（四） 教育实验的局限性

正是因为教育实验特殊性，决定了它有各种局限性，因此，实验方法仅是教育研究方法中的一种，各种方法都有自己独特的功能，不能相互取代。其本身的局限性主要有以下三点。

第一，教育实验研究对象的特殊性。教育实验往往包含许多复杂的相互关系。实验方法比较集中少数变量之间的关系。实验是一种研究情境，是科学研究经常采纳的方法和程序。在所有实验中，教育实验可能要比物理、化学实验复杂和困难得多，这是因为教育实验通常涉及到人，人的心理、行为。人是一个十分复杂的统一体，因此，有时教育中的一些问题用实验法是无法完全解决的，必须与其他研究方法结合使用才能真正揭示教育发展规律。

第二，研究结果不能完全重复。教育实验的结果是在一定的环境和条件下获得的。在教育实践中，完全一样的环境和条件是很难重复的。教育研究对象是人，不仅研究者与被研究者之间容易产生交互影响，而且研究者本身的价值观、态度、动机会自觉不自觉地影响实验的结果。因此，教育实验的过程有时很难重复。

第三，测量水平的限制。在实验的过程中，现有的测量的工具还不能十分精确恰当地测量教育情境下的复杂行为，对实验结果的分析也必然受条件限制。

二、教育实验设计的变量与效度

（一）实验设计的概念

实验设计指进行一项教育实验研究的整体设计，涉及研究的各个环节，即确定课题，提出假设，确定变量，选择样本，确定实验的组织形式和具体方法，设计分析资料的方法以及整个研究的进程和策略。实验设计是实施实验过程的基本蓝图，是关系到实验是否有效的关键因素。实验设计的基本思想是要突出自变量和因变量之间的关系，具体说来有两方面的要求：一是使自变量对因变量的作用最大化，从而显现自变量和因变量的关系。二是使无关变量对因变量的影响尽可能达到最小，避免无关因素的影响，使实验误差和无关变量对因变量产生干扰作用控制在最小范围内。实验设计通常要综合考虑以下内容：研究假设，实验变量，被试的选择和分配，实验采用的组织模式，统计处理方法，具体实施步骤等。其中关键问题是实验变量的选择与控制。

（二）实验变量的选择与控制

在实验过程中，变量的选择与控制对实验的成功与否具有关键意义。它包括三方面的内容。

1. 实验处理（自变量）设计

实验处理又称自变量，它是研究者在实验过程中采取的措施，是研究者操纵的情境或刺激物。实验目的就是看实验处理的介入会引起被试什么反应，或者说自变量的变化会不会引起因变量的相应变化。例如，要提高班级学生学习兴趣，就要主动采取措施，这些措施可以是新的教学方法，或使用新课程材料等。实验处理（自变量）设计是在研究主题基础上展开的，实际上是研究主题的具体化。例如，要研究改进教学方法对学习成绩的影响，我们可以把教学方法的改革作为实验处理（自变量），看一看教学方法的改革是否引起学生学习成绩（因变量）的变化。

2. 实验结果（因变量）测定

实验结果又称为因变量。它是由实验处理引起的在被试身上产生的反应变化。实验目的就是要通过因变量的测定来研究自变量与因变量之间是否存在一定关系。确定哪些因变量也是以研究主题为基础的。如要研究改进教学方法对学习成绩的影响，学生的学习成绩就可以是因变量。实验结果的设计主要涉及到对其进行评估的问题。对实验结果的评估是一个很重要的问题，在设计时要充分考虑。实验结果可以通过直接或间接的方式被观察和测量，并且可以转化为测验分数，考试成绩、评定等级等数据形式。

3. 无关变量的控制

研究的环境中可能会影响实验结果的且和实验主题无关的因素称为无关变量。或者说，它们是研究过程中除了自变量和因变量之外的一切变量。由于无关变量会影响因变量的测定，会对判断自变量和因变量的因果关系造成干扰，因此在实验设计时需要对其进行控制。控制无关变量是实验研究的一个关键问题。例如，研究某一种教学策略对学习兴趣的影响，班级人数、学生基础、学生的社会经济地位都是无关变量。在研究中要尽量减少这些因素的影响。

在教育研究中，无关变量很多，也很复杂，并不能完全得到控制，但我们应该尽量控制主要的无关变量。控制无关变量可以参照以下几种方法。

随机处理。随机处理是控制无关变量影响的最简单的方法。一般说来，随机处理有以下两个方面：第一，从总体中随机选择研究对象（被试）；第二，随机形成实验组和控制组。例如，进行某一个教学方法的实验，首先我们可以用随机抽样方法从总体中抽取被试（我们可以用简单随机抽样或者分层随机抽样等方法），然后将这些被试随机分配到实验组和控制组，每组人数相同，由同一教师采用两种不同的教学方法（自变量）进行教学实验。至于哪个组为实验组，哪个组为控制组，可通过随机确定。样本的随机抽样是最重要的一环。一般说来，要保证样本的质量，样本应稍大一些，即被试的人数尽量多一些。随机化确保了实验对象对研究总体有较好的代表性，同时也能保证实验组与控制组具有同质性。

统计处理。统计处理指用统计方法对实验数据作一些处理，以排除或削弱无关变量的影响。用一些统计方法可以减少无关变量的影响，如测验后去掉最高分或最低分等。统计方法对控制无关变量有一定作用，但其作用是十分有限的，提高实验质量的关键在于实验过程中注意对无关变量进行控制。

消除。消除指设法运用各种方法，将无关变量排除在实验之外。如，学生的学习基础不同可能影响实验，那么在实验中被试的选择可都选学习基础基本相当的学生参加研究。又如，学校的条件可能影响实验的效果，我们可以选择条件相同的学校进行研究，不让无关因素参与到实验过程中来，在一定程度上消除这些因素的影响。

平衡。平衡指将无关变量的影响平均分配到实验组和控制组中去，使实验组和控制组中无关变量达到基本一致或平衡。在研究中要设置实验组和对照组，接受实验处理是实验组，作为对比的小组称为控制组或对照组。控制组不接受实验处理，其他条件与实验组相似。例如，我们选择两组学生进行教学方法试验，一组用新的方法（实验组），一组没有用新的方法（对照组），两个组的其他条件基本相同。我们曾经看到一所学校进行某一种教学方法的研究，校长在 4 个平行班中选择一个最好的班级进行研究，这样的做法是不正确的。平衡的方法形式简单，易为他人理解和接受。在实际研究中，完全平衡是难以做到的，研究者应该使用某些主要方面达到一定程度的平衡，以保证研究的质量。

恒定。恒定指使某些无关因素在实验中保持恒定不变，即把无关变量加以控制，使它成为常量。如，要对某种教学方法的效果进行比较研究，为了防止教师水平不同而给教学效果造成影响，可由同一位教师担任实验班和对照班的教学，使教师这一变量恒定不变。另外所用教学时间也可使其恒常不变，即实验班和对照班均采用相等的时间进行教学，布置相同的作业练习等，使教学时间变成一个常量。

这些方法在实施中的技术条件很高，在教育实验中应适当使用。视研究条件作适当运用，过度使用这些方法会使情境与实际情境差距太大，并不符合教育实验的要求。另外，以下控制方法在实际运用中都会有一定的限制，研究者应根据具体情况有选择地采用，并在使用中相互配合，达到控制无关变量的目的。

（三）实验效度

实验效度指实验的有效性和真实程度。实验设计质量的优劣通常用实验效度来衡量。实验效度是实验设计的基本质量目标。实验效度包括两方面的内容：内在效度和外在效度。

1. 内在效度

内在效度又称内部效度，指实验结果是否完全归因于自变量的变化，或者说是否真实地反映了自变量和因变量的关系。例如，对于教学方法改革以提高学习成绩的实验，内在效度问题就是指学生成绩的提高是否是由于教学方法改革所引起的。内在效度反映了实验过程的可靠性问题和研究结论的真实性问题。内在效度主要与在实验过程中对无关变量的控制有关。一个实验能有效地控制实验条件，其内在效度就高；反之，一个实验不能有效地控制实验条件，不能清楚地解释实验结果，那么这个实验的内在效度就低。

影响实验内在效度的因素很多，概括起来大致有以下 8 种：（1）实验过程中发生的偶然事件；（2）被试者身心的成熟；（3）前测效应；（4）测量手段；（5）工具缺乏一致性；（6）被试选择的偏差；（7）被试的流失；（8）多种研究因素的影响和条件的交互作用。这些因素就是影响对无关变量控制的因素。要提高内在效度，就要正确地选择实验变量，合理地进行实验设计并有效地控制无关变量等。

2. 外在效度

外在效度又称外部效度，指实验结果能否适用的范围。外在效度反映了研究结果推广到同类事物和现象上去的程度和范围。外在效度是实验的重要价值指标。如果一个实验仅适用于实验实施的自身范围，不能推广到总体范围中去，则表明其外在效度低；反之，当一个实验不仅适用于实验实施的自身范围，还能推广到总体范围中去，那么这个实验的外在效度就高。影响实验外在效度的因素概括起来有很多。外在效度的获得取决于被试取样的代表性，实验过程的可靠性以及对各种无关变量的控制等。主要的问题是被试取样是否具代表性。

3. 内在效度和外在效度的关系

实验效度是每一个实验设计必须考虑的问题，研究者应从实际情况出发使实验具有较好效度。一般来说，内在效度越充分，研究越真实和可靠，外在效度越大，结果推广度越大，研究越有价值。二者的关系是，第一，内在效度是实验质量的根本保证，是外在效度的先决条件，没有内在效度便无所谓外在效度。第二，外在效度是实现研究价值的基本途径，没有一定的外在效度，一个研究虽然内在效度较高，也无法体现其应用价值。

内在效度高的实验并不一定具有较高的外在效度，反之亦然。有时确保了一种效度，就会削弱另一种效度。例如，只选取男生或女生作为被试，这时实验的内在效度提高了，但实验的外在效度受到损失，即实验结果难以推广到不同性别的群体中去，结论的普遍适用性降低了。因此，在实验设计中要综合考虑内在效度和外在效度的平衡，在保证实验结果可靠性的基础上，尽可能使研究获得更大的外在效度。

三、实验设计类型

简单地说，实验配组就是指如何将被试分配到实验组和控制组中去。配组的基本要求是尽可能使组与组之间等质，以避免被试的差异对实验结果的影响。为叙述方便，先引入几个符号。

X 表示实验处理或自变量；

- 表示无实验处理；

O 表示实验观测，包括因变量的测定；

G 表示组，实验组或控制组；

R 表示被试已作随机分配；

S 表示被试；

……表示虚线上面和下面的组不是等组。

另外，字母后的数字表示次数，如 O1 表示观测 1，O2 表示观测 2；X1 表示实验处理 1，X2 表示实验处理 2。实验设计，依照不同的标准，可以有不同类型划分。下面介绍几个常用的教育实验类型。

（一）单组设计、配对组设计和轮组设计

1. 单组设计

单组设计指研究不设控制组（对照组），即只有一个实验组。通过实验处理后测量的差异，看实验处理的效果，从而反映实验处理与结果的关系。下面是一个单组的前后测设计模式：

G　　O1　　X　　O2

一般说来，单组设计只作自身比较以说明实验效果，不与外部比较。虽然避免了不同被试差异可能造成的影响，但在前测和后测中间可能有许多干扰因素难以控制，如被试的成熟、前测对后测的影响等因素，这些无关因素常与实验处理的效果相混淆。运用时应尽量减少这些因素的影响。下面举一个单组设计的实例。

专栏：

有人用两种不同的教学方法对儿童数学成绩进行比较研究，研究者以儿童解决应用问题为测量指标。先对儿童在教学前测定其解决应用问题的成绩，然后施行教学，一个学期结束后即测定儿童的应用题成绩。一学期后，再用同样的程序测得第二种教学方法效果。最后将获得的两种教学方法效果进行比较。这是一个有两种实验处理的单组设计，其设计模式为：

G　O1　X1　O2　　O3　X2　O4

实验结果是将第一种教学方法使用后的效果与第二种教学方法使用后的效果进行比较，从而得出两种实验处理谁优谁劣的结论。显然，这种实验设计要注意减少两个实验处理（X1 和 X2）之间互相影响和每次测定之间互相影响，以提高实验的内部效度。

2. 配对组设计

配对组设计又称为等组设计，它是教育实验中一种常用的方法。配对组设计是指在实验自变量介入之前，根据一定标准，通过测定将条件一致的被试一对一配对，然后再随机地分配给实验组和控制组。配对组设计的关键是要形成“等组”。通常的做法是对全部被试进行测试，测试内容与实验性质和内容紧密相关，然后按测试成绩排列，将相同分数或分数接近的被试配对，并形成等组，然后随机确定实验组和控制组。

配对组设计目的是为了严格控制两组被试的个别差异可能对实验结果的影响，尽力使两组被试达到同质。但是配对往往只是某个变量、某个方面相同，很难找到几个变量、几个方面都匹配完好的被试。等组设计是教育实验研究中最基本的设计形式。它具有两个或两个以上等质的实验组和控制组。它的特点是：随机分配被试到实验组和控制组，两组在总体上同质，实验组接受实验处理，控制组不给予实验处理。最后对实验组和控制组的结果进行比较。其基本模式为：

RG1　　X　　O1

RG2　　-　　O2

这是一个等组的后测设计，它可控制几乎所有的影响实验内在效度的因素，是被广泛采用的一种理想的实验设计。

> **专栏：**
>
> 为了研究两种不同的教材对学习效果的影响，研究者采用现场实验，随机抽取两个平行班，先对这两个班进行测验，然后将两班中成绩相同的学生配对，70 分对 70 分，80 分对 80 分等，匹配成若干对，形成两个组，再随机决定哪个组为实验组，哪个组为控制组。没有配上的学生与配对学生一样跟班接受实验处理，只是在实验结果统计时不把他们的成绩计算在内。

等组设计之所以被广泛应用于实验组与控制组基本同质，这样可以控制偶然事件、成熟、统计回归、被试选择等对实验结果造成影响的因素，内在效度较高。只要能随机安排被试，都可采用等组设计。另外可以避免几种实验处理在单组设计中可能出现的混淆。等组设计的不足之处在于有前测的设计中，前测有可能产生前测效应（即前测对后测的结果造成影响），以及前测与实验处理的交互作用。另外，在教育研究中，形成等组有时具有一定难度，这时，我们就用固定组设计代替。

3. 固定组比较设计

固定组比较设计比单组设计有所改进，它使用了控制组，但实验组和控制组被试都不是随机选择和随机分配的，通常以自然班为单位，故称之为固定组比较设计，又称整组比较设计。固定组设计的模式如下图：

G1	X	O1
G2	-	O2

固定组比较设计引入了控制组作外部比较，在一定程度上使偶然事件、被试成熟等无关因素得到了控制。也就是说如果说实验期间发生的事件或被试自身的成熟影响了实验结果，那么对两个组来说产生的影响可能是一样的。

专栏：

研究者在两个班上进行教学实验，实验班引入新的教学方法（X），控制组沿用传统的教学方法，一学期后进行测验，并对两组测验成绩进行比较，看哪种教学方法更有效。这就是一种固定组比较设计。

但是，由于被试不是随机选择的，又没有对被试进行前测，因此无法判断被试是否是等质组，实验的效果受到一定影响。因此，这种实验设计的主要问题在于被试的差异没有控制，不易判断实验结果是否由实验处理所引起的。即使最后测验成绩是新的教学方法优于传统的教学方法，也有可能是由于实验组在实验处理前的水平本来就高于控制组所致。固定组比较设计的实验内部效度相对较低。在实际研究中，我们可以在实验研究前获得有关两组被试是否具有相似的资料，以提高实验效度。

4. 轮组设计

轮组设计也称平衡设计，是对不同的组，以不同的顺序，轮流施加不同的实验处理的实验设计。即将不同的实验处理轮流地施予各组，根据每个处理的效果来确定实验处理的效应。模式为：

G1	O1	X1	O2	X2	O3
G2	O4	X2	O5	X1	O6

轮组设计的特点是：实验组可以为不等组，当然如果是等组则更好；每个组都接受了不同的实验处理（X1、X2），都是实验组；每个组中实验处理的介入顺序不同，第一组先引入 X1，再引入 X2，第二组先引入 X2，再引入 X1；实验处理介入前后都有测定；结果是将两组中实验处理 1（X1）和实验处理 2（X2）的效应分别相加，然后再对两种实验处理的效果进行比较。两个实验处理的轮组设计结果形成过程。

G1	O1	X1	O2	X2	O3
G2	O1	X4	O5	X1	O6

轮组设计较适合于自然情境下的实验，无需为配置等组而打乱班级，并可通过对实验处理的轮换达到某种均衡，由于是对实验处理总和效应进行比较，在平衡配置过程中很多无关因素被互相抵消了。另外，轮组设计对分组的要求和对无关变量控制的要求都比等组设计低，便于操作。但轮组设计周期较长，被试反复测试可能产生多重处理的干扰。

轮组设计事实上是拉丁方设计，所谓拉丁方设计就是一种 K×K 的排列方阵，每个项目在每一行和每一列中必须出现一次。例如 3 个实验处理的轮组设计，其模式为：

G1	X1	O1	X2	O2	X3	O3
G2	X2	O4	X3	O5	X1	O6
G3	X3	O7	X1	O8	X2	O9

（二）前测和后测设计

所谓前测指在实验处理之前对被试进行的测量，后测指在实验处理之后对被试进行的测量。在实验设计中，并非所有的设计都需要前测，但后测对每个设计来说是需要的。

1. 后测设计

任何实验设计都有后测，典型的两个组后测设计是将被试随机分配到实验组和控制组，在引入自变量（实验处理）以后测量因变量。两个组的基本模式为：

RG1　　X　　O1

RG2　　-　　O2

式中，R 表示被试是随机抽取和分配的，G 表示组，X 表示实验处理，-表示无实验处理，O 表示观测。实验结果是比较后测的两组数据的差异。一般说来，后测对于实验研究都是必要的。

2. 前测—后测设计

前测—后测设计是指在实验处理介入前后各进行一次测量，即在后测设计的实验处理前加上测量，这样一个后测设计就扩展为前测—后测设计了。加前测的目的是为了了解实验处理前被试的原有水平；为了分析被试在实验处理前后的差异。两个组的基本模式为：

RG1　　O1　　X　　O2

RG2　　O3　　-　　O4

式中，用奇数的 O 表示前测，用偶数的 O 表示后测。实验结果是比较前后测两组数据的差异。以上提到的两种实验设计模式是最典型的模式，在这些模式基础上还会有其他变式，如一个组的前后测设计，三个以上组的后测设计等。

3. 等组前后测设计

等组前后测模式如下：

RG1　　O1　　X　　O2

RG2　　O3　　-　　O4

这种设计与等组后测设计不同之处在于用了前测。用前测可以检查随机分组是否存在偏差，控制抽样误差，确认两组的等同性和可比性。然而前测有时会给实验增添麻烦。如，前测可能使被试取得经验或对实验处理有所觉察，从而使后测成绩提高，影响实验的内在效度。换句话说，前测与后测的交互作用在这种设计中是不受控制的。当研究者需要收集被试原始状态的数据，并且不担心前测会对后测成绩造成影响时，或者当研究者需要通过前测来验证两组是否为等组，或者研究者对两组被试的前后变化程度感兴趣时，均可采用这种设计。

4. 所罗门 4 组设计

所罗门 4 组设计模式如下：

RG1	O1	X	O2
RG2	O3	-	O4
RG3	-	X	O5
RG4	-	-	O6

这种设计是所罗门（R. L. Solomon）1949 年提出的，这种设计的主要目的是为了克服等组前后测设中前测对后测可能造成的交互作用，即前测效应，并且能将前测效应分离出来，从而增进实验效度。所罗门 4 组设计实验上是等组前后测设计和等组后测设计的组合。在 4 个组中，前 2 个组为等组前后测设计，后 2 个组为等组后测设计。

所罗门 4 组设计是一种内外在效度较高的，比较理想的实验设计，它可将前测效应分离出来，可作多种比较。但这种设计在现实研究中很少被采用，这是因为同时进行 4 个组的实验耗费时间、精力、经费；也很难找到 4 组同质的被试。另外，所罗门 4 组设计的实验结果的分析也比较复杂。

（三）时间序列设计

时间序列设计又称定时重复观测设计，是指在实验处理之前与实验处理之后，对被试进行一系列定时的重复观测，然后对前后系列观测结果进行比较、分析，判别实验处理的效应。下面介绍几种基本模式。

单组时间序列设计是前实验设计中单组前后测设计的一种扩展形式，由单一的前后测变为多次的、定时的前后测序列，实验处理（X）的插入点是随机决定的，即实验处理可以在任意两次测定之间介入。测定次数可视实际情况而定，一般前测次数不要少于 3 次。其模式为：

G　O1　O2　O3　O4　X　O5　O6　O7

时间序列设计采用的是定时的重复观测，为了保证实验结果的可靠性，实施过程中要注意：实验处理之前的观测次数一般不要少于 3

次；要等前测数值趋于稳定后再介入实验处理；实验处理的插入点要随机安排；实验处理介入后的观测应持续较长一段时间，一般要到观测数值趋于平稳为止；每次观测的指标应是统一的，观测时间应定时；观测指标最好运用有大量复本的测验，或采用学校常规的测验分数。

时间序列设计有许多变式，如：

多组时间序列设计

G1 O1 O2 O3 O4 X O5 O6 O7 O8

G2 O21 O22 O23 O24 – O25 O26 O27 O28

单组的时间序列设计可扩展到两个或多个组。在这个时间序列设计模式中，实验处理可随机插入一个组；另一个组为控制组，各组测量时间、次数均相同。实验处理介入前的观测结果用于检验两组的相似性。一般来说，组间的相似性越大，实验结果的可靠性越大。这种设计既可对被试自身的变化程度进行纵向比较，同时又可对不同被试组、不同实验处理前后的变化程度进行横向比较。因为有两个组，提供了外部比较，所以实验的内在效度增强了。

等值时间取样设计：

G O1 X1 O2 X2 O3 X1 O4 X2 O5

这种设计，将两种不同的实验处理反复交替地使用，可以部分地控制偶然事件，因为外部因素的影响不大可能每次都和 X1 或 X2 同时出现，结果是将 O2 和 O4 的平均分与 O3 和 O5 的平均进行比较。这种设计的不足之处在于实验处理 X1 的效果可能会对后继的实验处理 X2 产生影响。

多次随机插入设计：

G O1 O2 O3 X O4 O5 X O6 X O7

这种设计是将实验处理随机地插入时间序列的测定之中。

时间序列设计是前实验设计的扩展形式，它的优点是：比前实验设计能更好地控制条件；通过定时重复观测能控制成熟；并在一定程度上控制偶然事件；可避免一次观测的偶然性；可控制测验效应；可显示被试反应变量的发展趋势。时间序列设计的不足之处在于不易得到那样多次的标准统一的观测数据，另外反复观测是容易引起被试的厌烦和疲劳，以及对测验的敏感。

（四）单个被试设计

大多数实验研究的样本是多个被试的群体。在教育研究中，在特殊情况下有时可以单个被试作样本，这样的实验设计称为单个被试设计。如，心理治疗，行为矫正，行动研究，个案研究等。单个被试设计与时间序列设计一样，通常要进行反复观测，并且一次实验仅改变或处理一个变量。单个被试设计模式主要有：

A-B 设计。A-B 设计是最简单的单个被试设计。A 表示基线条件，或前测阶段，即实验处理介入前的持续观测，B 表示实验处理条件，即年老体弱地实验处理观测，A、B 两段的时间相同，测定次数也相同，至于每段测多少次根据实际情况定。A-B 设计图解见下图：A-B 设计的基本思路是：先取得被试行为的基本值，然后引入实验处理并观察被试行为变化。

专栏：

例如，某教师对班上一个男孩经常破坏纪律伤透脑筋，她尝试着用行为矫正法来改变这个男孩的打人行为。她所用的刺激物（奖品）是该男孩喜欢的玩具和吃的东西，实验处理为每小时如无打人行为就给予一个奖品，一共观测四周，每周五天，共 20 天。采用 A-B-A-B 设计，第一周为基线阶段，第二周为实验处理阶段，第三周撤除实验处理，第四周再次实施实验处理。

（五）单因素设计和多因素设计

因素通常指实验中研究者感兴趣的变量，这个变量也称自变量。只有一个自变量（因素）的实验设计叫单因素设计，有两个或两个以上自变量的实验设计叫多因素设计。

1. 单因素设计

在单因素设计中，研究者只操纵一个自变量，通过自变量的变化来观测对因变量的影响，并试图说明自变量和因变量之间的对应关系。前面所描述的实验设计模式基本上都是单因素设计。虽然在单因素设计中，有时也会有 X1、X2 同时出现在一个设计模式中，如要对两种不同的教学方法是行比较研究，可采用真实验中的等组前后测设计，其模式为：

RG1　O1　　X1　　O2

RG2　O3　　X2　　O4

在这里 X1、X2 分别代表两种不同的教学方法，是一个自变量（数学方法）的两种水平或两种实验处理方式，并不是两个自变量。因为在这样的实验设计中不涉及 X1 和 X2 的相互作用，因此仍把这些设计看做单因素设计。

2. 多因素设计

多因素设计指实验中含有两个或多个自变量（因素）的实验设计。它的特点是：能把每个自变量的各种水平组合起来进行实验。在现实的教育实验研究中，常常需要探讨比一一对应关系更为复杂的问题，因为教育研究的一个重要特点是多变量、多因素，绝对的一对一的因果关系极其有限。某种现象的变化，某种结果的产生，往往并非出于单一的原因，而是许多因素互相作用的产物。如果硬要想从中抽出其中一部分，孤立地加以探讨研究，说明其成效，这既不符合实验，理论上也说不通。随着教育研究的不断深入，运用多因素设计已成为教育实验研究的发展趋势。

多因素设计的优点在于：不必对每个自变量进行设计，它可将多个自变量糅合在一个实验设计中，经济方便，并且可以研究自变量各个水平之间的交互作用，以及对因变量的综合影响。多因素设计比单因素设计可获得更多的信息，可使实验研究更加深入，可探索更为复杂的现象，同时使研究结果更加精确、可靠。

多因素设计至少要有两个自变量，每一自变量至少要有两种水平，因此归简单的多因素设计称为2×2因素设计。多因素设计通常以数字来命名设计模式，阿拉伯数字的个数表示自变量的数目，数字的值表示自变量的水平。如2×3因素设计，在乘号前后各有一个数，意味着有2个自变量，前后2个数的数值分别为2和3，意味着前一个自变量有2种水平，后一个自变量有3种水平。假如再增加一个具有2种水平的自变量，那么这个设计模式就是：2×3×2因素设计，即3个自变量，各个自变量的水平分别为2，3，2。在多因素设计中，随着自变量和水平的增加，分组的数目也在迅速增加。分组的数目是自变量每个水平的互相组合数，即数字的连乘积。如，最简单的2×2因素设计要分成4个组；3×3因素设计要分成9个组。下面我们以最简单的2×2因素设计为例做些解释。

专栏：

要探讨两种不同教学方法对两种不同能力水平儿童学业成绩的影响。研究涉及两个自变量（因素），一个自变量是教学方法（因素X），它有两种水平X1和X2；另一个自变量（因素）为儿童的学习能力（因素Y），也有两种水平Y1和Y2。这个实验设计的基本模式如下：

RG1	X1	Y1	O1
RG2	X2	Y1	O2
RG3	X1	Y2	O3
RG4	X2	Y2	O4

式中X和Y分别代表两个因素，X和Y的下标表示不同的水平。后测是X和Y不同水平组合的效果。

在这个设计模式中，我们可以通过比较OX1和OX2来确定两种不同教学方法的处理效应，也可以通过比较OY1和OY2来确定两种不同学习能力的处理效应；还可以通过O1、O2、O3、O4合起来比较来确定教学方法和学习能力之间的交互作用。当然还可以在自变量的不同水平之间进行比较，如O1与O2的比较，O3与O4的比较，O1

与 O3 的比较，O2 与 O4 的比较等。

在多因素实验中，研究者的目的常常是要观测因素之间以及因素不同水平之间的变化关系。当一个因素的水平与另一个因素的不同水平变化趋向不一致时，就称这两个因素之间存在交互作用。这意味着不同的教学方法可能适合于不同学习能力的学生。对学习能力高的学生来说，自学讨论法可能更有效；而对学习能力低的学生来说，常规讲授法可能更适合他们。当然结论还需要统计分析的方法加以检验证实。在多因素实验中，当一个因素的水平与另一个因素的不同水平变化趋向一致时，称无交互作用，表明这两个因素是互相独立的。多因素设计比单因素设计要复杂，对结果的解释也较困难。通常要求研究者具备实验设计、统计分析和计算机数据处理 3 方面的知识。

四、我国教育实验状况分析

近十几年来，广大教育工作者从事教育实验研究的热情空前高涨，据不完全统计，全国冠于实验研究的、有案可查的不下几千。教育实验已经是一种重要的研究方法。通过教育实验，可以使研究者在科学教育理论的指导下改革教学内容或教学方法，为教育改革提供有意义的可信赖的信息，如上海华东师范大学进行的新基础教育实验。教育实验，为研究者发现和检验新的教育特点和规律提供了必要基础，不断加深了他们对教育发展的规律性认识，对“引进”的教育理论，包括国外的先进教育思想理论和方法进行实验。归纳起来，我国教育实验研究可以分为以下几类。

1. 以教育理论为指导的学校整体改革实验

这类实验以一种教育理论为基础，进行探索与验证。如叶澜教授领导的“新基础教育”就是一个例子。这一研究是针对现实，面向未来的改革研究，涉及初中、小学教育全程和教育教学的主要方面，涉及学生的多方面的发展。这类实验一般是以解决当前教育问题为中心，探索我国学校教育改革问题。研究方法带有综合性和试验性。这类实验具有理论与实践结合的特点，参加研究人数较多且进行的时间相对较长，并以相类似群体或以自身原有水平作为实验结果评价的参照系。

2. 验证国外教育理论的实验

十几年来，国外的理论不断地传到我国来，给我国教育理论和实践都带来了新的观念。但是，这些理论是否符合中国的实际情况，或者说在多大程度上符合我国的实际情况，一般还需要进行一个本土化实验。例如，我国对皮亚杰学说的验证性研究就是一个例子。又如，如中国科学院心理所卢仲衡主持的“初中数学自学辅导教学实验”，刚开始时，就是对程序教学方法的研究。目前，这类实验在我国还不算太多。

3. 教育政策决策性的实验

随着我国教育决策科学性的提高，关于教育政策决策性实验日益增多，成为我国教育实验中的一个重要领域。例如，目前我国正在进行课程改革，教育部在北京师大、华东师大等建立了 8 个课程改革中心，并建立相应的实验区，进行教育行政政策等方面的实验。例如，锡山高中的校本课程的研究，就是配合课程管理方面改革的一个实验。

4. 课程教材的改革实验

为了研究课程教材是否适合，必须进行实验研究。例如，人民教育出版社组织关于义务教育课程教材的实验，从 1985 年后进行的九年义务教育大纲与教材的研究，特别是各具特色的九套义务教育教材的实验。这样的实验是大量的，如，普通高中课程结构改革实验与研究，北京师大组织的数学教材改革的试验，上海市教委组织的关于研究性学习的高中课程的实验研究，华东师大、华中师大等进行的综合实践活动课程的研究。课程教材的实验研究是我国目前教育实验研究中的一个热点问题。

5. 教学方法的改革实验

这是我国教育实验中数量最多的一个部分。目前，广大研究人员和教师投身于教育实验，开展了大量的教学方法改革的试验。例如，情境教学实验，“六课型”教法，讨论式教学法，尝试教学法，暗示教学法，快乐教学法，探究教学法和“注音识字、提前读写”实验，上海市青浦县大面积提高数学教学质量的改革实验等等。

五、教育实验的自我检测

教育实验的自我检测可在两个阶段进行，一是实验设计阶段，二是在实验基本完成后对实验过程回顾与评价。

实验设计提出以后，研究者可以围绕以下几个问题来评判自己的设计：

1. 是否有充分的实验控制？

也就是说在实验设计中，对实验条件有足够的控制，以便研究者能对研究结果做出解释。

2. 实验结果是否可运用到实际的教育情境当中去？

实验结果能否在实际的教育情境中加以运用，是衡量实验设计的一个重要标准，因为教育教学往往是在非人为的典型的实验背景下进行的。

3. 是否能与非实验的情境进行比较？

即需要通过某种方式进行比较，以确定是否有实验效果。在一些实验中，我们常使用控制组——即不进行实验处理的组，来达到这一目的，如，在教学实验中，常把用传统方法施教的一组学生作为控制组。

4. 是否确保所获得的数据、材料能够检验实验假设？也就是说，所获得的材料应能对假设作出裁决。

5. 所获得的数据、材料是否能充分反映实验效应？也就是说，尽可能不被蹩脚的测量或误差所影响。来自不同组的个体不应相互影响而削弱实验效果，或导致实验效果不具代表性。

6. 是否有相关变量间的干扰？

这一准则与充分的实验控制密切相关。对于无关变量所造成的影响，不应错误地理解为实验效应。在实验设计时，应尽可能地分离、控制这些效应。

7. 是否考虑到实验结果的代表性?

实验结果本身并不是目的，而是要推广到更大范围的教育情境中去。为获得具有代表性的实验结果，在实验设计时，研究者常采用某种随机的方式，或者通过对实验被试的选择，或者通过随机进行实验处理的被试的分组等。

8. 是否简单易行?

在所有其他特征相同的情况下，应该采用较简单的而不是较复杂的实验设计。简单些的实验设计常更易完成，解释起来也更简单些。

在实验基本完成后进行自我检测和评估中，则主要考虑以下问题。

第一，检验所提出实验假设，看这些假设是否有理由，是否在教育理论或者经验引导下提出实验假设；通过实际的观察、测量等手段来检验假设的正确与否。实验过程通常是围绕着验证研究假设展开的，假设是实验研究的核心。

第二，检测无关变量的控制，主动操纵自变量，客观地测定因变量，努力控制无关变量。比如，目的是比较两种教学方法优劣，那么就要设立对照组，使两个组其他条件尽可能保持均衡。包括教材内容，教师的条件等。控制是实验法的一个基本特点。

第三，实验的方法和过程是否设计合理。实验的方法包括很多类型，这些类型都要适合实验目的的需要。进行一个教育实验研究过程可分为三个阶段：①准备阶段。实验准备阶段的具体步骤包括：选定课题，形成实验假设，确定实验自变量和因变量，下操作定义，制定控制无关变量的措施，选择被试，分配被试到实验组或对照组，选定测量方法与工具等，最终形成具体的实验方案和工作计划。②实施阶段。实验实施阶段的具体内容包括：执行实验程序，实施实验方案，观察实验对象，观测、记录所需的资料和数据，以及对资料数据的加工整理。③总结阶段。实验总结阶段的具体任务包括：对资料数据的分析，概括研究结果，形成研究结论，撰写实验报告，以及评价验证研究成果和成果的推广应用。在这些过程中，必须检验是否比较正常，有无重大干扰因素或者突发事件。

第四，看能否揭示因果关系。教育实验研究的目的正是要揭示教育现象之间的因果关系。例如，学习兴趣、学习动机与学习成绩之间的关系，练习的次数与操作性技能熟练程度之间的关系，教师教学策略与学生发展的关系。探索规律性的东西是实验追求的直接目标。实验法探求的就是事物之间或变量之间的因果关系。

附录：实验研究示例

小学语文课堂教学效率的实验研究[①]

一、研究目的

时间是教育过程中的一个重要变量，时间也是衡量教学质量的一个重要指标。本研究探讨的是小学语文课堂教学的效率问题，即课堂教学时间投入与学业成效产出的关系。

对教学时间的研究起源于20世纪60—70年代，重要的研究有卡罗尔（Caroll，1963）"学校学习模式"的研究；布卢姆（Bloom，1974）"掌握学习理论"的研究；费希尔（Fisher，1980）"学术学习时间"的研究。大多数的研究是建立在"尤斯特定律"的理论基础上，即学习时间越多，学业成绩水平越高，时间量与知识量成正比。国内有关学习内容与学习时间关系的研究鲜见。有的研究通常以哲学的时空概念、原则为起点，通过演绎的路线，按思辨的方式来推导学校教学时间总量的宏观分配，或根据教材内容以及教学经验主观地确定学习时间的量。以往的研究仅涉及框架性的、原则性的关系，还未深入到特定内容、特定学习水平的微观层次。

本研究拟从学生学习掌握一篇课文具体内容的时间和教学前后效果的对比，了解学生经过教学后对课文理解的增值程度，看看学生在教学前能理解多少，教学后理解增加了多少，以及时间投入与产出的比例。目的是想通过对语文课堂教学效果的微观分析，了解语文课堂

① 陶保平、周端义：载《上海教育科研》，1998（12）。

教学的效率，探求学习内容与学习时间二者关系的最佳结合点，为课堂教学改革，教材内容的编制，教学方法的革新提供依据。

二、研究方法

1. 被试

随机抽取上海市区 1 所普通小学，3 年级 4 个班，5 年级 4 个班 (均为平行班)，学生共 421 人为被试。

2. 材料

3 年级实验材料为九年制义务教育课本（S 版）语文第 5 册，第 12 课《一个忠告》，全文字数 234 个，生字数 13 个。5 年级实验材料为九年制义务教育课本（S 版）语文第 9 册，第 17 课《八只小猫》，全文字数 703 个，生字数 12 个。

被试课文理解测验卷由专业研究人员编制，测验内容包括字、词、句、段、篇的理解，测验题型为选择题，3 年级 15 题，5 年级 19 题。

3. 方法与步骤

随机抽取 3 年级 2 个班，5 年级 2 个班为实验组，采用单组前测后测设计。

按课时计划提前一个月左右进行前测，让学生自学实验材料 5 分钟，然后做课文理解测验（时限 15 分钟，可看材料）。3 年级另加做 10 个生字词的听写（听写前让学生自学生字 5 分钟）。前测内容对任课教师保密，前测后不对学生作任何解释。

1 个月后，当实验材料作为常规课文教学后，用与前测相同的测验卷进行后测。为了控制前测效应，3 年级、5 年级分别再抽取 2 个班为对照组，以检验前测对后测的影响。最后对实验组前测与后测成绩进行比较。

三、研究结果

1. 3 年级课文理解前测后测结果（见表 8-1）

对 3 年级 4 个班后测结果进行 X^2 检验，有显著差异（$X^2=2.12$，$df=3$，$P<0.05$），差异主要来自三（4）班的测验成绩偏低。

表 8-1 3 年级课文理解测验情况统计表

班级	三（1） 实验组		三（2） 实验组		三（3） 控制组		三（4） 控制组	
测验	前测	后测	前测	后测	前测	后测	前测	后测
人数	55	54	55	57	—	55	—	56
做对题数	496	557	554	614	—	547	—	507
人均做对题数	9	10. 3	10. 1	10. 8	—	9. 9	—	9. 1
百分比	60. 1%	68. 7%	67. 1%	71. 8%	—	66. 3%	—	60. 3%

2. 5 年级课文理解前测后测结果（见表 8-2）

表 8-2 5 年级课文理解测验情况统计表

班级	五（1） 实验组		五（2） 实验组		五（3） 控制组		五（4） 控制组	
测验	前测	后测	前测	后测	前测	后测	前测	后测
人数	51	48	51	50	—	54	—	47
做对题数	739	752	671	763	—	849	—	693
人均做对题数	14. 5	15. 6	13. 2	15. 3	—	15. 7	—	14. 7
百分比	76. 2%	82. 4%	69. 2%	80. 3%	—	82. 7%	—	77. 6%

对 5 年级 4 个班后测结果进行 X^2 检验，无显著差异（$X^2=8.23$，$df=3$，$P>0.05$），表明实验组前测对后测并未产生直接影响。

我们将表 8-1、表 8-2 中实验组前测后测的百分比加起平均后得：3 年级课文教学前，学生自学 5 分钟，能理解课文的 63. 6%，教学后理解增加 6. 7%，尚未理解 29. 7%。5 年级课文教学前，学生自学 5 分钟，能理解课文的 72. 8%，教学后理解增加 8. 6%，尚未理解 18. 6%。

3.3 年级听写生字词（10 个）前测后测结果（见表 8-3）

表 8-3 3 年级听写生字词情况统计表

班级	三（1）实验组		三（2）实验组		三（3）控制组		三（4）控制组	
测验	前测	后测	前测	后测	前测	后测	前测	后测
人数	55	54	55	57	—	55	—	56
听写正确数	297	421	327	457	—	451	—	444
人均正确数	5.4	7.8	5.9	8.0	—	8.2	—	7.9

我们将表 8-3 中实验组听写前测与后测的人均正确数加起平均后得：3 年级课文教学前，学生自学生字 5 分钟后，即时听写，正确听写数可达 5.6 个，教学后（经过常规的识字教学及抄写练习），正确听写数可达 7.9 个，增长约 2.3 个。

四、讨论

研究结果证实了学习时间与学业水平呈正相关，但教学时间的投入与学业成效获得的速率则不是按比例增长的。以时间维度考虑，知识量的获取呈先快后慢的态势。即知识获取不是呈直线上升形态，而是呈抛物线上升形态，与遗忘曲线相反。如果说以前我们的教学通过增加学习时间（多做练习、反复强化、补缺补差等）来提高学业成绩还有其合理性和可行性的话，那么现在这条路似乎已走到尽头，因为学生的学习时间已被挖掘得差不多了，每个人的学习时间是有限的，不可能无限制地延长学习时间。在知识激增的今天，如何以尽可能少的学习时间来获取更多的必需知识，如何科学地、卓有成效地学习已成为教学研究的当务之急，从学习内容与学习时间的关系上，从教学时间效率上来研究教学将成为教学改革的一个新的生长点。教学效率是教育改革追求的永恒主题。

研究结果表明：学生的学习起点并非从零开始，学生接触难度相当的新课文（生字率小于3%—5%），通读自学课文一二遍，对课文的理解在70%左右。换句话说，学生完全有可能通过自学理解课文的基本内容。如果我们每课教学都从零开始，面面俱到，势必大量的内容与学生已理解的重复，耗费宝贵的时间。研究结果从另一侧面表明，学生的学习潜力是巨大的，我们尚未充分认识到学生学习潜力的能量。

本研究的一个重要问题是：教师在一篇课文的教学中究竟能教给学生多少，学生通过一篇课文的学习究竟能学会多少。研究结果表明，教师教一篇课文约120分钟（3课时），学生回家作业、复习时间约90分钟，所得的效果不到全文理解的10%，尽管我们知道一篇课文的教学不仅仅是教阅读理解，还有其他知识的教学，但无论如何，5分钟自学能理解70%左右，210分钟的教学、练习增长不到10%，这样的教学效率明显是低的。与其这样，我们宁可从教学时间中抽出50分钟让学生再读10篇课文。

理想化的教学是让所有的学生能完全掌握所学的知识，理解达到100%，但事实上难以做到。一方面学生个体学习速率具有个别差异，另一方面时间成本太高，那么教学到什么程度是合理的呢？按照布卢姆的掌握学习理论，对知识的理解达90%可看做进入新的学习内容的临界指标。我们认为，教学的临界指标可放宽度70%—80%左右，因为研究结果表明将理解程度的70%提高到80%左右，需用3课时的教学，按学习理解曲线轨迹的增长，从80%提高到90%可能要成倍地增加学习时间，从教学计划的课时安排来看，要增加课时显然是不可能的。

识字、积累一定的词汇是阅读的必要条件。生字词的教学必须有一定的教学时间和练习时间的保证。从3年级生字词听写情况看，教学前后的差异较大，达2.3个字。这间接地表明，记忆性的知识内容的学习效率比较明显，没有一定的练习量，没有必要学习时间的支撑，要获得这些知识是不可能的。由此联想到，如果我们的语文教学能把记忆性内容与理解性内容从教材中一项一项分离出来，通过实验确定完成该项内容的必要学习时间，那么，我们就能合理地配置学习时间，控制整个教学时间，提高教学效率。

本研究并非想否定教师在教学中的作用，相反，在研究过程中我们发现：教师的教学对学习理解课文和回答测验题影响很大。理解测验中有个别问题的答案是模棱两可的，在前测中，学生理解分歧较大。但后测中，有的班呈基本一致的选择（尽管该选择不一定对），这与教师在教学中提到或强调过该内容有直接联系，教师教学的影响可见一斑。现在的问题是我们应如何更大限度地发挥教师在教学中的作用，我们认为可能的对策有三：一是提高教材难度，增加教材内容，把教学前学生理解程度控制在40%—50%左右，这样教师的教学便有更大的发挥余地；二是加快教学进度，提高教学时间密度，在教学时间基本恒定的基础上，以数量换取质量。因为知识之间是互相联系的，知识也只有在其他相关知识的基础上才具实际价值，知识的数量常常决定了知识理解的质量；三是充分挖掘课堂教学时间的潜力，精简教学环节，将那些非实质性的、占用大量时间的、教学效益不佳的项目、内容删除或缩减，如背诵、分段等。

五、结论

1. 总体上教学时间与学业水平成正相关。

2. 在获取知识的过程中，不同时间段上的学习速率不同，通常呈先快后慢的趋势。

3. 小学语文课堂教学效率不高，教学的时间成本较高，学习时间的投入与学习效果的产出之比不合理。

4. 加快学习进度、提高教材难度、增加学习内容，是教学改革适应新形势的必由之路。

本研究仅限于小学语文课文的教学效率，其他学科的教学效率是否与本实验的结果一致还有待于进一步的研究。

第九章
如何进行行动研究

教师即研究者是近年来西方教育界颇为流行的看法。人们越来越多地认识到，没有教师参与的教育研究，是无法使教育研究成果很好地在教育实际中加以运用的。这方面的积极倡导者美国学者斯滕豪斯（Stenhouse，L.）曾就此谈到："如果没有得到教师这一方面对研究成果的检验，那么就很难看到如何能够改进教学，或如何能够评定课程规划。如果教育要得到重大的改进，就必须形成一种可以使教师接受的，并有助于教学的研究传统。"①

斯滕豪斯等人尤其重视教师工作的重要性，认为，所有的课程研究和设计，无论是教师个人还是团体，无论是学校自发研究的项目还是国家资助的项目，所有的工作都是建立在课堂研究的基础上，这就在很大程度上依赖于教师的工作。教师是其实践的最后和最佳的裁决者。他们鼓励教师成为批判地、系统地考察自己实践的研究者，从而可以更好地理解自己的课堂和改善自己的教学实践。他们不仅明确地提出"教师即研究者"的口号，而且通过实施一些具体的研究计划，使这一概念和口号转化为一个激动人心的运动。

"教师即研究者"运动反对的是外来的研究成果或观念对于教师课堂的控制，试图改变教师等待研究者提供新成果或纯粹依赖习惯、

① 弗玛等著，施良方等译：《教育研究》，见瞿葆奎主编，叶澜、施良方选编：《教育学文集·教育研究方法》，16页，北京，人民教育出版社，1988。

经验的状况，更重要的是它充满了强烈的人文精神。它重视发展教师个人的自我意识、个人的实践或职业能力。教师开展研究成为教师解放自己、张扬自身主体性的职业生活方式。

这一运动为行动研究观念的复兴和发展注入了新鲜血液。以教师为主的行动研究首先在英国开展起来，其后影响到欧洲大陆及北美。

一、行动研究的界说

“行动”和“研究”，在西方社会科学工作者那里，是两个用以说明由不同的人从事的不同性质的活动的概念。“行动”主要指实践者、实际工作者的实践活动和实际工作；“研究”则主要指受过专门训练的专业工作者、学者专家对人的社会活动和社会科学的探索。

人们把这两个词结合起来，表述为“行动研究（action research）”是 20 世纪三四十年代的事情。

“行动研究”一词有两个来源。

一是 1933—1945 年间，柯立尔（Coller，J.）曾与同事共同研究如何改善印第安人与非印第安人之间的关系问题。他认为，研究的结果必须能为实践者付诸实用，并利用自己的经验进行检验，因而他鼓励实践者参与研究。他把这种实践者在行动中为解决自身问题而参与进行的研究，称为“行动研究”。

另一是 40 年代，美国社会心理学家勒温（Lewin，K.）曾与他的学生一道，试图深入地研究人际关系，以提高人际关系的质量。勒温工作的一个重要方面，是关注社会冲突的实践背景，其很多的工作是与犹太人或黑人合作进行的。这些实践者以研究者的姿态，在研究中积极地反思和改变自己的境遇。1946 年，勒温把这种结合了实际工作者之智慧和能力的研究称之为“行动研究”。并指出了行动研究的几个特征：参与、民主、对于社会知识及社会变化的同时贡献。他还对“行动研究”本身进行了思考，用“计划”、“发现事实”或“监察”、“实施”、“评价”等字眼，把行动研究描述成一个螺旋式逐步行进的过程。后来的学者把这一过程明确地解释为计划——行动——观

察——反思——计划……①

行动研究是诞生于社会活动领域的，它对于社会活动具有极为独特的价值。教育活动是一项重要的社会活动，因而，在行动研究方面，得到教育研究的很大关注。经前哥伦比亚大学师范学院院长考瑞（Corry，S. M.）等人的倡导，行动研究于20世纪50年代进入了美国教育科研领域，其运用范围日益扩大，他在1953年出版的《改进学校实践的行动研究》一书中，第一个系统地将行动研究定义用到教育中来，提出“所有教育上的研究工作，经由应用研究成果的人来担任，其研究结果才不致白费。同时，只有教师、学生、辅导人员、行政人员及家长、支持者能不断检讨学校措施，学校才能适应现代生活之要求。故此等人员必须个别及集体采取积极态度，运用其创造思考，指出应该改变之措施，并勇敢地加以试验；且须讲求方法，有系统地搜集证据，以决定新措施之价值。这种方法就是行动研究法。”②自此，行动研究很快影响到教育实践。但是，到60年代中期，教育研究中由于技术性的研究—发展—普及模式的普遍确立，使得行动研究在人们心目中的地位动摇了。至70年代，由于艾里奥特等人的努力，行动研究才再次兴盛起来，逐步成为教育研究中的一个重要语汇。在英国，地方行动研究网络已经建立，最有名的是以剑桥教育研究所为基地的课堂行动研究网。美国教育协会的分会“辅导与课程编制协会”宣布，每一合格的会员应该对行动研究法有足够的了解和应用能力。法国“现代学校合作组织”也提出，教师应参与教育研究，成为改进其教育实践的人，为了使研究更有成效，甚至可以让家长也参与到教育研究中来。人们对行动研究法的兴趣正在增长。

目前对行动研究的认识颇不一致，如当今行动研究的主要倡导者、英国的艾里奥特（Elliott，J.）认为：“行动研究旨在提供社会具体情景中的行动质量，是对该社会情景的研究。”《国际教育百科全书》中把行动研究定义为“由社会情景（教育情景）的参与者，为提高对所从事的社会或教育实践的理性认识，为加深对实践活动及其

---

① 施良方主编：《中学教育学》，501页，福州，福建教育出版社，1996。

② 戴长河等：《行动研究概述》，载《教育科学研究》，1995（1）。

依赖的背景的理解，所进行的反思研究。”① 对行动研究的这些不同认识，归纳起来，大致有以下3种。

1. 行动研究即行动者用科学的方法对自己的行动所进行的研究。

持这类观点的人，强调用测量、统计等科学的方法来验证假设。例如，在柯立尔看来，行动研究者就是实际工作者用科学的方法来解决实践中的问题。有不少人认为，行动研究是一种小规模的实验研究，它用统计的方法来验证假设，用科学的方法来解决教室里的实际问题。

2. 行动研究即行动者为解决自己实践中的问题而进行的研究。此类观点的代表人物有斯滕豪斯等人。他们关心的不仅仅是统计数据，还重视教师和学生的日记、磁带、照片等所有对以后的回忆和评价有帮助的材料。在他们看来，课程的编制和研究在本质上，只是一个实践问题，而不是理论的问题；理论的正确性并不依赖于“科学”的测试，而在于是否从实践中产生。他们对行动研究的典型看法是“行动研究就是由教师或其他实际工作者针对实际问题进行研究的一种方法”。

3. 行动研究即行动者对自己的实践进行批判性思考，以“理论的批判”、“意识的启蒙”来引起和改进行动。此类观点的代表人物有凯米斯等人。他们以为行动研究是追求自由、自主和解放的，从而把行动研究看做是教师和其他教育实际工作者所进行的一种自我反思的研究，倡导教师等对自己的实践进行批判性思考。②

上述三种不同的定义反映了人们对行动研究含义的不同认识。第一种定义强调行动研究的“科学性”；第二种更关注行动研究对教育实践的“改进”功能；第三种定义突出了行动研究的“批判性”。这三种定义实际上反映了行动研究以下3种不同类型。

第一种是技术性行动研究，也被称之为科学性行动研究或技术-科学性行动研究。这类研究特别强调用“科学工具”来观察行动过

① 张民选：《对“行动研究”的研究》，载《华东师范大学学报（教科版）》，1992（1）。
② 李臣之等：《行动研究若干问题探讨》，载《教育科学论坛》，1995（5）。

程，它与19世纪末20世纪初兴起的“教育科学化运动”及一些心理学家强调心理测量有着很大关系。在现代行动研究的理论和实践中，这类研究受到很多批判，许多人认为，它只是形式上的而非实际的行动研究，它只关心“科学工具”、“统计方法”，而不尊重行动者的主动性和创造性，专家与行动者之间是“I-it”关系。

第二种是实践性行动研究。这是英美最为普遍的研究模式。在这类研究中，专家和实际工作者之间是合作伙伴关系，作为“咨询者”帮助他们形成假设，计划行动，评价行动过程及结果，研究的推动力量来自行动者自己，以自己的智慧来选择课题，指导行动。有人认为，实践性行动研究也有缺陷，它只是在原有的实践中采取谨慎的行动，且不接受不同观点的挑战，批评和怀疑被看做是研究小组中不和谐的现象。

第三种是独立性行动研究。就是实际工作者通过批判性的思考及采取相应的行动，使教育摆脱传统的教育理论和教育政策限制的一种研究方式。正因为它有着“批判”的特征，有人把它称之为“批判性行动研究”。在某些独立性的行动研究中，专家甚至没有出现的必要，完全由实际工作者自己或在教师团体的帮助下进行。

对于行动研究，我们虽然很难给出一个明确的定义，但从其源起和用词上看，行动研究是在人们行动的社会实践领域中产生的。它一方面指的是人们为达到提高社会生活质量，改变自身境遇的目标而设计的一系列渐进活动；另一方面又试图确认这些活动的标准、提供行动的处方，使渐进的活动系统化。

行动研究也正因如此，才有着区别于其他研究方法的一些特点。

其一，行动研究以提高行动质量，改进实际工作为首要目标。

“改进（improvement）”是行动研究的主要功能，它既能解决教育实践中产生的问题，也指提高教师的教育教学质量和研究水平。

在教育领域中，行动研究关注的不是学科中的“纯理论研究者认定的‘理论’问题”，而是教育决策者、学校校长、教师们日常遇到和亟待解决的实践问题。所以行动研究不囿于某一学科的主张或某一种理论知识，而主动容纳和利用各种有利于解决实际问题、提高行动质量的经验、知识、方法、技术和理论，特别重视实际工作者对实践问题的认识、感受和经验。

行动研究把解决问题放在第一位，并不等于行动研究无助于也不关心“一般知识”和“理论”的发现、产生。它只是更强调从具体、特殊到一般和普遍；更强调已有的理论和知识体现在从抽象到具体的过程中；更强调渗透在行动计划的经验和理论都须受实践的检验、修正、补充甚至证伪；更强调知识和理论说到底还是来源于实践，并在实践中体现其有效性和真理性。

其二，行动研究强调研究过程与行动过程的结合，注重研究者与行动者之间的合作。

长期以来，由于社会分工的影响，社会科学研究已渐渐蜕变为一群特定的人所从事的特定的事情，一种与实际生活毫不相干的“学术游戏”，科学研究与实际生活脱离，研究者与实际工作者脱离，已经成为教育理论研究中的一大痼疾。行动研究则通过要求实际工作者系统地反思或与他人共同研究自己的工作过程、环境和问题，通过要求专业研究者深入现场，直接参与从计划到评价实际工作的过程，与实际工作者一起研究他们面临的问题，使实际工作过程本身变成一个研究过程，使研究过程又变成一个理智的工作过程。这样，行动研究就在解决问题的过程中，为研究者和实践者共同参与研究和工作，为研究者和实际工作者的结合提供了结合点，或者说一个共同活动的行动“场地”。

这种研究活动间的结合和合作，一方面指中小学教师可以从研究专家那里获得必要的研究技能，改变对教育教学的职业感情；另一方面研究专家既可从真实的教育情景中获得第一手教学改革信息，又可以通过合作而使自己的理论研究成果更容易为中小学教师接受，较快地应用于教育改革实践。

其三，行动研究要求行动者参与研究，对自己从事的实际工作进行反思。

行动研究的倡导者认为，中小学教师作为研究人员参与研究是完全可能的，因为实践者在行动当中，有行动的目的、责任，能够体察实践活动、背景以及有关现象的种种变化，能够通过实践检验理论、方案、计划的有效性和现实性。他们对实际问题具有“局外人”——

专业研究人员——难以替代的认识作用。他们还认为，行动的效率、实际工作的成败虽然不完全取决于行动者对方案、环境和行动的理解，但是总也离不开他们对行动和问题的理解。基于这样的认识，行动研究要求实际工作者积极反思，参与研究，将行动与研究融为一体。这种研究与惯常的实验研究有着一定的区别，见表 9–1。

表 9–1 实验研究与行动研究的差异

范围	实验研究	行动研究
需要的训练	在测量、统计学和研究方法方面需接受广泛的训练。教育领域内的许多科学研究，由于缺乏受过这方面训练的研究者，而显得科学性不足。	通常不需严格的设计和分析，只需有限的统计学和研究法的训练。研究者在教育测量方面所接受的训练较教师为多，故提倡结合进行研究。即使教师的研究技巧欠佳，仍可有好的行动研究在咨询者的协助下进行。
目的	获取的结论或知识，可普遍用于较大的总体；可发展与验证理论。	获取的知识能直接应用于当前的教育情境；可向参与研究的教师提供实施在职训练的机会。
研究问题的来源	借助各种途径提出研究问题。	选定的问题是在教育情境中，足以引起研究工作者困扰的，或干扰其教育教学效率的现象。
假设	经深思熟虑发展出来的特定的假设，可运用操作定义来界定，且可以被检验。	问题的特别说明常被视同假设。理想而言，行动研究的假设必须接近于正式研究所要求的严谨程度。
文献查阅	通常须就直接资料作广泛的查阅，并使研究工作者充分了解该研究领域现有的知识状况 。	给教师查阅可用的间接资料，使其对被研究领域有一般性了解，往往不对直接资料作完整而无遗漏的探讨。
抽样	研究者试图从研究的总体中获取随机的或不偏的样本，但通常无法圆满完成。	班级的教师或作该研究的教师，通常以该班可用的学生作被试。
实验设计	在开展研究之前，进行详细、有计划的设计。注意维持供比较用的条件，控制无关变量，并减少误差。	在开始研究之前，按一般方式设计程序。研究期间，施予变化，以了解这些变化是否可改进教育教学情境。不大关注对于实验条件的控制或误差的减少。由于参与的教师自我投入研究，通常会产生偏见。

续表

范围	实验研究	行动研究
测量	努力选取最有效的测量工具。对可用的评量工具进行评价，并在研究之前对测量工具进行测试。	对测量工具的选择与评价较不严谨。参与者缺乏使用与评价教育测量工具的训练，但可通过咨询者的协助，进行令人满意的工作。
资料分析	经常要求复杂的分析，包括量化分析。由于将结果普遍化是研究目的之一，通常要强调统计上的显著性。	简单的分析通常就够用，强调教育上实用的显著性，而非统计上的显著性。参与教师的主观意见经常被赋予较重的分量。
结果应用	结果是普遍应用的，但许多有用的发现无法应用于教育实际。研究工作者与教师之间所受训练与已有经验的差异，产生严重的沟通问题。	研究发现可立即应用于教师的班级，并经常可导致持久性的改良。结果的应用很少超越参与教师本身。

（资料来源：王文科：《教育研究法》，31-33 页，台北，五南图书出版公司，1987。）

二、行动研究的缘起

行动研究之所以在 20 世纪 70 年代后兴盛起来，甚至成为比其他研究方法更受公众关注的研究方法，美国学者卡尔和凯米斯曾就此提出了这样几个原因：来自于不断增长的职业化教师力量对于研究角色的需要；针对当代教育研究对于实践者的漠不关心的态度；在课程中，实践模式兴趣的复苏；教育研究与评价中的新潮方法的兴起；责任运动激励了实践者，并使他们政治化；面对公众的批评，兴起了对教师职业的捍卫；对行动研究本身的意识在增长①。如果我们从更为广阔的背景下去考察，可以发现行动研究的兴起，既有其外部原因，也有其内部的因素。

① 唐莹：《跨越教育理论与实践的鸿沟——关于教师及其行动理论的思考》，44 页，华东师范大学教育学系 1996 届博士论文打印稿。

（一）外部原因

其外部原因主要有三个方面：一是已有的教育理论无法满足教育实践发展的需要；二是原有的研究方法受到了教育实践发展的挑战；三是人文精神的张扬引起了人们对于教师作为主体的重视。

进入20世纪70年代以后，由于世界性的经济危机和政治动荡以及新技术革命的猛烈冲击，使得西方繁荣一时的教育事业陷入了前所未有的深刻危机之中。一方面，社会不断向教育提出新的要求，如培养未来人才，提高全民素质，提供职业技术培训等；另一方面，学校在社会的种种冲击下，连往日的质量都无法维持，“功能性文盲”、“教育荒废”、“社会拒绝学校毕业生”使人们对教育失去了信心。面对这场危机，面对这些前所未闻的新问题，不管是赫尔巴特的传统教育思想，还是杜威的实用主义，似乎都失去了效力，不能为教育科研人员、教育决策者和学校行政管理人员、教师提供有力的理论武器和现成的或很有价值的参考答案了。这就迫使教育研究人员和广大教育工作者把从现成的理论中寻找答案的目光收回来，转向实际，携手共同去研究问题，克服危机。行动研究恰恰是一条鼓励人们从实际问题出发，通过研究者和实际工作者的参与协作、共同研究，从而解决问题，探索新理论的思路。

70年代的这场教育危机，还引起人们对教育研究方法的检讨。首当其冲的是对“R. D. D模式”的批判。这种模式即工业界常用的“研究—开发—推广”模式。人们批评说，在这种模式中，虽然也强调了研究须由各方面的著名专家主持，且有部分教师参与，但它是远离常态的学校生活、实际的课堂教学和复杂的教育教学过程的，是脱离教育实践的；在这种模式中，研究者和学校教师的关系是自上而下的，研究者的理论和设想占据中心地位，必须开发和实施；学校教师则处于被动接受指令的边缘。这样的研究开发不是从实际出发的，而是从“应当如何”出发的，所以当与实际情况发生矛盾和差距时，研究成果也就难以推广实施了。对这种脱离实践，忽视教师认识作用的“研究—开发—推广”模式的批判，和对以往众多研究方法的再认识，激发了教育科研者和广大教师改进和发展研究方法的热望，激起了人们对研究实际问题、考虑实践者作用的研究方法的热望。这一切就为行动研究的兴起创造了条件，铺平了道路。

行动研究兴起的另一外部原因，是诸如解释学、批判哲学等对于技术理性的批判和对实践理性的崇尚，这也重新燃起了人们对于人的“实践”的热情。从人文精神来看，实践者不应作为研究者的工具或手段而存在，实践者的实践本身就有着研究的动力和基础，实践者才是把握自身、发挥自主性、对行动和研究承担责任的个体。

（二）内部原因

其内部原因也可从以下 3 个方面来认识。

其一，自然主义的定性研究方法的兴旺发展，使研究者重新回归学校实践，也为教师提供了更为可行的研究工具。

其二，行动研究肯定了教育实践工作者在研究中的作用，为教师等广为接受。行动研究的目的在于解决实际问题，它充分肯定了教育实践工作者在认识实践及知识产生中的不可缺少的作用，既要求研究者参与实践，又要求实践者反思研究，为教育研究本身开辟了一条新途径。

其三，行动研究肯定了实践对理论、方案、思想、计划的检验作用，在一定程度上符合研究的发展逻辑和人的认识规律。行动研究可以容纳各种对解决问题可能有益的设想和理论、技术和方法，但是，在行动研究中，理论、设想、技术和方法都不是预先设定的并假定其为有效的，然后再用于实践，而是在实践中表现出其有效性。这是由人参与、极为复杂的教育领域里，在教育科学还相当落后、教育理论还相当贫乏的情况下尤为重要。已有的教育理论和方法不仅需要证实，而且需要证伪和突破，需要根据具体情境补充修正，否则就难以在实践中形成新的理论。

三、行动研究的一般程序

行动研究的兴起，就其基本起点来说，是反对传统的科学研究，一方面社会科学研究仅凭个人兴趣从事研究，不能满足社会需求，另一方面实际工作者既得不到研究者的帮助，又不研究自己身处的环境和面临的问题。它所倡导的是实践工作者通过研究手段来对实践作出判断和采取行动。如此，教师开展行动研究首先面临的问题，就是从日常的教育教学活动向研究性的实践活动转化。那么，这种转化的标志是什么？换句话说，怎么才能算是在从事研究呢？这样就涉及到了研究的程序问题。

关于行动研究的程序，有着种种不同的认识，其表述各不相同，在这其中，由凯米斯(Kemmis,S.)、艾里奥特和埃巴特(Ebbutt,D.)3人提出的实施程序影响较大。

凯米斯主要采纳的是行动研究的创始人勒温的有关思想，以为行动研究是一个螺旋式加深的发展过程，每一个螺旋发展圈又都包括着四个相互联系、相互依赖的环节：计划、行动、考察和反思。

“计划”是行动研究的第一个环节。

“计划”环节包括3个方面的内容和要求：

1. 计划始于解决问题的需要和设想，设想又是行动研究者（行动者和研究者）对问题的认识，以及他们掌握的有助于解决问题的知识、理论、方法、技术和各种条件的综合。计划还应以所发现的大量事实和调查研究为前提。

2. 计划包括“总体计划”和每一个具体行动步骤的计划方案，尤其是第一、二步行动计划。

3. 计划必须要有充分的灵活性和开放性，要允许不断地修正计划，把始料不及的在行动中又显现出来的各种情况和因素容纳进计划。

“行动”是第二个环节，即实施计划或者说按照目的和计划行动。

在行动研究中，实施行动应该是：

1. 行动者在获得了关于背景和行动本身的信息，经过思考并有一定程度的理解后，有目的、负责任、按计划采取的步骤。

2. 行动又是灵活的、能动的，包含行动者的认识和决策在内的。实施计划的行动又是重视实际情况变化，重视实施者对行动及背景的逐步认识，重视其他研究者、参与者的监督观察和评价建议，行动是不断调整的。

“考察”是第三个环节。

在行动研究中，考察的基本含义和要求是：

1. 考察既可以是行动者本人借助于各种有效手段对本人行动的记录观察，也可以是其他人的观察。多视角的观察更有利于全面而深刻地认识行动的过程。

2. 考察主要指对行动过程、结果、背景以及行动者特点的考察。由于教育教学受到实际环境中多种因素的影响和制约，而且许多因素又不可能事先确定和预测，更不可能全部控制，因此，考察在行动研究中的地位就十分重要了。为了使考察系统、全面和客观，行动研究的倡导者鼓励使用各种有效的技术。

“反思”是第四个环节。它是一个螺旋圈的结束，又是过渡到另一个螺旋圈的中介。

这一环节包括：

1. 整理和描述，即对观察到的、感受到的与制定计划、实施计划有关的各种现象加以归纳整理，描述出本循环过程和结果。

2. 评价解释，即对行动的过程和结果作出判断评价，对有关现象和原因作出分析解释，找出计划与结果的不一致性，从而形成基本设想、总体计划和下一步行动计划是否需要修正，需作哪些修正的判断和构想。

行动研究的这一运行程序可举例如下。

第一个循环：

设想——学生认为科学只是回忆事实，而不是探索。怎样才能使学生进行探索？是改革课程，还是改变提问策略？看来，应该首先建立新的提问策略。

计划——把提问的中心转移到鼓励学生为解决自己问题而寻找答

案上来。

行动——试验提一些让学生说出他们自己想法和兴趣的问题。

考察——用磁带录制几堂课的提问，观察记录情况，并用日记记下有关印象。

反思——为了使全班按教师的设想走，起初以为需对情景进行控制，但现在看来，对情景的控制却破坏了探索性提问。

第二个循环：

修正后的计划——继续贯彻基本设想和计划，但要减少控制性陈述。

行动——在几节课中减少用控制性陈述。

考察——用磁带录制提问及控制性陈述，并记下对学生行动的影响。

反思——学生的探索精神虽然得到了发展，但是随之而来的问题是学生较难管理，如何能使他们步入正轨？让他们相互倾听彼此的回答？……①

显然行动研究过程并不一定完全符合这些程式，因为现实总是一种即兴的、创造性的情景。现实中的行动研究过程往往是这些程式的种种变式，或者是它们的简单化。比如，怀特海（Whitehead，J.）把行动研究的循环过程转化为一组以教育活动为背景的陈述：

1. 当我的教育价值观遭到实践否定时，我碰到了问题（如，我的学生在我的课上并不如我所要求的那样积极参与）；

2. 我设想着解决这个问题（重新组织课堂以使他们积极提问，是以小组活动还是进行结构性练习）；

3. 我实施这个想象中的解决方案（我让他们进行小组活动，并引入了有结构的练习，使他们在没有我经常监督的情况下，提出和回答问题）；

4. 我评价我行动的结果（我的学生参与性加强多了，但他们太吵闹，并且在有结构性练习的情况下，仍依赖于我）；

5. 我根据自己的评价重新系统地阐明问题（我必须找到一种方

---

① 张民选：《对“行动研究”的研究》，载《华东师范大学学报（教科版）》，1992（1）。

法，使他们既积极参与又不太吵闹；我必须找到一种方法，使他们在自身的发展中更具度性）①。

的确，有时行动研究的实施步骤与其他研究方法没什么根本的不同，但在这其中，有这样两个显著的特点是不同于其他研究方法的：

第一，行动研究的问题是产生于实际的工作情境之中的，并且其计划的内容并非在决定以后就一成不变地直到研究完成，而是从实际情境出发，根据实际情境的需要，随时检讨，不断修正。

第二，行动研究是教师对自身实践所进行的有意识的、系统的、持续不断的探究反思，它在突出教师实践的“研究”特征的同时，也突出了教师作为研究者的角色。在教师的日常教学实践中，有时也会有好的教学方式，但依据行动研究的标准，需要进一步探究的是：这种“好”的标准是什么？他知道它为什么好吗？他能不能使它变得更好而持久？另外，教师有时在日常工作中也会写些计划，作些总结，但这样的计划往往只是对某阶段工作的笼统的设想，而总结也只是告诉人们他曾经做了什么，这仅仅是建立在意识到实践应有目标、实践会有结果的基础上。行动研究使教师的研究比日常行为具有更严格的程序，从而使教师的行动建立在一个合理的基础上，确保实践得到提高。

应该注意的是，教师的行动研究不应也不能向专业研究者的研究看齐。行动研究从本质上来说是为自己的研究，是从自身内部发展起来改变独特的情景。如果它仍追求专业研究者那样严格的发现、一般的结论的研究理想的话，它将得不到真正的尊重，并有可能会招致批判，因为这些研究既像专业研究却又名不副实。正是从这样的认识出发，行动研究者的倡导者在近年来提出，教师既要将行动研究作为一种研究方式，但同样重要的是，还要把它作为自己的生活方式。在他们看来，在行动研究中，作为研究，方法仍旧重要；但作为行动，它的焦点是探究者，而不是方法或者方法论。把探究者作为行动研究的焦点，意味着行动研究不再是对教师职业的补充，而本身应是教师职

① 唐莹：《跨越教育理论与实践的鸿沟——关于教师及其行动理论的思考》，28 页，华东师范大学教育学系 1996 届博士论文打印稿。

业生活的方式，它体现了教师作为人、作为实践者所拥有的本性。在这种生活方式中，教师体会到自己的责任，体会到自己存在的价值和意义；在这种生活方式中，教师凭借自己的力量，把自己和自己服务的对象紧紧地联系在一起，并与对象共同构成了他自己的生活世界；在这种生活方式中，必须发展自己的理性，成为自己的主人，这样的话，他就不能仅重复别人的经验，而应该通过理性创造自己的世界，只有在这种创造出来的世界中，他才会感到真正的内心的平安。也许正是在这种生活方式中，行动研究才体现出了其原本意义。

四、行动研究的适用范围和局限性

行动研究既然是针对教育实际情境而进行的研究，是从实际中来又到实际中去的，因而它适用于那些教育实际问题（而不是理论问题）的研究，以及中小规模的（而不是宏观的）实际研究。

行动研究因为参与者的不同，一般分为不同的三个层次：某教师单独对该班某学科的教学施行新方法，或将自己的新观点转化为行动；学校组织若干教师组成研究小组，自行开展研究，或在外来的研究者指导下进行研究；由专业研究人员、教师、政府部门、资助者、学校行政领导等组成较为成熟的研究队伍，在对方支持下从事的研究。

因为研究层次及人员构成上的不同，不同类型的行动研究适用的范围，也就不同：

1. 在教学过程中将新的改革措施引入固有的体系中去，使之得到创新；

2. 作为一种职业训练的手段，给教师提供新的技术和方法，提高教师的职业分析能力和自我意识；

3. 在特殊情况下，对已确诊的问题加以补救，或使环境因素得到改善；

4. 对课程进行中、小规模的研究与改革。

作为行动研究者来说，并不是每一个教育实际工作者都能胜任的，他应具备研究的知识和能力；应秉承客观正确的研究态度；要能充分运用各种资源（研究人员、图书、期刊、仪器、设备等）。在这一前提下，他还需要凭借自己的经验及观察力，捕捉到实际中存在的问题，并对主要问题予以确认：

1. 教育教学情景中发生了什么问题？从什么意义上讲有问题？它们与自己的期望或价值有什么冲突？

2. 这些问题对你的重要性如何？对班级的重要性如何？对学生的重要性如何？

3. 那一个问题不解决不行吗？哪一个问题将成为一系列问题解决的突破口？

确认了问题，并不能保证行动者就可以承担起这一研究，还需要考虑行动研究者主体自身的制约因素及行动环境内外的制约因素：

1. 你的工作能力如何？

2. 就这一课题实施行动的理论基础是否具备？

3. 有多少时间？

4. 所处的实际情境中，有哪些人力、物力方面的限制？

5. 可能受到社会环境中的哪些人的影响？

6. 可以找什么人咨询或商讨？

对这些问题都明了以后，才有可能确定下行动研究的课题。看来，行动研究在教育领域的适用范围是一回事情，而作为教师或研究者来讲，能否将适用范围内的问题落实为研究课题，又是另一回事情。

自行动研究产生以后，就对它有着这样或那样的非议，这些非议有的是行动研究本身存在的问题，有的则是对行动研究的误解误用。有人认为，行动研究法具有以下问题：

第一，研究质量不高，难以将结果推广到应用；

第二，研究者本身在观念方面、时间方面和能力方面存在着限制；

第三，由于研究中主管人员不支持或群体间意见的不一致，会造成协调上的困难；

第四，研究是自行应验效果，难于客观地诊断问题。

对于上述指责，第一点属于对行动研究的误解，行动研究的出发点并不是将结果扩大化，在更大的范围内推广开来，它是以解决问题为出发点的；第三点属于对行动研究误用后产生效果的批评，并不是行动研究本身的弊端。第二与第四点倒是与行动研究自身的缺陷密切相关的。

确实，在实际运行中，因为研究者或教育实际工作者较强调行动研究法的简单易行、要求松缓的一面，而忽视其计划性、系统性和潜在的控制性，使得某些行动研究显得缺乏起码的可靠性和说服力。抛开这种误用不论，行动研究本身常以具体实际情境为限，研究的样本受到限制，不具代表性，对自变量的控制成分很少，因而内外部效度显得都有些脆弱，在某些方面不符合科学的严格要求。考虑到这一点，行动研究不能取代其他的研究方法，而只能作为其他研究方法的一种补充。

附录：行动研究示例

教师行动研究[①]

（一）问题的发现：P 在校内外表现反差大

一天早上，正要进校门时，我看见不远处班上一名学生 P 正对着送她上学的父亲大发脾气，样子很凶，全然不同于平时在学校里那副胆小怕事的样子。印象中，P 好像对老师有一种畏惧感，从来不敢正面看我们，不敢大声说话，上课发言胆怯得很，很少见她欢快地说笑。P 在学校与同她在校外的表现怎么会相差这么大？

（二）问题的症结：解读 P

P 进了校门之后，我上前询问 P 的父亲出了什么事。他说：P 在家里很任性，常常对父母发脾气，有时还同她母亲对骂对打。我感到 P 在校内外表现这么大的反差，说不定是由于什么特殊原因造成的，就把这种直觉告诉了 P 父。问他：P 是不是受到过什么刺激。当时 P 父也感到纳闷，说不出一个所以然，只是告诉我：送 P 上学时，孩子常常一路赌气过来，但一到校门口碰到老师，马上会住口收敛，紧张得不得了。P 敢与父母顶嘴，为什么这样怕老师呢？

事隔不久，P 的母亲来学校参加家长会，特意找我交流意见，她告诉我：P 从小到大在家里好像没有受过特别的刺激，要说有的话，在幼儿园中班时倒是有一回。那时，P 是个非常调皮好动的孩子，喜欢拉小朋友的头发和饰物。有一次上课因为扯身边小朋友的辫子，把

① 陈桂生主编：《到中小学去研究教育》，73-81 页，上海，华东师范大学出版社，2000。

人家弄哭了。老师不问青红皂白，罚她呆在厕所里。直到吃过午饭，老师才想起她还呆在厕所里时，她已经整整哭了两个小时。现在回想起来，P 好像是从那个时候开始性情起了变化。

听完 P 母的诉说，我猜想：可能是幼年这段不正常的经历深深刺激了 P，导致现在她对学校和老师心怀恐惧；她爱在家里大发泄，也许又跟她在学校里过得不自在不愉快有关。

（三）问题的解决：转变 P

1. 对策与方案

这样的猜测和分析到底对不对，我心里也没有数。但是，不论什么原因，当务之急是要帮助她消除在老师面前、在学校生活中过度的紧张感。于是，我建议 P 父母耐心对待其女，多给予鼓励，不要再训斥她，重要的是逐渐消除她潜意识里对学校、对老师的成见与恐惧。

在这个方面，我们做老师的需要作出更多的努力。解铃还需系铃人，既然 P 是因为过去的老师严厉的惩罚而害怕老师，那么，现在要改变这种状况，最好的办法就是老师体贴她，关心她，信任她，让她真正感受到师爱。改变一个年幼的孩子对教师的成见和惧怕，重要的不是对她“讲理”，而是对她“讲情”、“示爱”。

因此，我准备不让 P 意识到我在教育她、改变她，那种居高临下的教诲对于一个受过伤害的稚嫩的孩子来说只能是一种压力，她不会因为老师的谆谆教诲而喜欢上老师和学校生活。我希望通过课堂内外轻松愉快的交往和看似闲聊的交谈，与 P 逐步建立起相互信赖的关系，还打算努力引导学生们营造出一种相互体谅、相互鼓励、相互分享、共同进步的集体生活氛围。春雨润物细无声，相信在这样的人际关系和集体氛围中长大的孩子，恐惧、胆怯和敌意都会销声匿迹，而且必将逐渐学会关心。

然而，我的信心不足以解决面临的实际困难。P 对老师的态度如果是由其幼年经历所致的话，其影响就已根深蒂固了。不可能通过一两个回合改变她的态度。所以，对于 P 的疏导和教育，不能操之过急，而须循序渐进，一步步地消除她对老师的成见、对学校生活的恐惧。第一步可以做的是设法使她信任我，在我面前抬起头来；然后，设法使她在我的英语课上主动开口进行对话练习，在我的课堂上轻松起来。在此基础上，再进一步引导她体会其他老师的关爱和信任，在学校里轻松快乐地学习和游戏。当她真正喜欢和老师、同学在一道共同过学校生活时，也许就有条件引导她改变对父母的态度，体贴父母，关心父母了。

2. 方案的实施

第一步：辅导性谈话

带着这样的设想，我比以前更多地留意P，设法接近她寻找与她闲聊的时机。

师：P，喜欢学英语吗？

P：……（点头）

师：喜欢张老师吗？

P：……（点头）

师：张老师不喜欢只看到你点头、摇头，我想听到你的回答。

P：(点头）……喜欢。

师：那么，张老师问你一个问题。你既然喜欢英语，又喜欢张老师，怎么不见你英语课上积极举手发言呢？

P：……（稍有羞涩，沉默）

师：怕老师吗？

P：……（摇头）

师：那为什么呢？很多小朋友都会围着张老师说这说那，你却在一边不吱声，肯定是怕张老师。

P：(使劲摇头，眼光中流露出委屈）

师：(我本想启发她承认怕老师，再加以疏导。转念一想，对于一个仍很稚嫩的孩子，直截了当地讲道理、教育，反而让孩子感到居高临下的压力。于是，我用欢快的语气对她说）好吧，张老师相信你！不管什么原因，张老师希望你下次上英语课积极举手发言，踊跃与同学、老师对话。张老师还希望看到你笑，因为你笑起来非常漂亮！要上课了，P再见！

P：张老师再见！

整个交谈过程中，P 只讲了两句简短的话。但她的神情鼓舞了我，我原先的分析和估计很可能是对路的。我等待着下一堂英语课的到来，准备围绕“like（喜欢）”一词与 P 展开一段对话练习。

第二步：英语对话练习

英语课上，“师生自由对话”时，同往常一样，学生们纷纷举手，争着要与老师练习对话。几组对练下来，我自然地走近 P，用鼓励的目光期待着她。当她慢慢地将手伸出桌面时，我高声地与她对练起英语口语：

师：Hello！P！How are you?（嗨，P！你好吗？）

P：Fine，thank you！and you?（好，谢谢你！你呢？）

师：Very well，thanks. Nice to see you！（我很好，谢谢。见到你真开心。）

P：Nice to see you，too！（见到你，我也很开心！）

师：Do you like English?（你喜欢英语吗？）

P：Yes.（喜欢）

师：Thank you. I like you，too. Do you like mummy and daddy?（谢谢你，我也喜欢你，喜欢爸爸和妈妈吗？）

P：Yes.（是的）

师：Ok！I think your mummy and daddy also like you very much. Yes or no！（很好，我想你的爸爸和妈妈也很喜欢你，是不是？）

P：Yes.（是的）

师：Very good！Yor're very clever！Sit down，please.（很好！你很聪明，请坐。）

我用惊喜的表情和语气对全班学生说：没想到吧！不敢大声讲话的 P 同学，今天和张老师说了一长串的英语。Let's clap！（让我们为她鼓掌！）学生们热烈鼓掌，欣喜地望着 P。P 红着小脸，洋溢着笑容，低下了头。我感受到了她内心的喜悦，借机因势利导，同时鼓励别的同学共同进步。

由此打开缺口，她开始信任老师，由信任个别科任老师到信任老师群体，隐藏在她内心对老师和学校生活的恐惧感，像阳光下的春雪在悄悄融化。平时在游戏中，在交谈中，我也总是有意无意地提示P：你看，老师多好！随着恐惧和压抑逐渐减小时，P的性情有所转变。她的父母也感受到了这种变化。一天，P母高兴地告诉我：孩子回到家里，喜欢谈论自己的老师，说这个张老师好，那个李老师好。她在家里的表现有一定好转，但时不时还任性，比方说，饭菜不合口味，就大发脾气，让父母很伤脑筋。

第三步：教育性谈话

为此，我又设计一次私下的谈话，碰见P后，“不经意”地与她聊了起来。

师：P，吃过饭了吗？

P：（微笑着点头）吃过了。

师：在学校吃的，还是在家里吃的？

P：在外婆家吃的。

师：外公外婆一定很疼爱你吧？

P：（点头）

师：那如果他们烧的菜不好吃，你对他们生气吗？

P：（略顿，摇头）

师：如果爸爸妈妈烧的菜不好吃，要生气吗？

P：（思索状，摇头）

师：又摇头点头了，告诉张老师真话！（我微笑着嗔怪她）

P：（歪头，侧身笑）

师：我猜猜看。（作猜想状）如果今天烧的菜不是你想要吃的，你肯定会对爸爸妈妈发脾气的，对吗？

P：（笑着点头）

师：爸爸妈妈工作忙吗？

P：（笑着点头）

师：那爸爸妈妈一定很辛苦。我觉得P是个很懂事的女孩。想想看，怎样分担一些爸爸妈妈的辛苦？

P：（歪头笑，想了一会儿）给爸爸妈妈倒茶、端碗、盛饭、洗碗、整理房间。

师：很好。我相信你真的能做到这些，而且以后不再对爸爸妈妈发脾气了。要做一个懂爱讲理的孩子。

3. 实施的效果

那一段时间，我经常与P的父母联系，交流情况，商讨疏导和教育孩子的对策。一个多学期过去了，P同以往大不一样，英语课上经常主动举手发言，还能比较有创造性地与周围的同学表演对话。经了解，这孩子在别的课上也改变了以往胆小怕事的形象，学习的积极性高了，主动性强了，同老师交谈比以前轻松愉快多了。在家里的脾气也有所改进，经常与父母谈论起自己的学校、同学、老师。但是，目前尚无证据表明她在关心和体谅父母方面有了实质性的进步。

（四）反思与讨论

这个孩子身上的变化真是令人欣慰，也促使我对自己的工作进行反思：对一个稚嫩的孩子的教育，怎样做到润物细无声？教育工作者，给孩子讲理还是讲爱？在看似简单的闲聊式的交谈和平常的游戏中，怎样启迪孩子的良知和爱的意识，让他们感受被关心的愉悦，从而使他们逐步学会关心。

在这些问题上，通过辅导、教育和转变P，我自己也获得了许多教益。

我感到，教育人的工作实在是一件感情与理智相互交融的工作。如果对学生缺乏爱心，或者对孩子表达关爱之情不得体，就难以赢得学生的信赖，接触他们与教师交往以及在学校生活的心理障碍，更不用说引导他们逐渐学会关心。另一方面，如果对学生的内心需要和行为问题缺乏敏感性、洞察力、理解力，就会错失许多帮助学生进步的时机。

我还感到，教育工作是一件非常困难和艰苦的工作，但是如果工作有创意又有成效，它又是一件非常吸引人的工作。最初对P行为表现的原因分析，带有很大的猜想成分，事后证明这种猜测是正确的，这对于我无疑是莫大的鼓舞。那次私下里的“辅导性谈话”和课堂上的“对话练习”也取得了较为满意的效果，从中我感受到了一种身为人师的快乐。

这一切首先得益于对P的行为问题的归因分析。在与同事交流工作体会时，大家对我及时发现P的行为问题、准确地诊断出问题的症结给予了肯定。但是，这些方面的成功带有一定的偶然性，只是因为P母回忆起P幼年时的一段经历，才促使我把它与P现在的行为表现联系起来。学生中大量行为问题，原因复杂，难以得到如此幸运的准确诊断。

前两步处理基本成功，还得益于事先作过设计。第一，通过那次“辅导性谈话”，一方面争取到了当事人某种程度的好感和信任，另一方面也暗示性地鼓励当事人上课时要主动举手发言，为后面的对话联系作了铺垫。第二，在与其他学生进行几轮对话练习，营造出比较轻松和活跃的课堂气氛之后，才鼓励当事人参与对话练习，使她在心理上有一个准备过程，因而没有像平常那样临场怯阵。第三，围绕“like（喜欢）”一词与当事人进行对话练习，是有所用心的。正因为是上英语课，进行的是对话练习，学生更容易自然地表达对人对事发自内心的好恶。无需严肃的道德说教，无需正经的教育性谈话，依然可能唤起学生心灵深处爱与被爱的意识。第四，当事人成功地参与对话练习之后，掩饰不住内心的兴奋之情。我以一种分享到学生成功的欢乐的方式，表达出对其进步的肯定和欣慰，还引导全班学生真诚地祝贺她，一道分享她成功的快乐，一道鼓励她继续进步。我相信，这样的课堂气氛，不但对当事人勇敢尝试和大胆参与学习活动是一种非常及时的强化，也会感染在场的每一位学生的。其实，懂得关心人这样一种品质，主要不是靠教学生关心人的道理获得的，而是靠教师爱心的启迪获得的，是靠相互关心的集体生活气氛的感染获得的。

不过，也有遗憾。尽管我专门对P进行过一次“教育性谈话”，还随机作过一些引导，但是效果不明显，她在关心和体谅父母方面似乎没有取得实质性的进步。当然，这种品质的培养，不是通过我们教师单方面的努力就能成功的，学生家长也有责任；但是，那次“教育性谈话”本可以设计得更加精细。那时，我已经取得P的好感和信任，在我的启发之下，她最终鼓起了勇气，承认了菜不合口味就对父母发脾气的事实。一次极好的教育时机出现了，却又被匆匆放过。

告诉学生父母工作忙，家务辛苦，启发学生分担父母的辛劳，做一个懂爱讲理的孩子思路是对的，但是，简单的几句话是不可能指望学生有切身体会的。这方面的启发和教育不是通过一次谈话所能完成的，需要长期深入的工作。例如，我们可以发动和指导P及其同学以《爸爸妈妈的一天》为题，各写一篇观察日记，并且进行交流，让他们自己去发现和体会父母每天"忙"在哪里、"辛苦"在哪里。我们甚至可以进一步发动学生家长在双休日与学生"交换角色"，让学生"当一回家长"，"忙"上几天，"辛苦"几天，然后让大家一道来诉说做父母的辛劳。有了这样的体验，他们也许不会把关心和体贴父母简单地理解成"给爸爸妈妈倒茶、端碗、盛饭、洗碗、整理房间"……像小学生这么大的孩子，关心父母的本分主要不在于这些方面，也许在于：尊重父母的劳动，体谅父母的苦心，不挑食不挑穿；自觉学习，独立完成功课，养成一定的自理能力，少让父母为自己操心，让父母有更多的时间休息，把主要精力放在工作和操持家务上；不把父母为自己所做的一切视为理所当然，由衷地感谢父母，渴望报答他们的养育之恩。我们当然不能苛求小学生完全做到这一切，因为这些连我们成年人自己也未必做得到。但是，这些方面确实可以作为我们教育上努力的方向。

第十章

如何撰写研究论文和评定研究成果

撰写研究论文是科学研究中的重要一环，任何一项研究最终都需要面向社会，接受社会的检验，否则研究成果无法得到承认，无法获得应有的效益。如何将研究中获得的成果以社会能接受的形式简洁明确地用文字表达出来，并非是件轻而易举的事，需要研究者具备撰写研究论文的基本能力和素养。

一、研究论文的类别和结构

研究论文是个很宽泛的概念，它可以指研究者所写的任何与专业有关的文章。了解研究论文的性质、类别和写作的结构有助于研究成果为社会所知，能在更大范围内推广应用研究成果，产生更大的社会效益和经济效益。每个研究者应该了解各类论文的特点和撰写要求，掌握论文的写作方法和技巧，这是对研究人员素质的基本要求。

（一）什么是研究论文

研究论文是研究者综合运用所学的基本理论和专业知识，对某一问题进行探讨、研究后写出的具有自己独到见解的研究文章，是研究成果的书面表达形式。人们通常把表达科学研究成果的学术性文章称之为研究论文。它可以是描述某项科研课题进展的研究报告，也可以是就某一问题进行探讨、分析的学术论文。

研究论文的意义和作用在于：研究成果是研究者通过科学研究活动所取得的，具有一定理论价值或应用价值的最终结果，是研究者智慧的结晶。如果一项有价值的研究成果不能以社会所接受的表达方式和文字形式准确地描述，那么整个研究不是功亏一篑，就是束之高阁，不能发挥其应有的效益。

研究论文的内容通常仅限于学术研究的范围，指有一定研究价值的文章，一般不包括感想、体会、报道、小说、散文等文体。研究论文指那些提供新的信息，有独到见解和创新内容的文章，重复、模仿、抄袭前人研究成果的文章不能算作研究论文。研究论文只有公开发表或进入文献流通领域，才能得到社会的认可，发挥其应有的作用。研究论文结构严谨，条理清楚，有基本的撰写格式。研究论文的语言要求专业术语化，有较强的理论性，一般排斥抒情和感情色彩的介入。

（二）研究论文的类别

从教育研究的实际出发，根据国家标准和研究论文的性质和特点，我们可以把研究论文分为两大类：一类是实证性的研究报告，另一类是理论性的学术论文。

1. 研究报告

研究报告是对研究过程和研究结果的概括和总结，是以具体的事实、数据来说明和解释问题的论文。这类论文有比较固定的写作结构，要求清楚、具体地描述研究方法和材料，客观地呈现研究过程，以数量化的形式解释研究结果。研究报告通常与实证性论文相联系，其主要形式有：实验报告、调查报告、观察报告等。

2. 学术论文

学术论文是以议论文的形式，通过理性的分析，用概念、判断、推理等逻辑方法来证明和解释问题的研究论文。学术论文侧重于理论论述，将感性的认识上升到理性的认识，从而探索规律性的东西。这类论文不像研究报告那样具有典型的写作结构，在写作表现方式上比较灵活、自由，它要求所写论文内容上有所发现、有所发明、有所创造、有所前进，逻辑上论点明确、论据确凿、论证严密，能清楚地展现理论、观点形成的过程。学术论文通常与思辨性的研究方法相联系，常见的形式有：经验总结、综述、述评、理论性的论文等。

一般来讲，采用什么样的研究方法，就产生什么类型的研究成果。采用实证性的研究方法就写实证性的研究报告；采用思辨性的研究方法就写理论性的学术论文。采用实验研究就写实验报告，采用调查研究就写调查报告。

（三）研究论文的基本结构

研究论文基本属于议论文的范畴，但具体的写作形式与一般的议论文有所区别。作为研究者首先要了解研究论文的基本结构，进而掌握撰写论文的要求与方法，然后按照规范的格式来写作。下面就按研究报告和学术论文两类加以解释。

1. 研究报告的基本结构

标准研究报告的结构分为三大部分：一是题目部分，指正文之前有关资料；二是正文部分，指研究报告的主体；三是附录部分，指正文后所附的资料。研究报告的基本框架见图 10-1。

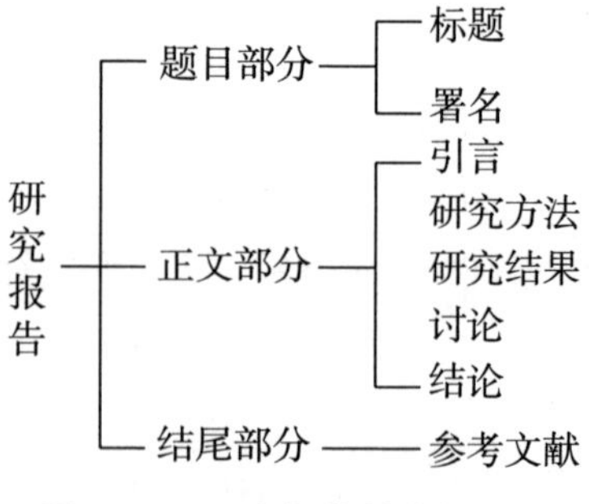

图 10-1　研究报告基本框架图

图中列出的项目是任何一份研究报告必须具备的成分。在研究报告的基本框架基础上，可以扩充一些项目，但扩充部分并非是研究报告必须要有的，应视实际情况而定。

题目部分：

（1）标题（title）：研究报告的题目，要求简练、概括、明确，不宜超过20个字。如题目语意未尽，可用副标题补充说明。

（2）署名（name）：署真名和单位。如属集体成果，可署集体名或课题组名称。

（3）摘要（abstract）：论文的浓缩、梗概，一般涉及问题、方法、结果、结论，可独立使用，200字左右。

（4）关键词（key word）：选取能表示全文主题内容的重要词语，一般3—8个词。

（5）序或前言（preface）：一般是作者对研究主旨、动机、经过等内容的简介。

（6）致谢（acknowledgment）：对研究过程中给予资助、支持、帮助的人员表示感谢。

（7）目录（content）：将研究报告的章节标题用页码排序，以显示文章的纲目结构。分内容目录和图表目录。

正文部分：

（1）绪论（导言、问题的提出、研究的目的意义）：问题的陈述（背景）；文献综述（如果是学位论文，可单独作为正文的一部分）；研究假设；名词或变量的定义；研究的目的意义。

（2）研究方法：被试；取样方法；材料与工具；主要方法与设计；研究程序；数据处理方法。

（3）研究结果：概括性描述；列出图表；假设检验的结果。

（4）讨论与分析：讨论与研究结果联系；与绪论中的内容联系；研究的局限性；尚待解决的问题；应用的价值和推广的可能性等。

（5）结论与建议：结论要简洁中肯，针对假设；从结果中作出合理的推论；具有一定的概括力和普遍性；建议可涉及结论给予的启示或研究的局限性，提出改进或应用的意见。

结尾部分：

（1）注释（notes）或参考文献（references）：补充说明文章内容、注明资料来源和引文出处，为读者提供查阅的线索。书籍的引注：作者，书名，出版社，出版年月，页数。期刊的引注：作者，文章名称，期刊名，期数或卷数，页数。

（2）参考书目（bibliographies）：进行一项研究工作所参考的各种资料的总目录。

（3）附录：文章最后所附的资料。研究者认为有参阅价值或必要，但不便于正文中描述者，皆可作为附录。通常研究工具（问卷、量表、测验），重要的统计数据，旁证性资料等。

2. 学术论文的基本结构

学术论文是指除实证性研究报告以外的，反映专业系统知识的理论性文章。这类论文通常属思辨性的研究，目前在教育研究中占绝大多数。按国家标准，学术论文的基本结构分为 4 个部分：前置部分、主体部分、附录部分、结尾部分。每一部分均有具体规定。

由于学术论文的体裁形式多样，写作比较自由、灵活，不像研究报告那样严谨、规范，有相对固定的结构。另外，不少杂志对发表的学术论文，学校要求评审的学位论文，并没强制规定必须按国家标准论文格式撰写，因此很多人仍按通用的论文格式撰写学术论文。学术论文的写作采用议论文的形式，其基本框架见图 10-2。

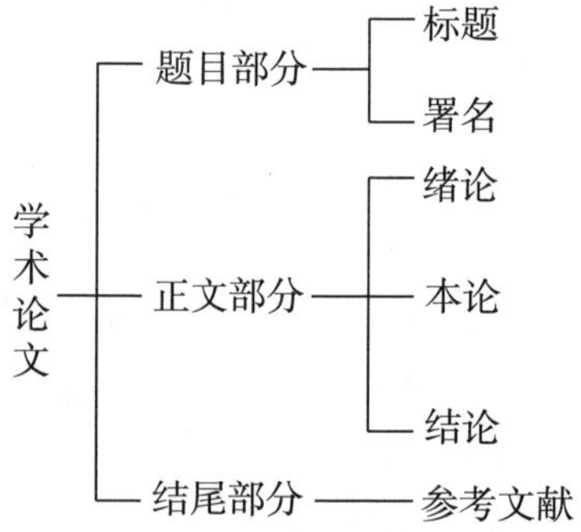

图 10-2　学术论文的基本框架图

学术论文有不同的类型。根据论述内容和写作方法，可以划分为论证型的论文、考证型的论文、诠释型的论文、调研型的论文、争辩型的论文①。也有人将学术论文划分为创造型的论文、评析型的论文、描述型的论文、综述型的论文②。与研究报告相比，学术论文的题目部分和结尾部分与研究报告的写作要求基本一致，不同的是正文部分。学术论文的正文部分通常按绪论、本论、结论 3 大块来安排。

（1）绪论。绪论是学术论文的引子，目的是要引起读者的兴趣，把读者引入研究问题领域。绪论涉及的内容主要包括：提出要研究解决的问题；明确论文的中心论点；概述研究的目的意义；界定主要概念和术语；评述前人的研究成果等。在实际写作中，以上内容并非要面面俱到，可选择其中几项。

绪论的写法多种多样，可以是开门见山，提出论文主旨；可以是提出问题，引起读者兴趣，给论文定向；可以是引述谬误，树立批驳的靶子；可以是概括总体，交代研究背景，提示写作意图等。作者应根据实际情况，灵活掌握。一般来说，学术论文的绪论部分篇幅不宜太长，否则会给人一种头重脚轻，喧宾夺主的感觉。

（2）本论。本论是学术论文的主体、核心，是作者证明论点，分析现象，表达研究成果的部分。学术论文质量的优劣，水平的高低，价值的大小，很大程度上取决于本论部分的写作。从篇幅上讲，一般本论部分要占全文字数的三分之二以上。

本论的内容是由观点、材料和结构组成的，观点是论文的灵魂，材料是论文的血肉，结构是论文的骨架，三者互相联系，水乳交融。即观点来自材料，材料支持观点，结构促使观点和材料的完美结合。

本论写作的基本要素是论点、论据、论证。论点是作者以判断的形式对所论述的问题提出自己的主张、看法和态度；论据是用来证明论点的依据，是说明论点的理由和材料；论证是用论据来证明论点的过程和方法，论证在于揭示论点和论据之间的必然联系，证实由论据得出论点的必然性。本论的写作关键在于论证，即作者要证明自己提

① 欧阳周：《实用学术论文写作》，145 页，北京，中国水利水电出版社，1998。

② 董华：《大学毕业论文写作指导》，5-7 页，北京，中国社会科学出版社，2000。

出的论题，要做到论点明确具体，论据丰富充足，论证符合逻辑规则。

（3）结论。结论是学术论文最终解决问题的部分，是作者在对全部研究内容进行分析、综合、抽象、概括后的全面总结，是论题被充分证明后得出的结果，是针对研究问题作出的答案，是整个研究的结晶。

结论部分的内容主要包括：对研究总体性的判断，总结性的见解；提示切实可行的解决问题的策略和措施；指出尚未解决的问题和研究的局限性；提出进一步研究的途径和方法。结论部分的写作要求：内容简洁、措辞严谨、逻辑严密。

二、研究论文撰写的原则与步骤

（一）研究论文撰写的基本原则

撰写研究论文通常以描述和评论相结合的方式进行的。写作的总原则可以概括为 6 个字：准确、简洁、朴实。准确指写作应以事实材料为基础，评论要有分寸，不能任意拔高或贬低；简明指写作要开门见山，不拐弯抹角，对事实材料不作过多的描绘，对观点的阐释不作烦琐的论证；朴实指不随便运用夸张的手法和奇特的比喻，不过多地使用华丽的辞藻。总之，撰写研究论文要做到文字简练、文笔流畅、词能达意。撰写研究论文要注意：

1. 及时写作，研究资料的搜集及分析工作完成后，立即进行；
2. 全面规划论文内容与结构，使纲目清晰、结构均匀、内容周延；
3. 态度要客观，以事实为依据，遣词用句以中性为原则；
4. 对事实材料的描述要明确，不可模棱两可；对意向、结论的陈述要留有余地，避免极端；
5. 表达观念及陈述意见时，要合乎逻辑顺序；
6. 宜用第三人称过去时态来写，尽量避免使用第一人称。

（二）研究论文撰写的基本步骤

从撰写研究论文的全过程看，完成一篇研究论文大致要经历以下一些步骤。

1. 选定题目

选题是研究论文写作的第一步，是确定研究论文写作的主攻方向的关键一步。选题有两种含义：一是研究课题的选择，即研究方向和范围的确定；二是论文题目的选择，即论文标题的命名和确定。选定合适的论文范围和题目是对研究人员综合能力的检验，它即反映了研究者的经验，也体现研究者对研究内容的把握。选题一般可考虑以下几个方面：

（1）选题在理论和实践上应具有价值、有新意；

（2）选题范围不宜过于宽泛；

（3）选题范围不宜过于狭窄；

（4）选题内容应该是研究者和读者均感兴趣的；

（5）选题应该是有较多的文献资料可供参阅；

（6）选题的内容是研究者能在有限的时间和规定的篇幅内完成的；

（7）选题的专业程度和广度适合于研究者的能力和读者的水平。

2. 制订方案

如果是撰写学位论文，或是进行课题研究，通常课题初步确定后应提交论文方案（开题报告）。论文方案的制订取决于研究的性质、目的，取决于论文的要求，一般涉及：前言、方法、材料、讨论、参考书目。制订论文方案通常需要回答以下问题：

（1）研究什么问题？

（2）为什么进行此项研究？

（3）需要参阅哪些文献？

（4）如何开展研究？按怎样的程序进行？

（5）拟用哪些材料？采用哪些分析手段和工具？

（6）研究有何创意？会有哪些突破？

（7）预计会遇到哪些问题？可能存在哪些局限性？

（8）研究在理论和实践上有何价值？有何意义？

（9）是否列出参阅的和拟参阅的文献？

3. 收集资料

收集资料是对文献的查阅和记录。这里有两层意思，一是查阅前人的研究成果即文献检索，二是通过调查、观察、实验收集当前的研究数据和事实。通过资料的收集，可以为撰写论文提供视角和素材。收集资料可以从以下几个方面考虑：

（1）收集哪方面的资料？

（2）到哪里去寻找所需资料？

（3）用什么方式获取资料？

（4）如何加工处理获得的资料？

当然，查阅资料、评价资料、记录资料是一项复杂而又耗时的工作，但又是科学研究中必不可少的一环。根据经验采用记笔记，做卡片的方式来摘录资料不失为一种好方法。写作查寻时，既便于分类编排，又省时省力。

4. 组织素材

在提出写作的主题、主要观点之后，接下来要考虑的是论文的基本思路，论文素材的组织，论文的框架结构。组织素材实际上就是对初选的材料，进行加工提炼，使材料条理化、序列化，更符合写作的要求。

为了使研究论文中心突出、层次清晰、逻辑严密，通常要求在动笔写初稿前，写一个论文提纲。提纲可以是简要提纲（粗纲），也可以是详细提纲（细纲）。提纲的写作形式有标题式的、句子式的、段落式的。论文提纲的逻辑关系结构见图 10-3。

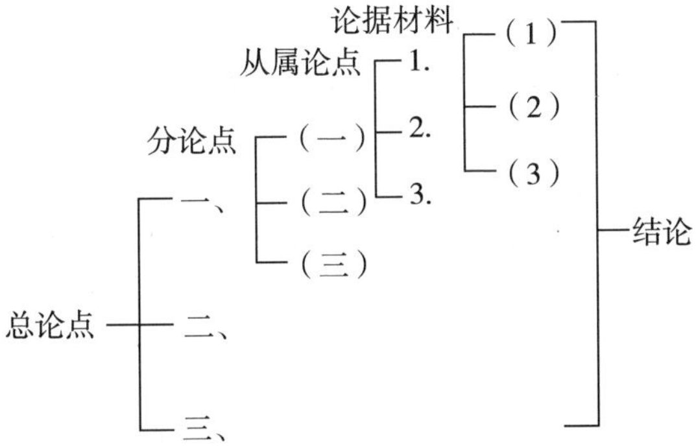

图 10-3 论文提纲的逻辑关系结构图

5. 撰写初稿

初稿就是将要表达的思想、观点、成果具体落实到纸上，见诸于文字。撰写初稿是研究论文写作的核心。一般来说满足以下条件便可着手撰写初稿：当研究论文主题、思路、观点明确；论文的全局与部分的关系了然于心；引用或参考的主要材料基本收集齐全；写作提纲已经确定并有相对集中的一段时间。以下几项有助于初稿的撰写：

（1）写作要在大脑清醒、精力充沛的时段进行；

（2）初稿最好一气呵成，不必拘泥于细节，应集中表达思想；

（3）要牢记论文的中心，围绕文章的主题展开；

（4）尽可能按规范的格式或拟订的提纲撰写；

（5）要从全局出发，统筹安排，各部分之间要有逻辑联系；

（6）要以中心论点决定材料的取舍；

（7）事先记笔记、做卡片会使写作容易得多。

6. 修改定稿

修改定稿是研究论文写作的最后一环，一篇论文往往要几易其稿才能最终完成。初稿完成后，不必急于修改，间隔数日，再去阅读，会使作者从初稿的思维定势中摆脱出来，能比较客观地重新审视初稿。修改论文可从两个方面着手：一是思想内容，包括文章的论点和材料；二是表现形式，涉及文章的结构和语言。修改论文要有全局观念，先整体，后局部；先大处，后小处；先观点，后材料；先内容，后形式。一般需要考虑以下一些问题。

（1）控制篇幅。篇幅是文章的空间限定。一般教育学科学士论文要求 10 000 字左右；硕士论文 30 000 字左右；博士论文 80 000 字左右。一般期刊杂志对研究论文的字数要求是 5 000 字左右。有了文章字数的规定，论文的修改，文章的结构安排就有一个参照的标准。通常文章以明确、简短为好。初稿内容常常比较繁杂，需要在修改时将多余的内容删去，将水分挤干，把文章的篇幅控制在论文性质和期刊要求之内。

（2）修正论点。论点是研究论文的核心，决定着论文的水平和价值。一篇好的研究论文要求论点明确、严谨，做到纲举目张。因此修改论文要从审定中心论点入手，看论点是否成立，是否集中深刻，是否得到验证，表达是否准确，论点的排列是否科学，论点之间的关系是否合乎事理，合乎逻辑。论点错误的要修正，论点片面的要补充，论点模糊的要澄清，论点芜杂的要删减，论点肤浅的要深化，论点陈旧的要更新。

（3）调整结构。论文结构是内容的组织框架，是作者研究思路的表现形式。修改论文的结构就是对论文的“顺序”进行调整，看全文结构是否完整，论文各要素是否齐备，论证层次展开是否清楚，各部分的过渡、衔接是否合理、自然等。如果全篇结构欠妥，则需要动大手术，另起炉灶，重新组合；如果局部结构不佳，则需要进行相应的调整和修改。

（4）增删材料。材料是论点得以成立的基础。研究论文要求材料与论点的和谐统一，因此如何选择材料和运用材料至关重要。增删材料的基本要求是：所用材料能证明观点和表现主题；采纳的材料要真实可靠；材料的引用要恰如其分；选择的材料要有典型性；运用的材料要新鲜。当材料与论点联系不紧密时，要舍得割爱，毫不吝惜。

（5）推敲语言。推敲语言是对论文语言文字的加工锤炼。语言文字的精练与否直接影响论文内容的表达，语言文字的修改主要集中在文字的准确性和可读性上。对于字词的修改，必须字斟句酌；对于句段的修改，要注意句子间的逻辑关系；对于标点符号和书写格式的修改，要做到准确无误，符合规范；对于那些大话、空话、套话，要毫不留情地删掉。

(6) 核对注释。注释是所引资料的来源和出处，是论文的有机组成部分，是论文科学价值的重要标志。在修改时，一定要对照原文核对注释，逐字校对，避免出现遗漏或错误。

论文的自我修改是最重要的，有时也可将修改稿送呈有关专家或同事一阅，让他们对论文的内容、结构、文字表述等方面提出意见和评论，以便充实、修改。在正式提交论文前还需要对论文进行最后润色，再次检查用词是否准确，句子是否通顺，图表运用是否得当，参考文献是否有遗漏，文面格式是否符合论文要求等。终稿时，作者应满怀信心地认为这是他所写的最好的研究论文。

三、论文撰写中应注意的几个问题

研究论文是提供科技信息的文献。为了便于图书资料系统的收集、存储、处理、加工、检索、利用、交流和传播，要求研究论文必须以规范的格式进行写作。研究论文的规范性表现在两个方面：一是文字表达上，要求语言准确、论述严谨；二是技术细节上，要求名词术语、数字、符号、计量单位、图表设计等，符合标准。

（一）名词术语、数字和符号

1. 名词名称的使用

名词术语的使用应按国家公布和审定的标准为准。目前尚无通用译名的名词术语应根据本学科习惯确定，并在论文中首次出现时加以注释或附原文。作者独创的名词术语，在论文中首次出现时须加以说明，给予意义的界定。名词术语在同一篇论文中必须前后一致。

国内机关、团体、学校、研究机构和企业等名称，在论文中首次出现时应写全称，以下可用简称，简称也须符合习惯。外国的研究机构、团体、学校、公司等名称，应按全称译成中文，首次出现时，要用括号附注原文。

外国人名可使用原文，需要汉译时，应按外文译音表翻译。已有通用译名的，按习惯写出。首次出现时，应在中文译名后用括号附注原名。

国内地名应以地图出版社出版的《中国地名录》为准。如遇到古地名，应加注现代地名。外国地名应以外文地名译名手册为准。

2. 数字的使用

研究论文中很多地方要用到数字，以表示时间、长度、质量、面积、容积等量值和数字代码。数字的使用应按 1996 年 6 月 1 日起实施的国家标准《出版物上数字用法的规定》执行。总的原则是：可以使用阿拉伯数字而且又得体的地方，都应该使用阿拉伯数字。使用阿拉伯数字主要有以下两种情况。

（1）公元世纪、年代、年、月、日和时刻。例如：20 世纪 90 年代、公元前 221 年、2000 年 1 月 1 日、6 时 30 分、上午 9 点、鲁迅（1881. 9. 25—1936. 10. 19）、民国 38 年（1949 年）等。

要注意的是年份不能简写，如：1999 年不能写成“99 年”，1949—1999年不能写成“1949—99”年；星期几一律用汉字，如：星期六不能写成“星期 6”；夏历和中国清代以前历史纪年用汉字，如：正月初一、清咸丰十年（公元 1860 年）。

（2）计数与计量。包括正负数、分数、小数、百分比等。例如：51、-25、1/5、2. 5 倍、20%、1 ∶ 5、2. 36 元、40 岁、13/14 次列车等。

这两种情况下要用汉字：一是数字作为词素构成定型的词、词组、成语、惯用语、缩略语；二是具有修辞色彩的词语。如：“十五”规划、一元二次方程、六省一市、二氧化碳、十万八千里等。

3. 符号的使用

研究论文中常用到符号和略语。符号是高度形式化的语言，是对自然语言的再抽象。符号本身没有直观意义，但可以用来代替某些词语和概念。

符号有通用的和专业的两种。通用符号主要有表示内容次序的符号，有表示停顿、语气以及词语的性质和作用的标点符号。专业符号包括数学符号、物理符号、化学符号等各学科专业的符号。符号的使用目的是为了文章醒目简洁，便于学术交流，因此必须按规定和国际惯例，不得随意创造符号，随意解释符号。

（二）引文与注释

1. 引文

引文是指在研究论文写作中引用他人的材料或成果。任何研究都是在前人研究的基础上进行的，写作中常常要引用别人的观点、材料、数据、方法作为自己论证的依据。对于论文中的引文，必须注明出处。注明出处既反映作者严肃的科学态度，对他人劳动成果的尊重，也为读者进一步研究提供可以参照的文献来源。

引文可以分为以下 3 种。

（1）直引。将引用材料中的原字原句原封不动直接照搬，引文前后必须加上引号。

（2）意引。只引原意，不引原话，即对原材料文字加工改写，原意不变。意引部分不加引号。

（3）综合引。将以上两种引法合在一起引用，即把意引和直引穿插在行文中，直引的字词加引号。

论文写作对引文的基本要求是：引文要忠于原文的本意，不可断章取义；引文要少而精当，避免引文的堆砌；引文必须仔细核对，避免以讹传讹。

2. 注释

注释（notes）也称注解，是对文章中的词语、内容或引文的出处所作的解释。注释有两类：一是说明资料来源出处的参考型注释（reference note），这类注释主要是对论文中的引文，包括引用插图、插表等资料的解释，为了便于读者对引文的查找、核实。二是对论文内容作补充说明的内容型注释（content note），这类注释主要是为了便于读者理解论文中的某些难点、新的名词术语、概念等作出的解释。

注释方式主要有以下几种。

（1）脚注（footnotes）。脚注又称页注，即在有引文的那一页的最下面划一横线，对当页的引文进行注释。

（2）尾注（endnotes）。尾注又称文末注，即将整篇论文的注释按先后顺序排列起来，放在全文的末尾一起注释。一般以参考文献标示。

（3）夹注（parenthetical reference）。夹注又称文内注、括号注，即在行文过程中，夹在文句中用括号括起来的注释。

（4）题注。题注是对题目或课题的注释，通常在题目右上角用“*”号表示，再用脚注形式注释。

（5）作者注。通常是作者为帮助读者理解而对文中术语、人物的介绍，或作者在行文过程中产生的联想评论性文字。这样的注释后要写明是作者注。

（6）原作者注。引用原作者所作的注时，要写明此注为原作者注。

在一篇研究论文中，脚注、尾注、夹注三种形式只能采用其中一种。学位论文采用脚注形式作注，往往还要在全文后面列出参考书目，即将撰写研究论文过程中曾经阅读、借鉴、引用过的重要文章和著作按一定顺序编成目录，附在论文最后。

（三）插图与插表

插图和插表是研究论文的重要表达形式。它能使文章表达富于变化，能把难以用文字清楚表达的内容，简洁直观地呈现出来。插图和插表的恰当运用，可以使研究论文图文并茂，便于读者理解论文内容，给人以深刻印象。

1. 插图

研究论文正文中所用的图称为插图，简称图。用图形来表示论文的内容形象具体，通俗易懂，给人以清晰的印象。一般来说，事物的结构分布、发展趋势、事物之间的相互关系等，用图来表示往往一目了然。所谓的“一图顶千字”，意思就是用图来表示内容要比用文字更简洁明了。

研究论文的插图可分为两大类。一类是表示资料数量变化关系的统计图，常用类型有：

（1）线型图。线型图是用线条来描述变量之间关系的图。常用的线型图有：曲线图、折线图、直线图等，一般用以表示变化数量、方向、程度、趋势。

（2）点状图。点状图使用点来表示变量之间关系的图。最常用的是点状分布图，用以表示数据出现的频率、分布的疏密、变化的趋势等。

（3）面积图。面积图是以图中面积来表示因素之间性质、大小、比例的图。常用的面积图有：直方图、圆形图、剖面图等。

另一类是形象描绘事物关系的示意图，常用的类型有：

（1）模像图。形象描绘事物特点的插图。通过模像图可以将一事物与其他物体区分开来，可以表达一般难以想象或难以用文字表示的事物。

（2）实物图。实物图是提供事物具体形状或照片作为插图。它比一般插图更具生动性，更具真实感。

（3）程序图。描述事物发展的过程和步骤或工作原理的插图。通常这是一种框架图或流程图，它能清楚地表达事物的发展方向和程序。

2. 插表

研究论文正文中所用的表格称为插表，简称表。表是表达研究中数据、统计结果或事物分类的一种形式。它把经过分类整理的数据资料，有系统、有条理地编列到表格中，以此呈现数据结果或事物之间的内在联系。插表与插图一样是文字表述的辅助和补充，是研究论文不可缺少的表达手段。常用的插表类型有以下两种。

（1）数据表。以数据形式描述实验或调查内容的统计表。数据表的形式多种多样，主要有封闭式表、开放式表、三线表等（见图10-4）。目前比较常用的数据统计表为开放式表，但用三线表更符合当前潮流。

图 10-4　数据统计表格式示意图

（2）文字表。以文字形式描述事实内容，并进行对比分析的表。文字表与数据表的区别在于一个是用文字形式描述，一个是用数字形式描述。文字表通常用于定性分析，以表达事物的分类，比较事物间的异同。文字表的表现形式可以是封闭式表或开放式表，有时也可用无线表（表中没有一根线，只有文字项目的排列）。

3. 插图和插表的注意事项

列入研究论文的图表要经过精心挑选，要与研究问题密切相关，有利于说明问题，要突出重点，具有典型性。当出现三种以上的相关联的数据时，通常应列图表表示。

列入研究论文的图表要科学，图表要能准确、简洁、生动地表达研究内容，要与正文中的文字描述与图表描述相辅相成，一般图和表不要同时表达同一内容，在两者都能用的情况下，应优先考虑用图来表示。好的图表能直观、形象地解释文章内容，收到文字描述所不能起到的效果。但也不可滥用，文字描述能清楚解释的内容，就没有必要硬加上个图或表。可有可无的图或表应予删除。

列入研究论文的图表要符合规范，图表不要远离正文内容，要有编号和标题，图表的文面、符号、文字、计量单位等，都需符合图表制作的规定和习惯。

四、研究成果的评定

研究成果是科研工作的高度概括和总结，是研究的最终结论和表现形式，是研究人员智慧的结晶。研究成果通常指正式发表的，通过评审鉴定的，被有关部门采纳应用的，为社会广泛承认的产品。

评定实际上就是评审鉴定的意思，就是对被鉴定对象的真伪、优劣作出鉴别和评估。《中华人民共和国科学技术委员会科技成果鉴定办法》中是这样表述的："对科技成果的鉴定是指通过一定形式、程序对科技成果进行严格的审查，并对其科学价值、技术水平、成熟程度、实际意义、应用范围、推广前景及社会经济效益等作出恰如其分的科学评价。"

研究成果的评定是研究过程的逻辑终点，是对研究的水平、价值、效益进行综合评估。通过对研究成果的评定，可以检查研究的水平，分析研究的质量，沟通信息，使研究成果得到推广和应用，产生社会效益和经济效益。

（一）研究成果评定的原则

教育科研成果形式是多种多样的，从不同的角度划分可有不同的分类。从研究成果的表述内容和形式划分，可以分为论文、专著、实验报告、规划方案、咨询报告、软件、实物模型等。从研究的目的、性质划分，可以分为基础研究成果和应用研究成果。对不同类型的研究成果在评价细节上会有不同的内容，但研究成果评定的原则是共通的。

1. 客观性

科学研究的基本特点就是客观性。研究结果应是真实可靠的，来不得半点虚假。研究结果应经得起科学检验和重复验证。客观性主要看研究成果能否反映教育实际，所用资料、数据是否属实，准确无误。研究成果的概念、含义是否符合科学理论，推理论证是否符合逻辑。

2. 先进性

先进性指研究成果达到的水平。先进性的重要依据是：研究成果的思路、观点是否体现先进的教育理论，是否体现国家的教育方针和培养目标。研究成果是否反映了优秀的教育教学经验，能否有效地提高教育教学质量。研究成果的先进性水平可分为国际领先或先进、国内领先或先进、本地区领先或先进等。

3. 创新性

研究本身是一种创造性活动，研究成果应反映研究的新颖性和独创性，体现对人类知识所作的贡献。创新性主要看研究成果是否具有先进性，是否填补空白，修正前说，是否具有独到的见解。

4. 效益性

研究成果的效益性涉及社会效益和经济效益，这是衡量研究成果价值大小的一个重要指标。效益性主要看成果是否为决策部门采纳应用，是否有助于教育理论的丰富、完善和发展，是否能解决教育实践中的问题，提高教育质量，推动教育改革。

5. 可读性

可读性是衡量研究成果表述水平的指标。研究在追求研究学术价值的同时，还应考虑实用价值。研究成果的描述应力求文字简练，结构严谨，层次清楚，浅显易懂，有助于读者理解论文的观点和结论。可读性主要看研究成果是否为读者理解、接受。

以上原则是评定研究成果最重要的指标。在实际的成果评定过程中，为了更全面地评估研究成果，还应在这些指标的基础上再制订下一层次的二级指标或三级指标，构成一个比较完善的，具有可操作性的评价指标体系。

（二）评定研究成果的标准

研究成果的质量与研究本身的质量水平和研究论文撰写的技巧有关。对于研究的生产者（研究者）来说，了解评价研究成果的质量标准，有助于以此为依据构建课题研究的整体框架；在收集、阅览文献资料过程中评价鉴别文献的品质；并为撰写研究论文提供基本思路和参照结构。对于研究的消费者（读者）来说，具备评价研究成果的能力，有助于辨别他人研究成果的优劣；判断研究的理论价值和应用价值；避免误用别人的不实研究成果。

评价研究成果可以从两个方面入手，一是整体评价，二是局部评价。

1. 整体评价

整体评价必须兼顾形式与内容两个方面。形式方面主要考虑语言文字的运用，文章的组织结构；内容方面主要考虑观点、创见以及文献的应用。

整体评价是对研究论文的语言文字、结构组织、理论观点、创见、参考资料等几个大的方面作综合的、整体性的评定。整体评价注重论文内容的创新和逻辑推理，常用于学术论文的评价。以下一些问题可供评价时参考①：

（1）在语言文字方面

① 吴明清：《教育研究——基本观念与方法之分析》，582-587页，台北，五南图书出版公司，1991。

文字是否流畅通顺？

词句是否准确达意？

叙述是否清楚扼要？

（2）在结构组织方面

结构组织是否条理分明？

结构是否有系统？能否纲举目张？

全文内容前后有无矛盾？

（3）在理论观点方面

理论观点是否阐述清楚？

概念、术语的界定与解释是否准确？

论证的依据是否合理？

结论是否客观，不含偏见？

（4）在创新见解方面

研究是否有新意？

是否有自己独到的见解？

研究结论是否得到验证？

（5）在参考资料方面

参考资料是否可靠？

文献引用是否注明来源出处？

所用图表、数据是否正确无误？

附注格式是否统一规范？

以上所述各项问题，并非是评价的全部，但至少揭示了整体评价的大致方向和范围。

2. 局部评价

局部评价是对研究论文中各个部分的内容及表达形式进行评定，研究论文的基本部分包括研究问题与文献综述、研究方法与设计、研究结果、讨论与分析、结论与建议等项目。局部评价注重论文内容的系统完整和表达形式的规范，常用于研究报告的评价。以下一些问题可供评价时参考：

（1）题目方面
题目表述是否简洁、规范、含义确切？
题目涉及的对象范围与论述的范围是否一致？
摘要能否反映论文梗概？
关键词是否恰当，便于检索？
（2）研究问题与文献综述方面
研究问题的表述是否清楚？
是否明确规定了研究的范围？
是否阐述研究的意义和重要性？
研究变量、研究假设的叙述是否清楚？
是否界定与问题相关的概念、名词术语？
是否应用操作性定义？
文献综述是否与研究问题相关？
文献的引用是否适当？是否能满足研究的需要？
引用文献是否权威、新近，能代表最新研究成果？
通过文献综述能否看到研究的创新之处？
（3）研究方法与设计方面
研究方法的选择是否符合研究问题的需要？
抽样是否具有代表性？
样本容量是否合理？
是否充分说明取样方法、样本特征？
研究的程序和步骤是否合理？
测量的工具是否可靠？
统计方法、分析手段是否恰当？
研究方法是否具体明确到可重复、可验证的程度？
（4）研究结果方面
研究结果是否客观、可靠？
研究结果是否支持或拒绝研究假设？
是否适当的使用统计图表？
统计处理是否得当？
是否说明统计结果的含义？

(5) 讨论是否与研究主题密切联系?

分析是否合乎逻辑?

是否揭示了研究结果对理论和实践的贡献?

是否提及研究的局限性?

是否解释研究中相互矛盾或不一致的地方?

(6) 结论与建议方面

研究结论是否建立在研究资料和研究结果的基础之上?

推论是否合理? 符合逻辑?

研究结论是否简洁明了，易于理解?

研究结论是否有依据? 能进一步验证?

研究建议是否提示研究的现实意义和应用价值?

研究建议是否具体实用、切实可行?

研究建议是否提出研究尚待改进之处?

是否指出今后研究的方向?

(7) 参考文献与附录方面

注释是否规范?

参考文献是否有遗漏?

参考文献数量的多少和质量的优劣?

以上这些评价要点，可以制成检核清单（checklist），评价者可以按清单一项一项的核对研究论文的内容，最后综合判断研究论文的品质。下面是一份检核清单式的研究报告质量评价表①，供参考。

① 王坚红:《学前儿童发展与教育科学研究方法》，265-268 页，北京，人民教育出版社，1991。

表 10-1 研究报告质量标准评价表

质量标准	评定等级		
	好	中	差
一般质量标准			
1. 观点阐述清楚	—	—	—
2. 理论概念、名词术语的界定与解释合理	—	—	—
3. 结论客观，不含偏见	—	—	—
4. 数据、图表正确无误	—	—	—
5. 统计方法恰当，运算正确	—	—	—
6. 注意尊重与公正对待研究合作者（包括被试）	—	—	—
7. 看问题有创见	—	—	—
8. 全文无前后矛盾	—	—	—
9. 文字流畅通顺	—	—	—
10. 措辞准确、通俗易懂	—	—	—
11. 条理分明	—	—	—
12. 标点符号正确	—	—	—
13. 附注格式统一	—	—	—
14. 缩写规范统一，并在第一次出现时加注全文	—	—	—
各部分质量标准			
1. 题目			
清晰、简明	—	—	—
关键词恰当	—	—	—
概括性强	—	—	—
2. 摘要			
能概括全文主要内容	—	—	—
简洁，不超过 200 字	—	—	—
准确	—	—	—
易于理解	—	—	—
3. 文献综述			
涉及适当范围	—	—	—
包含有关的重要发现	—	—	—
紧扣研究问题与目的	—	—	—
组织良好	—	—	—
有综合概括性小结	—	—	—
引用方式恰当	—	—	—
4. 问题			
阐述清楚	—	—	—
范围适当	—	—	—
具理论上的合理性	—	—	—

续表

质量标准	评定等级		
	好	中	差
明确指出其重要意义	—	—	—
与文献综述相联系	—	—	—
正确解释有关名词术语	—	—	—
5. 假设			
针对研究问题	—	—	—
阐述清楚，易于理解	—	—	—
有理论或发现作为依据	—	—	—
可供检验	—	—	—
6. 方法			
取样恰当	—	—	—
设计合理	—	—	—
说明样本与研究条件特征	—	—	—
详述研究步骤	—	—	—
研究控制适宜	—	—	—
操作定义合理	—	—	—
测量工具可靠	—	—	—
比前人的方法有所改进	—	—	—
统计方法适宜	—	—	—
叙述详细而简洁	—	—	—
7. 结果			
包含所有有关的重要结果	—	—	—
有效地使用附图	—	—	—
有效地使用附表	—	—	—
统计处理得当	—	—	—
计算无误	—	—	—
说明统计结果的含义	—	—	—
8. 讨论			
紧紧联系主题	—	—	—
分析合乎逻辑	—	—	—
与前面部分相呼应	—	—	—
合理解释显著与不显著结果	—	—	—
说明结果对理论与实践的贡献	—	—	—
客观分析研究局限	—	—	—
指出未来研究的改进方向	—	—	—

续表

质量标准	评定等级		
	好	中	差
9. 结论			
基于研究资料与结果	—	—	—
理由充分，无主观偏见	—	—	—
针对问题与假设	—	—	—
阐述简练	—	—	—
10. 结语			
重述研究问题与假设	—	—	—
简述方法、结果与结论	—	—	—
简短概括	—	—	—
11. 参考资料			
周到无遗漏	—	—	—
各项信息齐全	—	—	—
校审无误	—	—	—

后　记

这本书是我们三个人合作的结果。从写作框架到最后的成书，一直是在我们三人密切的协作下完成的。在撰写过程中，具体的分工是，郑金洲负责导论及第一、二、四、九章，陶保平负责第三、六、七、十章，孔企平负责第五、八章。最后由郑金洲负责统稿，对各章的体例及有关内容做了必要的加工。

关于教育研究方法方面的论著，在我国已不鲜见，但不少中小学教师仍感到没有能够解决他们在实践中久悬的疑问，读完了这些论著，仍然不知道如何去从事教育研究。也正是有鉴于此，我们在该书的写作上立足于中小学教师的实际需求，在体例的编排上，如专栏、附录，力图突出学校教育研究的针对性和可操作性。这样的一个初衷是否达到了，也只有留待我们的读者去评判了。在出版之际，由衷地感谢叶澜教授，将这本书忝列她所主编的丛书之中；由衷地感谢南京师范大学吴康宁博士，承蒙他的惠允将《教师课堂角色类型研究》作为附录，使得读者可以更清楚、更直观地了解和认识到课堂观察的操作程序与步骤；由衷地感谢华东师范大学教育科学学院的领导，承蒙他们的关爱，这本书被列为院“211 工程”建设的子项目之一；由衷地感谢教育科学出版社罗永华编辑，她的加工以及意见，使得该书增色不少。同时，诚挚地欢迎广大中小学教育工作者惠予意见和提出批评，以利于我们不断完善学校教科研问题的研究。

郑金洲

2001 年 5 月于上海

策划编辑　罗永华
责任编辑　罗永华
版式设计　贾艳凤
责任校对　刘永玲
责任印制　叶小峰

图书在版编目（CIP）数据

学校教育研究方法/郑金洲等著. —北京：教育科学出版社，2003.1（2021.12 重印）
（世纪之交中国基础教育改革研究丛书/叶澜主编）
ISBN 978-7-5041-2325-1

Ⅰ.学…　Ⅱ.郑…　Ⅲ.学校教育—科学研究—研究方法　Ⅳ.G40-034

中国版本图书馆 CIP 数据核字（2002）第 046216 号

出版发行	教育科学出版社		
社　　址	北京·朝阳区安慧北里安园甲 9 号	市场部电话	010-64989009
邮　　编	100101	编辑部电话	010-64981252
传　　真	010-64891796	网　　址	http：//www.esph.com.cn
经　　销	各地新华书店		
印　　刷	保定市中画美凯印刷有限公司		
制　　作	北京金奥都图文制作中心		
开　　本	720 毫米×1020 毫米　1/16		
印　　张	18.5	版　　次	2003 年 1 月第 1 版
字　　数	267 千	印　　次	2021 年 12 月第 23 次印刷
定　　价	55.00 元	印　　数	83 501— 85 500 册